Ingelore Borchers

Oppeln

Ein Marsch-, Moor- und Geestdorf im Elbe-Weser-Dreieck

Dieses Buch wurde finanziell unterstützt von:
Gemeinde Wingst
Erich Hagenah, Bülkau

Umschlag-Gestaltung: Manfred und Daniel Reyelt
Foto Vorderseite: Ingelore Borchers
Foto Rückseite: Luftaufnahme von Oppeln 1963. Quelle: ATKIS®-Luftbild-Rasterdaten der LGN - Landesvermessung und Geobasisinformation Niedersachsen
Jubiläumslogo: Marion Rathke
Bildnachweise sind bei den Fotos angegeben.
Fotos ohne Bildnachweise: Ingelore Borchers
Layout: Ralf Drossner und Michael Ketelhohn, Niederelbe-Zeitung
Herstellung: Books on Demand GmbH

ISBN 3-8311-0842-0

Zum Geleit

700 Jahre Oppeln - ein stolzes Datum. Am 19. März 1301 wurde unser Ort zum ersten Mal urkundlich erwähnt. - Seit über 700 Jahren leben Menschen in unserem Ort: Kinder werden geboren und getauft, Paare heiraten, Menschen sterben und werden begraben. Menschen arbeiten für ihr tägliches Brot, Kinder spielen, Gottesdienste werden gefeiert.

Was die Oppelner in diesen sieben Jahrhunderten miteinander verbindet, ist ihre gemeinsame Heimat in unserem Ort. Und doch haben die Oppelner ihr Zusammenleben durch die Zeiten ganz verschieden gestaltet - und auch die Gesellschaft, die Zeit war ganz verschieden. - An den einzelnen Bereichen dieser Festschrift kann man das ablesen.

Diese Festschrift soll den Oppelner Bürgern heute helfen, besser zu verstehen, wie ihre Vorfahren gelebt haben: Unter welchen Bedingungen man damals lebte, arbeitete, feierte. - Die Vergangenheit darf nicht in Vergessenheit geraten, denn ohne sie gäbe es unsere Gegenwart nicht. - Der Blick zurück auf Vergangenes kann manchmal helfen, unsere Gegenwart besser zu verstehen und die Zukunft besser zu gestalten.

Es ist wichtig, dass es diese Chronik gibt: Sie ist ein Zeichen für die bleibende Eigenständigkeit unseres Ortes. - Dieses Buch wäre aber nicht möglich gewesen ohne die engagierte und ehrenamtliche Arbeit vieler Menschen. Stellvertretend für alle, die dieser Chronik zum Leben verholfen haben, möchten wir der Oppelner Heimatpflegerin, Frau Ingelore Borchers, ganz herzlich danken: Sie ist die "Mutter" dieses Buches, ohne sie und ihren Einsatz gäbe es diese Chronik nicht.

Als Kirchengemeinde sind wir ein Teil unseres Ortes und den Menschen verpflichtet, die hier leben. Diese Verantwortung wollen wir durch die Herausgabe dieser Festschrift wahrnehmen.

Für den Vorstand der Kapellengemeinde Oppeln:

Walter Junge, Vorsitzender

Klaus Volkhardt, Pastor

Oppeln, im Juli 2000

Gemeinde Wingst

700 Jahre Oppeln!

Nachdenklich versucht man diesen Zeitraum zu begreifen. Man stellt sich vor, wie damals – wie aber auch in den Jahrhunderten danach – die Oppelner Gegend wohl ausgesehen haben mag. Ab 1300 ? ! Diese chronistische Zusammenfassung gibt sicher viel Aufschluss. Frau Ingelore Borchers mit ihren Helfern ist herzlicher Dank zu sagen für das sorgfältige Zusammentragen der Unterlagen. Diese Chronik wird einen hervorragenden Erinnerungswert bekommen.

Oppeln ist seit 1972 nicht mehr selbstständige Gemeinde sondern ein Ortsteil der Gemeinde Wingst. Aber die Oppelner Einwohner haben nach wie vor ein gutes Eigenständigkeitsgefühl und halten als Ortsteil stark zusammen. Die Oppelner Kirche mit dem Freizeithaus, in dem auch der Kinderspielkreis betrieben wird, ist deutlicher Mittelpunkt. Dieses muss auch so bleiben!

Alle guten Wünsche für die Oppelner Einwohner.

Klaus Föge
Bürgermeister

Wolfgang Schumacher
Gemeindedirektor

Wingst, im Januar 2000

Vorwort

Ich, Ingelore Borchers geb. Küver, wurde am 14.1.1954 in Oppeln geboren und wuchs dort mit neun Geschwistern auf. Meine Eltern Heini Küver und Frau Katarina geb. von der Fecht sind Nachfahren alter Familien, die sich teilweise bis 1533 in Oppeln nachweisen lassen. Bei meinem Interesse für Oppeln und für meine Vorfahren landete ich 1993 im Kreisarchiv Otterndorf und bekam dort Material über Oppeln. Unter anderem auch die Urkunde von 1301. Irgendwie hatte ich damals so den Gedanken, dass dieses alles in einem kleinen Heft zusammengefasst sein müsste. Und zwar dachte ich an Kopien von den wenigen Unterlagen, die ich bis dahin hatte, nämlich eine Abschrift der Urkunde von 1301 und Johann Hinrich Pratjes und Georg von Roths Beschreibungen von Oppeln. Das alles ging im Laufe der Zeit unter und kam erst wieder zum Vorschein, als in der Zeitung über die Restaurierung der Otterndorfer Stadturkunde geschrieben wurde. Das Jubiläum zur 700-jährigen Ersterwähnung gab dann den Anlass zur Zusammenfassung von Oppelns Geschichte. Bei einem Treffen mit Bürgermeister Föge und Walter Junge wurde mir die Unterstützung der Gemeinde Wingst zur Erforschung der Geschichte Oppelns zugesagt. Dann lernte ich einige Heimatforscher kennen und bekam zu hören: „Sie dürfen nicht abschreiben, Sie müssen mit eigenen Worten schreiben. Sie dürfen niemals schreiben: „Es ist so", sondern: „Es könnte sein, vermutlich oder wahrscheinlich, wenn Sie etwas nicht belegen können." Ich hab damals nur geschluckt und es brauchte dann auch einige Zeit, bis ich das im Kopf verarbeitet hatte und irgendwann zu meinem Mann sagte: „Ich geh unter die Autoren", obwohl ich das immer noch nicht glauben konnte. So begann also meine Arbeit als Chronistin.

Im März 1996 wurde dann ein Ausschuss gebildet, der sich aus den Einwohnern Walter Junge, Hartmut Reyelt, Manfred Reyelt und Reinhard Reyelt sowie meiner Person zusammensetzte. Während ich die Archivarbeit leistete und im Katasteramt Otterndorf die Besiedlung von 1873 auf aktuelle Flurpläne übertrug, schrieb Manfred Reyelt vier Gemeinde-Protokollbücher ab und Hartmut Reyelt vom Osterweg die Schulchronik. Reinhard Reyelt und Walter Junge brachten die Erfahrungen aus Gemeinederats-, Vereins- und Kapellenvorstandstätigkeiten ein. Viele Erfahrungen, gute und schlechte, habe ich machen müssen. Aber ich habe auch viel aus ihnen gelernt.

Die Geschichte eines Dorfes wird hauptsächlich von den Menschen, die darin wohnen, geprägt. Mit all den Unzulänglichkeiten, die jeder Mensch an sich hat. Ganz egal, ob sie alt oder jung, reich oder arm sind. Alle tragen mit ihren unterschiedlichen Erfahrungen und Kenntnissen zum Ablauf des Dorfgeschehens bei. Und dann spielen auch noch Faktoren wie die Lage des Dorfes, Natur und Umwelt und die Weltgeschichte über den Ablauf einer Dorfgeschichte eine Rolle. Ich habe versucht, einzelne Schicksale auszuklammern. Es gelang mir nicht immer, vor allem dann, wenn es zur Ortsgeschichte gehörte. Sollte dennoch etwas in diesem Buch stehen, das irgendjemand verletzt oder sollten Fehler in diesem Buch vorkommen, so bitte ich um Nachsicht, denn auch ich bin nur ein Mensch!

Vullkamen is nich jedereen,
ok ik nich.
Weeßt, wat ik meen? *Ewald Peters*

Ich danke dem Kapellenvorstand von Oppeln und Herrn Pastor Volkhardt für die freundliche, vertrauensvolle Unterstützung, die man mir zuteil werden ließ.

Ebenso danke ich der Gemeinde Wingst für die freundliche Unterstützung.

Ich danke den Leitern und Mitarbeitern des Archivs des Landkreises Cuxhaven in Otterndorf, des Staatsarchivs Stade, des Ritterschaftsarchivs Stade, der Samtgemeinde „Am Dobrock" in Cadenberge, des Katasteramtes Otterndorf, der Superintendentur Cadenberge, des Landeskirchlichen Archivs Hannover, des Amtes für Bau- und Kunstpflege in Verden und der Archäologischen Bodendenkmalpflege des Landkreises Cuxhaven im Museum Burg Bederkesa für die freundliche Unterstützung.

Insbesondere danke ich Herrn Ludwig Badenius aus Cadenberge. Er hatte immer ein offenes Ohr für meine Fragen. Mit seinem Wissen, mit Ratschlägen und Hilfestellung war er in großem Maße an der Erstellung des Buches beteiligt.

Außerdem danke ich allen Morgensternerinnen und Morgensternern (Mitgliedern des Heimatbundes „Männer vom Morgenstern"), die mir geholfen haben.

Und ganz besonders danke ich allen Oppelner Einwohnern, die mir durch Erzählen und zur Verfügungstellung von Fotos geholfen haben. Ich möchte mich auch für die vielen Tassen Kaffee und Tee, für Selter und Fliedergrog, ab und zu auch einen Kuchen dazu, bedanken.

Mein Dank gilt auch allen denen, die mir sonst in irgendeiner Weise geholfen haben. Sei es durch Erzählen oder eine kleine Bemerkung, durch die Hilfsbereitschaft, durch Ausleihen von Material, durch zur Verfügungstellung von kostenlosem Material, durch Korrekturlesen. Jeden einzelnen Namen kann ich nicht aufführen, da sonst ein zweites Buch gedruckt werden müsste. So groß ist die Zahl der Helfenden gewesen.

Und natürlich bedanke ich mich bei meiner Familie. Für das Verständnis, das sie aufbrachten, wenn mich das Forschungsfieber gepackt hatte und ich nicht ansprechbar war. Bei meinem Mann Claus, denn er musste auch mal Archivbesuche im Urlaub ertragen. Bei meinen Söhnen André und Marco für ihre Hilfen am Computer und sonstige Hilfen, die sich mal ergeben haben.

Ohne alle diese Hilfen wäre dieses Buch nicht zustande gekommen. Danke!

Cadenberge, im Oktober 2000

Erläuterungen

Öfter wird Oppeler statt Oppelner geschrieben. Oppeler ist die plattdeutsche Form, die mir von Kindheit an noch immer im Kopf sitzt.

Im Buch befindet sich ein Anhang "Häusergeschichten", in dem die Häuser Oppelns dargestellt werden. Sie sind nach den alten Hausnummern, die bis 1974 gültig waren, sortiert. Die im Register mit "neu" angeführten Häuser wurden nach 1974 errichtet. Abgebrochene und abgebrannte Häuser werden im Anschluss dargestellt. Zu jedem Haus sind Eigentumsverhältnisse, die Größe der Häuser und des Grundstückes, wieviel Vieh gehalten wurde und besondere Vorkommnisse angegeben. Die Größenangaben sind nur für Oppeln maßgeblich und zeigen keinen auswärtigen Besitz an. Die angegeben Jahreszahlen zeigen nur, wann der Name auftaucht und muss nicht unbedingt eine Eigentumsveränderung sein.

Es ist zu beachten, dass benutzte Listen wie z. B. Brandkassenkataster, Häuserliste und Urkataster bei Veränderungen nicht immer aktualisiert wurden, sondern manchmal erst in Jahresabständen umgeschrieben wurden. Deshalb können die Angaben nicht den Anspruch auf Vollständigkeit erheben. Zuordnungen oder Rückschreibungen vor 1826 sind Vermutungen und Rückschlüsse, die nicht hundertprozentig genau sein können.

Dem Buch liegt eine Karte bei, die die Besiedlung und Lage dieser Häuser darstellt. Beim Kauf des Buches über den Buchhandel fehlt die Karte. Sie kann dann gegen Erstattung der Unkosten im Pfarrbüro in Bülkau käuflich erworben werden. Ein Register erleichtert das Finden der Häuser. Mit dem Hinweis (Nr. ..) wird bei Personen oder Vorkommnissen auf das betreffende Haus in den "Häusergeschichten" hingewiesen.

Ergänzend sei auf das Oppelner Ortsfamilienbuch "Die Einwohner des Kirchspiels Oppeln - Inspektion Neuhaus/Oste - 1672 - 1900" von Rainer von Bargen hingewiesen.

Inhaltsverzeichnis

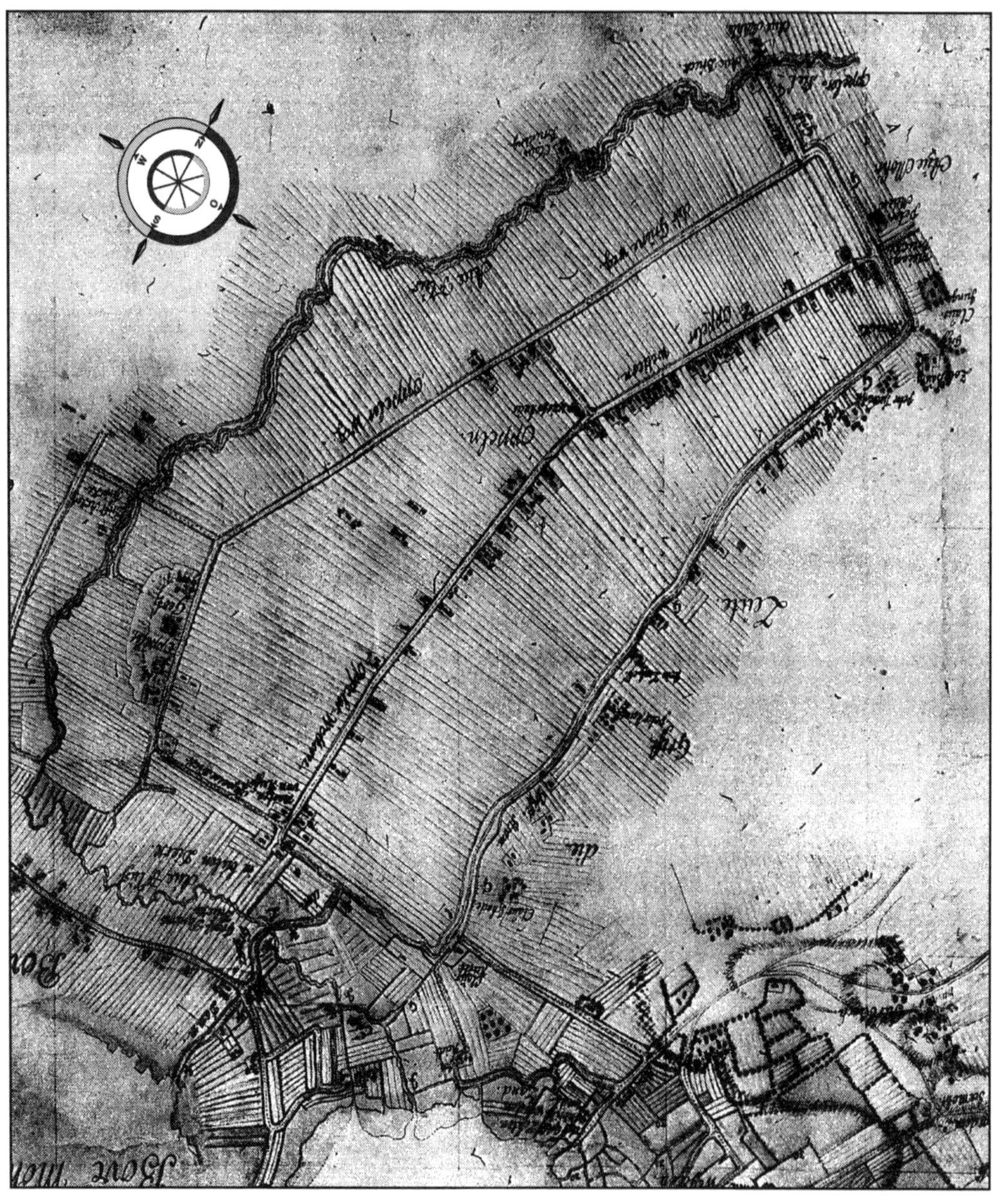

Oppeln 1764, Karte von Ingenieurcapitän Isenbart, Windrose wurde eingefügt (Kopie des Originals im Kreisarchiv Otterndorf).

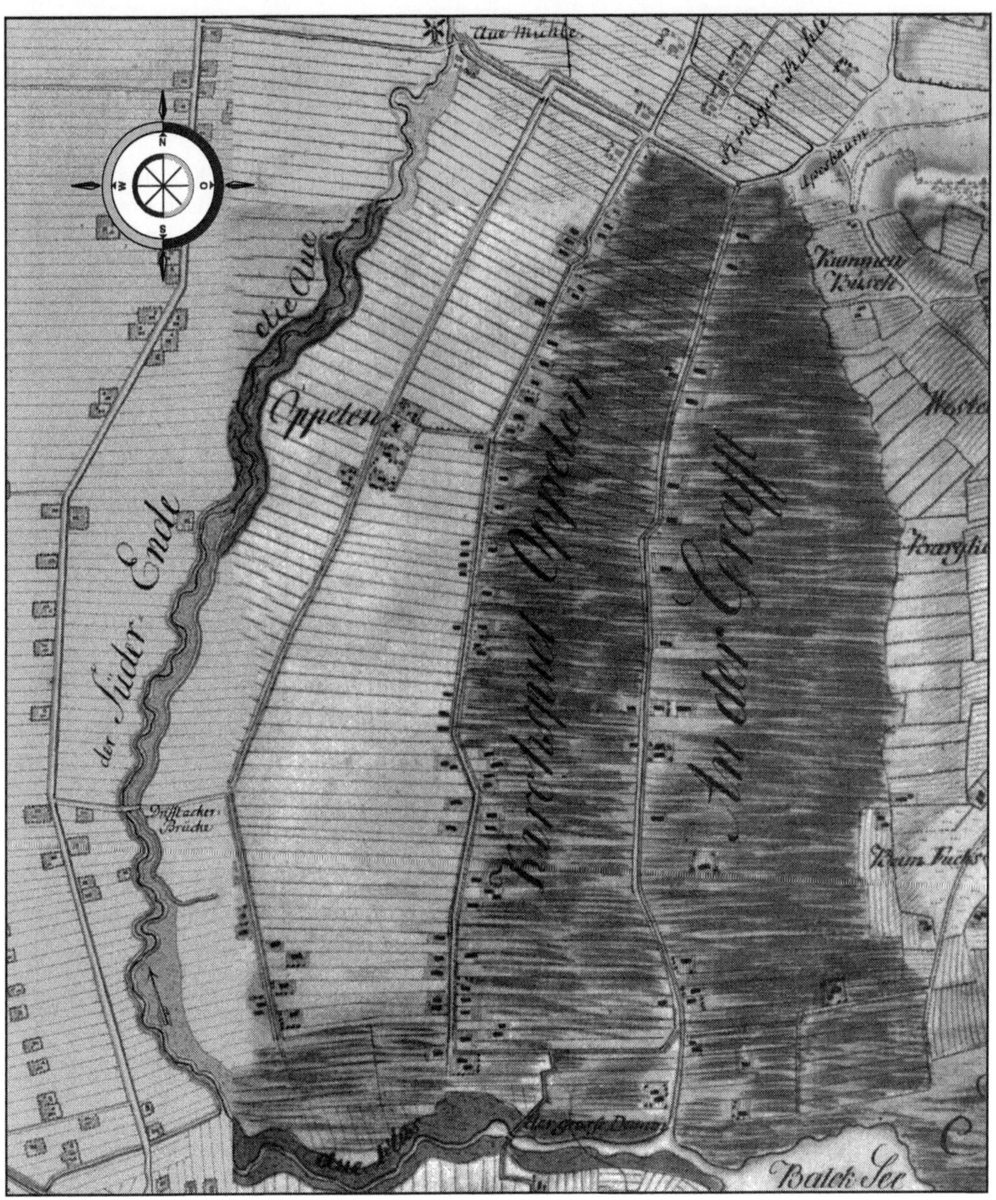

Kurhannoversche Landesaufnahme von 1767/1768 Blätter 3, 4, 7 und 8. Herausgegeben von der LGN -Landesvermessung und Geobasisinformation Niedersachsen- und von der Historischen Kommission für Niedersachsen, Hannover. Verändert und vervielfältigt mit Erlaubnis der LGN -Landesvermessung und Geobasisinformation Niedersachsen- 52 - 3986/00.

Die Lage des Dorfes und die Bevölkerung im Jahr 2000

Oppeln ist eine Reihensiedlung in anmooriger Marsch und zählt ca. 300 Einwohner. Das 4,3 km lange Dorf liegt am Rande der Wingst, einer bewaldeten Geestinsel, im sogenannten Elbe-Weser-Dreieck. Der Ort wird im Süden und Westen von der Aue, im Norden und Osten von der Grift begrenzt. Die Gemarkungsfläche beträgt 818 ha.

Am 1.07.1972 wurde das Dorf in die Gemeinde Wingst eingemeindet. Diese bildet mit den Orten Cadenberge, Neuhaus, Belum, Bülkau, Geversdorf und Oberndorf die Samtgemeinde „Am Dobrock" im Kreis Cuxhaven. Seit 1967 ist Oppeln als Kapellengemeinde der Kirchengemeinde Bülkau angeschlossen. Der überwiegende Teil der Bevölkerung gehört der evangelisch-lutherischen Kirche an.

Die Bevölkerungsstruktur Oppelns im Jahr 2000 sieht in etwa so aus: In 92 bewohnten Häusern leben etwa 306 Einwohner. Den größten Anteil der Bevölkerung machen die 18-65jährigen mit fast 53 % aus. Etwa 25 % sind bis 18 Jahre alt und etwa 22 % über 65 Jahre alt. In 17 Häusern leben 3 Generationen unter einem Dach, in 2 Häusern sogar 4 Generationen.

Nur ein Landwirt lebt ausschließlich vom Hof. Auf den anderen Höfen arbeitet entweder der Mann oder die Frau noch nebenbei oder die Landwirtschaft wird neben dem Beruf betrieben.

Die meisten Erwerbstätigen arbeiten in der näheren Umgebung in Wingst, Cadenberge, Neuhaus, Hemmoor, Otterndorf, Bad Bederkesa, dann folgen die Städte Cuxhaven, Stade und Hamburg.

7 Häuser sind zurzeit unbewohnt, 2 werden als Heim, 2 als Wochenendhaus genutzt.

Chronologie Oppelns

4.000 - 700 v. Chr. Anwesenheit von Menschen auf der Oppelner Geest. Am 16.7.1974 wurde bei einer Flurbegehung im Maisfeld von Menschenhand bearbeitetes Flintmaterial gefunden. Die Funde, die in der Burg Bederkesa lagern, wurden von Grabungstechniker Hartmund Nast ausgewertet: *2 Schaber mit nur geringer Retusche. 1 möglicher Bohrer aus einem Frostabspliss, der nur einseitig herausgearbeitet wurde. 5 grobe Klingen, eine davon mit geringen Retuschen. 1 kernsteinartiges Stück. 2 Abschläge. Die Funde sind zu datieren in die Jungsteinzeit/Bronzezeit.*

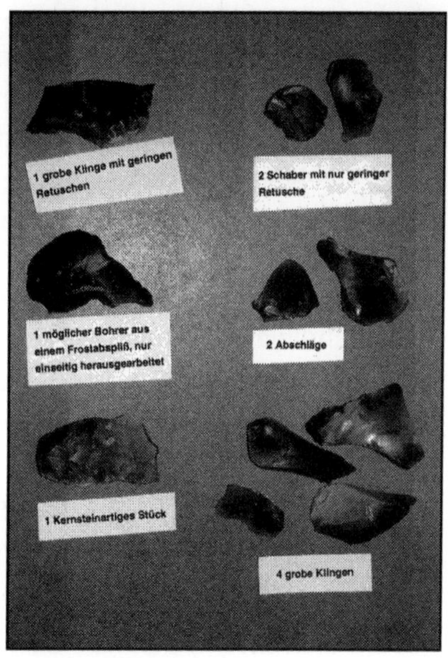

Die Abschläge auf der Oppelner Geest sind Zeugnis dafür, dass Menschen hier einmal Rast gemacht haben.

775 - 804 Christianisierung der Sachsen durch Karl dem Großen.

1000 Um diese Zeit begann vermutlich der Deichbau in den Marschen.

1100 Um diese Zeit fand vermutlich die Kolonisation der niederen Marschen statt.

Anfang des 12. Jh. könnte eventuell die Kirche gegründet worden sein. Siehe Taufstein unter dem Kirchturm.

1230 Nach dem Aussterben der Stader Grafen fällt der größte Teil der Grafschaft an den Erzbischof Hartwig I. von Bremen, der damit die Landesherrschaft übernahm.

1301 19.3., Erstmalige Erwähnung Oppelns in der Überlassungsurkunde zwischen dem Erzbischof Giselbert und den Rittern Augustin von der Oste und Erpo von Luneberg.

1375 Aus dieser Zeit stammt der Abendmahlskelch, einer der ältesten Kelche des Elbe-Weser-Dreiecks.

1384 Erste Erwähnung des Kirchspiels Oppeln im Stader Copiar.

1423 1.8., Schutzvertrag der Kirchspiele Bülkau, Oppeln, Belum und Bülsdorf mit den Kehdingern.

1433 Urkunde in Danzig: Erwähnt wird u. a. die Frau von Hinrick Schomaker aus Oppeln: Bisher erste namentliche Erwähnung eines Oppelner Einwohners.

1485 Wird der Mölenacker in Bülkau erwähnt. Vielleicht ein Hinweis auf die Mühle.

1512 Unterwerfung der Gemeinden an der Aue durch Erzbischof Christoph, nachdem sie sich Hadeln anschließen wollten.

1516 9.10., Schließen die Bülkauer, Belumer, Kehdingbrucher und Oppelner mit Erzbischof Christoph nach längeren Verhandlungen einen Vergleich.

1518 Belumer, Kehdingbrucher, Bülkauer und Oppelner sollten am „Varlstein“ in Varrel von dem Treueid gegenüber dem Herzog Magnus von Sachsen-Lauenburg entbunden werden.

vor 1525 Pfarrer Valentin und Dienerin Grete: Bisher die erste Erwähnung eines Pfarrers.

1533 18 Häuser und Pfarrhaus, Küsterhaus, Zehnthof und evtl. Müllerhaus. Erstes schriftliches Namensregister.

1558 8.2., Kirche, Turm und Pfarrhaus sind bei einem Orkan eingestürzt. Neubau der Gebäude über längere Zeit. Wird finanziert durch Versetzung der Kirchenländereien.

1578 – 1588 Zunahme der Feuerstellen von 18 Häusern auf 52 Häuser.

1588 13. Mai, Es ist keine Schule vorhanden, und es wird nur „der Weg“ genannt.

1592 Schulmeister Johannes Schomacher: Erste Erwähnung eines Lehrers in Oppeln.

1598 Küsterhaus wird erneuert.

1599 Kirchenreparatur.

1616 Anschaffung des Taufkessels.

1618 – 1648 Dreißigjähriger Krieg.

1640 Zwischen 60 und 80 Häuser.

1645 Der Große Damm wird durchgegraben, um Plünderer abzuhalten. Abnahme der Feuerstellen von ca. 70 Häuser auf 52 Häuser.
Anschaffung von 2 Altarleuchtern.

1647 52 Häuser.

1648 Der Westfälische Frieden wird geschlossen, das Erzbistum Bremen wird zu den Herzogtümern Bremen und Verden verweltlicht. Der schwedische König wird Landesherr.

1675 Besetzung durch die Truppen des Deutschen Reiches unter Führung des Bischofs von Münster, die sogenannte „Münsterländische Besetzung".

1695 Magnus Ralle vermacht der Gemeinde Oppeln 100 Rthlr. für den Bau einer Kirche.

1698 Reparatur an der Aue-Mühle wurde wahrscheinlich von Zimmermeister Mangels Ralle ausgeführt: „MR M 1698“ auf Kreuzstück.

1704 Erste Erwähnung der Süderschule.

1705 Nikolaus Bärs Gedicht vom Johannisbrunnen wird gedruckt.

1708 Etwa 80 Feuerstätten (Häuser).
Schwanke Wöbbern vermacht der Gemeinde Oppeln einen Betrag von 50 Rthlr. für den Bau einer Kirche.

1712 Die Dänen lösen die Schweden als Landesherren ab.

1715 Die Kurfürsten von Hannover kaufen die Herzogtümer Bremen und Verden.

1717 25.12., Oppeln wird von der großen Sturmflut verwüstet. 90 Häuser und 2 Nebengebäude sind weggetrieben, 17 Tote durch Ertrinken oder Verdursten.

1721 Der Kirchturm wird neu gebaut. Preis 2.057 Mark 14 Schillinge.

1732 Das Pfarrhaus brennt. Pastor Markus Mohr stirbt später an den Folgen seiner Verletzungen, wahrscheinlich auch seine Frau und der dort wohnende Rest der Familie und die Dienerschaft.

1733 Das Pfarrhaus wird unter Hinzunahme eines abgebrochenen Hauses wieder aufgebaut.

1734 Die Kirche wird neu gebaut. Bei der Vergabe der Kirchenstühle gab es Streit.

1746 Anschaffung eines neuen Kelches.

1751 Die Bovenmoorer wollen nicht zur Unterhaltung des Weißenmoorer Weges beitragen.

1760 Streit der 6 Bovenmoorer mit der Kirchengemeinde Oppeln wegen Abgaben.

1784 Der Turm wird bei einem Sturm 15 cm näher an die Kirche gerückt.

1790 Typhus-Epidemie. Es sterben 12 Personen.

1795 Die Kirche bekommt ihre erste Orgel. Am 1.11.1795 wurde sie von dem Organisten Fincke zum erstenmal bespielt.

1801 Bisher erste Erwähnung der Kartoffel in Oppeln.

1803 Die Franzosen besetzen unser Land.

1808 406 Einwohner.

1812 In Napoleons Rußlandfeldzug fallen 5 Oppelner.

1814 Das Kurfürstentum Hannover wird Königreich.

1815 Ein Oppelner stirbt in den Befreiungskriegen gegen Napoleon.

1822 Bei Diedrich Küver (Nr. 88) sterben in einer Woche drei Kinder an Friesel (Masern).

1825 Februar-Sturmflut. Hochwasserschäden durch Binnenwasser.

1826 Durch Hitze entsteht eine Malaria-Epidemie.
Es starben in Oppeln innerhalb der nächsten 3 Jahre 15 Menschen an Gallenfieber (Typhus).

1834 91 Häuser und 2 Schulen. Die Einwohner sind durch ihre „Habern-Fabriken" bekannt.

1837 Bau der Nebenschule im Süderende.

1842 Die kleine gebrochene Kirchenglocke wird umgegossen unter Hinzunahme des Taufbeckens von 1616 und zwei alter Altarleuchter von 1645.

1845 Das Küsterhaus erhält eine Schulstube.

1848 104 Wohnhäuser, 502 Einwohner.

1852 4.5., Die hannoversche Landgemeindeordnung tritt in Kraft. Trennung von Verwaltung und Rechtsprechung.
25.10., 140 Kinder sind zu unterrichten, davon 55 an der Nebenschule.
Baubeginn des Neuhaus-Bülkauer Kanals.

1852 – 1853 Bau des Neuhaus-Bülkauer Kanals, genannt Oppeler Kanal. Oppelner Mitglieder der Baukommission des Neuhaus-Bülkauer Schleusenverbandes waren Pastor Cooper und Matthias Böhmke.

1853 111 Wohnhäuser.

1855 3.6., Der Kirchturm brennt durch Blitzeinschlag.
Der Wirtschaftsteil des Pfarrhauses wird neu gebaut.

1856 123 Häuser, davon 8 in Bovenmoor.
Verhandlungen wegen politischer Zugehörigkeit Bovenmoors.

1861 Grenzregulierung: Die bisher zu Oppeln gehörenden Bovenmoorer und die Aue-Mühle werden in Bülkau eingemeindet.

Der Pfingstschatz, eine Abgabe der Gemeinde an das Amt, wird abgelöst.

1862 Neubau des Armenhauses.

1863 Der landesweite Katechismusstreit findet auch in Oppeln statt.

1866 Das Königreich Hannover wird Preußische Provinz Hannover.

1870 Anschaffung der Altarkanne.

1871 Das Deutsche Reich wird gegründet. Seitdem ist unsere Heimat Teil des Deutschen Reiches und seiner Rechtsnachfolger.

1872 Der Wohnteil des Pfarrhauses wird neu gebaut.
120 Wohnhäuser, 498 Einwohner.

1873 Ablösung der zum Pfarrhaus gehörenden „Eisernen Kühe“ (s. Pfarre). Der Sackzehnthafer, eine Abgabe der Gemeinde an das Amt Neuhaus, wird abgelöst.

1877 29.9., Die Nebenschule Süderende Oppeln wird aufgelöst, letzter Nebenschulmeister ist Hinrich Küver. Verkauf des ehemaligen Schulhauses für 221,30 Mark an Brüning.

1879 Das Küster- und Organistenhaus wird neu gebaut.

1884 Die Eierpflicht an den Küster wird abgelöst.

1885 Der Kreis Neuhaus an der Oste wird aus den Ämtern Neuhaus und Osten gebildet.

1886 Anschaffung einer Taufschale für Haustaufen.

1887 22.3., Eröffnung der Sparkasse Bülkau, Kehdingbruch, Oppeln.
Die Landstraße Cadenberge - Bülkau wird gebaut.

1887 Die neue Röver-Orgel wird eingeweiht. Die alte Orgel wird an Lehrer Tecklenburg in Dobrock für 25 Mark verkauft.

1879 989 Einwohner.

1899 Der Schulanbau wird neu gebaut.

1900 Auf Torfpflicht an die Pfarre wird vom Kirchenvorstand Oppeln verzichtet. Die ersten Mettwurstpflichten an die Pfarre werden abgelöst.

1907 Beschluss der Gemeindeversammlung:
1. Der Osterweg wird mit Schlacke ausgebaut.
2. Zwischen Osterweg und Triftacker wird ein Verbindungsweg gebaut.

1908 Bau des „Neuen Weges“ (jetzt „Schwarzer Weg").

1909 Ein Läuteapparat wird an die große Glocke gebaut.
Der Kriegerverein wird gegründet.

1911 Der Pfarrhausbrunnen erhält eine Enteisungsanlage.
Ein Läuteapparat wird an die 2. Glocke gebaut.
Der „Neue Weg“ wird mit Schlacke ausgebaut.

1912 16.4., Totale Sonnenfinsternis bei wolkenlosem Himmel mittags zwischen halb 1 und halb 2 Uhr
26.6., Zum erstenmal ist ein Zeppelin-Luftschiff, die „Victoria Luise", über Oppeln zu sehen. Das Vieh lief verängstigt auf den Weiden hin und her, einige gerieten dabei in den Graben.
94 Schulkinder sind zu unterrichten, eine 2. Klasse wird eingerichtet.

1913 Ein zweiter Klassenraum wird an die Schule angebaut.
Scharlachepidemie: In der Familie Heinrich Junge (Nr. 85) sterben drei Kinder in einer Woche.

1914 Beginn des 1. Weltkrieges.

1914 8.12., 23 Flüchtlinge aus Ostpreußen.

1916 7.2., Ein Blitz schlägt in den Kirchturm, der bis zu 2/3 abbrennt. Er wird mit einem Notdach versehen.
3 Grützmühlen haben viel Arbeit, der Kriegerverein lässt Altpapier sammeln.

1917 Gemeindevorsteher Hinrich Küver legt sein Amt nach 25 Jahren aus gesundheitlichen Gründen nieder.
1 Grützmühle wird geschlossen, da der Müller verbotenerweise Mahlabfall als Lohn nahm.

1918 Der 1. Weltkrieg ist zu Ende, 27 Oppelner Soldaten sind gefallen.
In Cuxhaven bricht die Revolution aus, die „Republik Cuxhaven“ wird

ausgerufen. Otterndorf und Neuhaus werden von Marinesoldaten besetzt. Wahl des Arbeiter- und Bauern-Rats.

1919 Geistliche werden von der Ortsschulaufsicht entbunden.

1921 8.4., Totale Sonnenfinsternis bei wolkenlosem Himmel.
Kirchengemeinde stellt Land des Organistenlehns für den Bau des Kriegerdenkmals zur Verfügung.
Bildung einer Lichtkommision für den elektrischen Ausbau Oppelns.

1923 Januar, Die Franzosen besetzen das Ruhrgebiet. 18 Ruhrkinder treffen im Mai für ein Vierteljahr in Oppeln zur Verpflegung ein.
1.4., Trennung von Schul- und Kirchendienst der 1. Lehrerstelle.
8.7., Das Kriegerdenkmal wird eingeweiht.

1925 Der Kirchturm wird wieder aufgebaut mit Hilfe einer Spende der Bülkauer Society in New York in Höhe von 250 Dollar.

1926 Die Wetterfahne vom Turm wird reklamiert. Es soll eine neue hergestellt werden.
Pastor Biermann wird nach Dorste versetzt. Die Pfarrstelle ist vakant.

1927 Kirchenvorstand macht Landeskirchenamt Hannover den Vorschlag, Oppeln Cadenberge zuzufügen. Der Plan scheitert am Widerstand Cadenberges.

1928 Oppeln-Norderende wird an die Stromversorgung angeschlossen.
Das erste Radio in Oppeln bekommt Lehrer Sindram.

1930 Juli, Hochwasser durch langanhaltendem Regen.
Oppeln-Süderende wird an die Stromversorgung angeschlossen.

1931 Hochwasser durch langanhaltendem Regen.

1932 Die Grundhauer an die Kirche, die Mettwurst- und Brotpflichten an die Pfarre sowie die Brotpflichten an den Küster werden abgelöst.
Der Kreis Land Hadeln wird aus dem Kreis Neuhaus a. d. Oste und dem Kreis Hadeln gebildet.

1933 Der Deutschamerikaner Henry Henning spendet der Schule 5 Dollar.
Reichstags- und Landtagswahl am 5.3.1933: Von den 226 Wahlberechtigten waren 188 Stimmen gültig. Hiervon entfielen auf SPD 13, Deutschnationale Partei 11, Zentrumspartei 1, KPD 1, Deutsche Volkspartei 1, Volksrecht-Partei 1, Deutsche Staatspartei 5, NSDAP 102, Landwirte, Haus- und Grundbesitzer 7, Deutsch-Hannoversche Partei 45 und Christlich-sozialer Volksdienst 1 Stimme.

1934 Die Kirche wird anlässlich ihres 200-jährigen Bestehens neu ausgemalt.
Beginn der Nationalsozialistischen Zeit: Hermann Engelhard wird von den Nationalsozialisten zum Bürgermeister und Claus Buck zum Gemeindeschöffen ernannt.

1935 Die Bürgersteuer wird eingeführt.
Die Lieferung von einem Sperling pro 3 Hektar an die Gemeinde wird beschlossen. Bei Nichtbefolgen wird pro Tier eine Strafe von 50 Pf. erhoben.

1936 Die Gemeindewiese in Wingst wird für den Preis von 2.800 RM an Heinrich Hollander, Bremen, verkauft.
Überschwemmungen in Oppeln. Eine Denkschrift trägt zum Bau des Schöpfwerkes bei.

1937 Der Reichsarbeitsdienst gräbt für den Schleusenverband eine 3. Wettern.

1938 Witwe Margaretha Bartels verkauft Land für die Begradigung des Osterweges.

1939 Der 2. Weltkrieg beginnt.
Oppeln erhält von der Gemeinde Bülkau eine Handspritze.

1940 17.9., Einem Oppelner Mädchen wird in Bülkau wegen geschlechtlicher Beziehung zu einem Polen öffentlich der Kopf kahlgeschoren. Der Pole wird in Bülkau erhängt.

1942 Die Kirchenglocke von 1842 muss zur Einschmelzung für Kriegsbedarf abgegeben werden, wahrscheinlich auch die alte Wetterfahne.

1945 Ende des 2. Weltkrieges: 55 Oppelner Einwohner sind gefallen oder werden vermisst.
Oppeln gehört zur Britischen Besatzungszone.

1946 365 Einwohner und 261 Flüchtlinge.
Durch Verordnung der britischen Militärregierung wird das Land Niedersachen gebildet.

1947 Errichtung einer Knochensammelstelle beim Bürgermeister.

1948 Das erste der drei kleinen Häuser wird als Behelfsheim gebaut. Bis 1950 werden die beiden anderen Häuser gebaut.

1951 1.4., Die Einwohner Bovenmoors, die bisher in Oppeln eingepfarrt waren, werden in Bülkau eingepfarrt.
25.11., Einweihung des Ehrenmals für die Gefallenen des zweiten Weltkrieges.
Abbruch der Auemühle.

1952 1.4., 556 Einwohner, davon 194 Vertriebene.
Gemischter Chor „Frohsinn" wird gegründet.
Das Oppelner Gemeindebüro ist telefonisch unter der Nr. 26 von Bülkau zu erreichen.
Ein eigener Leichenwagen wurde angeschafft.

1953 1.4., 496 Einwohmer, davon 134 Vertriebene.

1954 1.4., 467 Einwohner, davon 111 Vertriebene.
1.12., 452 Einwohner, davon 99 Vertriebene, etwa 15 Arbeitslose.
98 Gebäude einschließlich Kirche, 80 landwirtschaftliche Betriebe von 2 bis 21 ha, 15 Wohnhäuser ohne Landwirtschaft.
Der Landschöffenhafer wird abgelöst.

1955 Bau des neuen Organistenhauses. Prozess wegen Baumängel.

1956 Gründung des Wasserbeschaffungverbandes Wingst.

1957 Neubau der Schule.
1.6., 343 Einwohner, davon 56 Vertriebene.

1958 24.1., Einweihung der neuen Schule.
4.10., Lehrer Bechstedt wird zum Heimatpfleger bestellt.
Pachtvertrag über das Schulgrundstück zwischen Kirchengemeinde und politischer Gemeinde. Der Schiedsgerichtsvertrag über das Heimfallrecht im Jahre 2020 wird ausgehandelt.

1959 Der Osterweg wird bei „Oppeln an de Eck" begradigt.
Der Lagerplatz im Norderende wird an Ernst Bartels verkauft.
Oppeln erhält eine Wasserleitung und wird an die Wasserversorgung des Wasserwerkes Wingst angeschlossen.

1960 2.7., Gemeinderat beschließt die Einführung eines Wappens.
1.4., 368 Einwohner. Ein öffentliches Kühlhaus wird gebaut.
1.12., 379 Einwohner, davon 31 Flüchtlinge.
Kirchendach (Westteil) wird erneuert.

1961 1.7., Gemeinderat: II. Nachtragssatzung der Hauptsatzung: Das Gemeindewappen Oppeln zeigt: In Blau zwei gekreuzte gold-tingierte Haferrispen.
Kirchendach (Ostteil) wird erneuert.

1962 16. u. 17.2., Große Sturmflut. Oppeln bleibt von Schäden verschont.

1963 28.5., Baubeginn des Wirtschaftsweges Wingst-Oppeln-Bovenmoor.

1964 Firma Franz Bolze restauriert den alten Kelch.

1965 1.6., Bildung der Samtgemeinde „Am Dobrock" durch die Gemeinden Cadenberge, Wingst und Oppeln.
Der Kirchturm wird gründlich renoviert.

1966 Hermann Engelhard ist 25 Jahre Bürgermeister.

1967 1.1., Oppeln wird Kapellengemeinde der Kirchengemeinde Bülkau.
Bau der Leichenhalle.
Renovierung des Kirchturms.
9.7., Einweihung der neuen Glocke.

1968 15.3. – 19.3., Schneekatastrophe.

1967 – 1969 Renovierung der Kirche, Einweihung am 9.10.1969.

1970 Wartehäuser für Fahrschüler werden beim Kriegerdenkmal, der Auffahrt Griemsmann und bei August Schade errichtet.

1971 1.1., In der Schule herrscht kein Schulbetrieb mehr. Das Heimfallrecht tritt in Kraft.

1972 30.6., Den Ratsherren Bürgermeister Engelhard, Reyelt und Grönwoldt sowie dem ehemaligen Ratsherrn Buck wurden für ihre Verdienste in der ehemaligen Gemeinde ein Wappenteller überreicht.
1.7., Eingemeindung in die Wingst.

1974 16.7., Auf der Oppelner Geest werden bei einer archäologischen Flurbegehung in einem Maisfeld 12 Abschläge gefunden.

1975 Der Spielkreis wird eingerichtet.

1977 23. + 24.4., Kreiskriegertag in Oppeln.
Das Flurzusammenlegungsverfahren wird durchgeführt.
Der Landkreis Cuxhaven wird aus den Landkreisen Land Hadeln und Wesermünde gebildet.

1979 Schneekatastrophe.

1981 Die Salzabbaugerechtigkeit bei einem eventuellen Salzabbau oder der Nutzung abgebauter Salzstöcke konnte grundbuchlich gesichert werden.

1982 Der Gesangverein „Frohsinn" beendet seine Vereinstätigkeit.

1984 Renovierung der Röver-Orgel. Einweihung 16.12.1984.

1986 4.4., 1. Versammlung der Freizeitvereinigung „FC Kickers Oppeln".
26.4., Das Atomkraftwerk in Tschernobyl (Rußland) explodiert. Atomarverseuchte Luft weht auch zu uns herüber.
Einführung der Mülltrennung nach wiederverwertbaren Müll (Recycling), Sondermüll, Glas, Altpapier und Restmüll.

1988 Die Erdölabbauverträge für eventuellen Erdölabbau von 1920 konnten nach einer Änderung erneuert werden.

1993 Anschaffung von 2 neuen Altarleuchtern.

1994 Am 6. Februar wird Anne Junge als erste Frau in den Kapellenvorstand (früher Kirchenvorstand) gewählt.

Eine Grillhütte wird vom Kriegerverein bei der Kirche gebaut.

1995 20 Jahre Spielkreis Oppeln.
1.11., Bruno Bechstedt ist 50 Jahre Organist in Oppeln.
1997 Winter, Der Komet Hale-Bopp ist wunderbar zu sehen.
März, Ingelore Borchers geb. Küver wird von der Gemeinde Wingst mit der Heimatpflege und Erstellung einer Dorfchronik für Oppeln beauftragt.
24. + 25.5., Kreiskriegertag der Krieger- und Soldatenkameradschaften in Oppeln.
Marco Geisler ist Landessieger und dann Bundessieger der Auszubildenden im Metallbau.

1998 6.6., gegen 22.30 Uhr wütete ein Orkan in unserer Gegend. Eingeleitet wurde er von Blitzen, die mehrfach über den ganzen Himmel zuckten und alles taghell erleuchteten. Der Orkan (Windhose), begleitet von Wolkenbrüchen, knickte und entwurzelte Bäume in großer Zahl. Auch waren Sachschäden und Überflutungen zu vermelden.
In Oppeln stürtzten viele Bäume um, vor allem im Süderende. Bei Stelling auf der Geest wurde der Wohnwagen an eine Baumreihe gedrückt und total zerstört. Stromleitungen wurden zerstört und zogen einen 16-stündigen Stromausfall nach sich.

1.8., Einführung der neuen Rechtschreibung.
Okt., Durch den verregneten Sommer kann bei erneuten tagelangen Regenfällen das Wasser nicht abfließen. Oppelner Wiesen sind überschwemmt

1999 1.1., Der Euro ist eingeführt. 1 Euro = 1,95583 DM. Er gilt vorerst im bargeldlosen Zahlungsverkehr.
Sommer, Aufgrund des neuen Rahmenstellenplans des Kirchenkreises Land Hadeln wurden die Pfarrstellen Bülkau/Oppeln und Belum zu einer Pfarrstelle zusammengeschlossen.
31.10., Eine Gedenktafel für Bruno Bechstedt anläßlich das 50-jährigen Organistenjubiläums und des 30-jährigen Vorsitzes des Kirchenvorstandes wird eingeweiht.
18.11., Die 1. Bürgerversammlung zum 700-Jahr-Jubiläum findet statt.
8.12., Die 1. Festausschuss-Sitzung findet statt. Es werden verschiedene Arbeitsgemeinschaften gebildet.

2000 4.2., 25 Jahre Kinderspielkreis Oppeln.
8.7., Wird ein Fest zum 25-jährigen Bestehens des Spielkreises gefeiert.
16.9., Findet die Oppelner Olympiade zugunsten des Dorfjubiläums statt.
19.10., 2. Bürgerversammlung zum Jubiläum findet statt.

2001 19.3., 700-jährige Ersterwähnung Oppelns. Das Jubiläum soll mit einem Festwochenende im August gefeiert werden.

Der „Mehrfamilienbaum" am Westerweg

Die Erdgeschichte

In der Gemarkung von Oppeln sind die drei naturräumlichen Einheiten Marsch, Moor und Geest vertreten. Im Süden des Dorfes liegen die Oppelner Geest und eine kleine Geestinsel im Griftfeld, beides isolierte Vorkommen, die aus Geestmaterial wie z. B. Sand und Lehm bestehen. Die benachbarte Wingster Geest, eine sehr viel größere Geestinsel, enstand vor etwa 150.000 Jahren in der Saale-Kaltzeit als Endmoräne. Gletscher aus Skandinavien, die auf ihrem Wege nach Norddeutschland unterwegs mineralisches Material aufnahmen, lagerten dieses auch hier ab und schoben gleichzeitig an ihrer Front bzw. an ihrem Ende die Schichten wie eine Planierraupe zusammen.

Die Marsch in der Gemarkung Oppeln besteht aus maximal 6 - 7 m starken Tonschichten (Klei), die meist von wenige Dezimeter starken Niedermoortorfen unterlagert sind. Die flächenhafte Verschlickung, deren Ursache letztlich in der Tide von Elbe und Nordsee zu suchen ist, setzte vor etwa 5.000 Jahren ein. Durch den Anstieg des Meeresspiegels drangen die Fluten vorwiegend entlang von Entwässerungsbahnen wie z. B. Flüsse, Bäche und Priele bis an die Wingster Geest vor. Möglicherweise repräsentiert die Aue, zumindest in Teilbereichen, einen ehemaligen Priel.

Bei Annäherung an die beschriebenen Geestinseln wird die Stärke der Marsch- und Moorschichten geringer. So ergaben geologische Untersuchungen von Dr. Udo Lade, Hechthausen, bei Lutz von Thaden mindestens 3 m Marsch, dagegen bei Richard Bahlke hinter dem Haus auf der Weide 3 - 5 dm Torf, darunter 2,2 - 2,3 m Marsch und schließlich bis 3 m humosen Sand, vermutlich ein alter Mutterboden.

Vor Aufschlickung war die Oppelner Geest eine prägnante Geländekuppe, die hauptsächlich aus Lehm besteht. Diese wurde bei Tiefbauarbeiten freigelegt und war von einem Pflaster aus Findlingen, die heute im Straßenseitenraum liegen, abgedeckt. Vor und während der Aufschlickung war die Oppelner Geest hochwassersicher. Es ist daher nicht verwunderlich, wenn vor ca. 4.000 Jahren dieser Platz von vorbeiziehenden steinzeitlichen Jägern genutzt wurde. Die ersten Spuren von Menschen sind durch Abschläge auf der Oppelner Geest bezeugt.

Da in der Nähe der absoluten Vorflut, d. h. in Nähe von Elbe und Nordsee, höher aufgeschlickt wurde als im äußeren Überschwemmungsbereich, entstanden Hochland und Sietland. Wegen des fehlenden Gefälles waren deshalb die Entwässerungsbedingungen im Sietland ungünstig, so auch am Rande der Wingster Geest. Zwischen der Oppelner Marsch und dem Geestrand entstanden Vernässungsgebiete, in denen sich im Laufe von Jahrhunderten zunächst Niedermoortorfe und danach Hochmoortorfe bildeten. Ein Überbleibsel bzw. Ausdruck der ungünstigen Entwässerungsbedingungen ist der Balksee als Auffangbecken für die Entwässerung der Wingster und Lamstedter Geest. Durch Abtorfung des Hochmoores für Brennzwecke (Schwarztorf), was wahrscheinlich Ende des 16. Jh. in großem Umfang begann, wurde die Oberfläche abgesenkt, so dass sie im Schnitt 0,5 m unter dem Meeresspiegel liegt. Der niedrigste Punkt liegt mit 0,8 m unter NN im Mittelfeld im Süden. Das Marschland an der Aue liegt im Schnitt 0,0 m bis 0,4 m über NN, wobei der höchste Punkt mit 0,8 m über NN der Standort der Kirche ist. Die Oppelner Geest ragt bis zu 2,5 m (s. Topographische Karte) aus der Marsch hervor. Die kleine Geestinsel im Moor ragt etwa 0,70 m aus dem Moor empor und ist etwa 0,50 m über NN hoch. Schließlich sei darauf hingewiesen, dass in 1.000 – 1.200 m unter unserem Gebiet Salzstöcke lagern. Hierfür konnten sich Grundeigentümer 1981 die Salzabbaugerechtigkeit sichern.

Dieser Beitrag entstand mit Hilfe von Diplom-Geograph Dr. Udo Lade, Hechthausen[1].

Vermutungen über die Bedeutung des Namens „Oppeln"

Bisher konnte der Ortsame Oppeln nicht gedeutet werden. Im Laufe der Jahrhunderte wurde der Name unterschiedlich geschrieben: Die erste Erwähnung lautet 1301 Oppelem. Danach tritt die Schreibweise Oppelen, Oppele und Oppell auf. Um 1500 taucht der Name Oppenheym (s. Pastoren) in der Bülkauer Bruderschaft der Antoniter auf. In der ersten Hälfte des 16. Jahrhundert pendelte sich die Schreibweise auf Oppell ein. Dann wechseln die Schreibweisen Oppeln, Oppelen, Oppellenn, Oppel, Oppell bis zum Ende des 16. Jahrhunderts. Ab 1700 ist durchweg die jetzige gebräuchliche Schreibweise Oppeln zu finden. Verschiedene Vermutungen wurden zur Bedeutung des Namens angestellt:

Ernst Becker vermutet, dass der Name Oppeln in die Gruppe der Ortsnamen mit der Endung loh(n) gehört. Nach wiederholter Durchsicht meines Manuskripts fiel mir zu dieser Vermutung eine eventuelle Deutung des Namens ein. In Verbindung mit den mettwurstpflichtigen Höfen kam ich auf die Idee, dass Oppeln „oppe" (auf den) „lohn" (Sumpfwiesen) bedeuten könnte. „Oppe Lohen" (auf den Sumpfwiesen) für die 18 Siedler auf den Wurten, die dann von Auswärtigen mit „de oppe lohn" benannt wurden.

Auf eine schriftliche Anfrage und telefonischen Gesprächen hin bekam ich von Prof. Dr. Jürgen Udolph, Namensforscher an der Universität Göttingen, folgende Deutungsversuche zu Oppeln und Aversloh[2]: „Beide sind schwierig. Während ich bei *Aversloh* noch relativ sicher bin, bleibt *Oppeln* doch noch etwas undurchsichtig. Aber anderes oder besseres habe ich einfach nicht finden können.

.... verbirgt sich in einigen *–loh*-Namen ein altes Wort *sloh* „Sumpf, Morast"... Hier dürfte wohl Aversloh anzuschließen sein. Trennt man in diesem Namen *–slo* ab, so verbleibt noch ein „Rest", das sogenannte Bestimmungswort, hier zu erkennen als Aver-. .... Dahinter verbirgt sich das niederdeutsche Wort für „Ufer", mittelniederdeutsch over.... Nimmt man beides zusammen, darf Aversloh aus altem **Over-slo* hergeleitet und als „Ufersumpf, Sumpf am Ufer" verstanden werden. Ganz entsprechend ist *Averhoy* bei Hannover als „Uferhöhe, Uferhügel" interpretiert worden.

Im Niederdeutschen, derjenigen Sprache, aus der der Ortsname *Oppeln* stammt, ist loh weniger als „Wald" als vielmehr als „Wiese, Anger" bezeugt. ....Hier steht *oppe* offen-

[1] Dr. Udo Lade, Brief vom 12. 9. 2000
[2] Prof. Dr. J. Udolph: Brief v. 21. 5. 2000

sichtlich für niederdeutsch *up, uppe,* das im Mittelniederdeutschen in den Bedeutungen „auf, an bei", auch „oben, oberhalb; auf, aufwärts, hinauf" bezeugt ist, und das hochdeutsch auf, hinauf entspricht. ... Es ist vielleicht nicht zu gewagt, hier den Ortsnamen *Oppeln* < *Oppe-lo* anzuschließen. Nimmt man alles zusammen, scheint für den Ortsnamen Oppeln eine Herleitung aus up, op „oben, oben gelegen, über" + *-loh* „Weide, Wiese, Wiesenland" möglich. Die erhöhte Lage der Oppelner Geest könnte dafür namengebend gewesen sein".

Deutungsversuche bekam ich auch von Hermann Zschweigert, Hollingstedt, Mitautor des Buches „Die Hochkultur der Megalithzeit": *1. Oppel-en* = „Apfelland", *2. Oppe-len* = „oben auf dem (festen oder hohen) Land", *3. Op-pelen* = „auf (bei) den Pfählen"[3].

Die mündlich überlieferte Deutung *Op Pöhlen,* sofern die Häuser auf Pfähle gebaut sind, ist unwahrscheinlich, denn die Fachwerkhäuser ruhten damals auf Findlingen.

Weiter wird eine slawische Bedeutung vermutet und zwar im Hinblick auf die Orte Oppeln in Oberschlesien und Oppeln in der Oberlausitz. Ob es Zusammenhänge zwischen den Orten Oppeln im Elbe-Weser-Dreieck und den Orten in der Oberlausitz und Schlesien gibt, müsste erforscht werden.

Ortsschild von Oppeln in der Oberlausitz.

Oppeln in der Oberlausitz liegt in der Nähe von Bautzen. Namensgeber für das Dorf ist das Schloss, ein ehemaliges Rittergut der Ritter von Oppeln, das 1997 teilweise dem Verfall preisgegeben war. Karl-Heinz Noack schrieb 1996 für die Buchreihe „Werte der deutschen Heimat zwischen Löbau und Herrnhut" für das Institut für Länderkunde über dieses Dorf. In seinem Manuskript berichtet er unter anderem: „Das Dorf zählt 109 Einwohner und wurde 1974 in Kittlitz eingemeindet. Eine eigene Kirche hatten die Oppelner nie, sie mussten immer zum 1 km entfernten Kittlitz. Die verschiedenen Schreibweisen des Ortsnamens lauten 1261 Opal, 1345 Oppeln, 1390 Opil, Opeln, 1404 Opol, 1645 Opil, 1499 Opyl. Der Ortsname, sorbisch Wopalen, deutet irgendwie auf Brand hin (Gut des Niedergebrannten, Ort des Abgebrannten, umbrannte oder verbrannte Stelle) und könnte auf Brandrodung hinweisen. Die Ritter von Oppeln wurden 1261 erstmals erwähnt. Dann wird 1298 Erich von Oppeln, der einen Sohn Hinko hatte, erwähnt. 1478 ist Balthasar von Oppeln Besitzer des Rittergutes. Danach werden andere Besitzer genannt".

[3] Hermann Zschweigert: Brief vom 1.8.2000

Die Besiedlung

Wer waren diese Menschen, die unsere Gegend urbar gemacht haben, und woher kamen sie? In der Literatur wird allgemein angenommen, dass es Holländer, also Bewohner aus Holland, waren. Diese Annahme gründet sich auf die Aussage im Stader Copiar S. 24: „Et nota quod vbicunque morantur Hollandrini in prepositura Bremensi duntaxat semel in anno habent Sinodum videlicet in estate seu vere, que parochiales Ouerenygelande Brynchem Horst Oszta Bulckow Cadenberghe Oppele Oderquat." Die Übersetzung lautet: „Und merke, dass, wo Holländer in der bremischen Probstei wohnen, sie nur einmal im Jahr Sendgericht haben, nämlich im Sommer oder Frühling, was die Kirchspielleute in Oberneuland, Brinkum, Horst, Osten, Bülkau, Cadenberge, Oppeln, Oederquart betrifft."

Aber waren es wirklich Holländer, die hier gesiedelt haben? Holland kommt von Holtland[4] und wird allgemein als Holzland gedeutet. *Hold*, mittelhochdeutsch *holt*, bedeutet aber „geneigt, zugetan, gnädig, treu, ergeben, dienstbar" und bezog sich im Mittelalter auf das Verhältnis zwischen Lehnsherrn und Gefolgsmann[5]. Aus dieser Erklärung könnte man schließen, dass die Siedler vom Landesherrn Vergünstigungen bekommen haben, wie z. B. eigenes Land, das niedere Gericht, statt der 10. Hocke die 11. Hocke als Abgabe, statt 2-mal nur 1-mal im Jahr zur Synode zu gehen, und sie daher vom Landesherren als Holtländer, treu ergebene Dienstleute, benannt wurden.

Nach Meinung von Ludwig Badenius muss die Besiedlung so verlaufen sein[6]:

"Die Besiedlung Oppelns kann nicht im Schutz der Seedeiche erfolgt sein. Der Bau eines Deiches an der Aue von der Oste bis an die Oppelner Geest und weiter an den Geestrand der Wingst, die Schaffung eines großen Kooges oder der Bau von Schleusen vor dem Beginn der Besiedlung, war mit den Möglichkeiten des Mittelalters nicht zu verwirklichen. Die Siedler müssen ganz auf sich selbst gestellt die Besiedlung durchgeführt haben. Bis zum Bau der Schleusen war jede Flut bis in den Balksee zu spüren.

Die ersten Siedler waren gezwungen mehrere Probleme gleichzeitig zu lösen. 1. Ein gegen Hochwasser geschützter Wohnplatz war notwendig. 2. Die Ernährung musste gesichert werden. 3. Gegen das Seewasser der Aue mussten Deiche gebaut werden. 4. Gegen das Wasser von der Geest und aus den Mooren waren ebenfalls Deiche notwendig. 5. Die Entwässerung musste hergestellt werden.

Bei allen diesen Aufgaben waren die Siedler auf sich allein gestellt, Hilfe von außen hatten sie nicht zu erwarten. Trotz dieser Schwierigkeiten war es üblich, dass die Siedler im dritten Jahr zinsten, also Steuern zahlten.

Wenn in der Sage berichtet wird, Oppeln hätte früher aus achtzehn oder neunzehn hohen Wurten bestanden und auch später in den Pflichten diese Zahl auftaucht, kann sie einen Hinweis über die Größe der Siedlergruppe und die Entwicklung der Siedlung geben. Etwa 15 ha Marschland für jede Familie sind das allgemein in allen Siedlungen in der niederen

[4] Brockhaus 1993, Bd. 2., S. 596
[5] Etymologisches Wörterbuch des Deutschen, dtv, S. 551
[6] Ludwig Badenius: Manuskript

Marsch nachweisbare Maß der Kolonistenstellen, so auch in Oppeln. Jede Siedlerfamilie baute an der Aue eine Wurt, die später ein Teilstück des Deiches wurde und errichtete darauf ein Haus. Um das Land herum wurde ein Graben ausgehoben und mit dem Aushub ein kleiner Deich gebildet. Dieser Deich verhinderte die Überschwemmung bei sommerlichen Fluten und ermöglichte den Anbau von Sommerkorn. Mit diesen Arbeiten war der elementare Lebensunterhalt gesichert. Im Winter werden wohl alle Flächen lange unter Wasser gestanden haben, aber das war auch im letzten Jahrhundert die Regel. Der endgültige Landausbau, die Verbesserung der Deiche, das Ausheben der vielen Entwässerungsgräben, 20 bis 25 % der Landfläche sind Gräben und der Bau der notwendigen Schleusen hat sicher die Arbeit einiger Generationen erfordert.

Da die Gemeinde Oppeln nur einen geringen Anteil Marschland, etwa 300 ha, hat, kann es außer der landwirtschaftlichen Nutzung auch andere Gründe für die Ansiedlung gegeben haben. Nur durch sie würde sich die frühe Entstehung eines Kirchspiels in Oppeln erklären. Andere Orte in den Marschen mit besseren Voraussetzungen wie Oppeln, z. B. Kehdingbruch oder Neuhaus, werden erst spät eigenständige Kirchspiele. Dass eine Siedlergruppe von weniger als 20 Familien in der Lage war, die Kosten für den Unterhalt der Kirche und des Geistlichen aufzubringen, erscheint unmöglich. Es müsste dann Zeiten gegeben haben, in denen mehr Menschen in Oppeln gelebt haben. Die Landwirtschaft kann nicht deren Lebensgrundlage gewesen sein. Eine denkbare Möglichkeit ist sicher der Abbau und Verkauf von Torf, der als Brennmaterial seit der Zeit, als das Holz knapp und teuer wurde, eine bedeutende Rolle spielte.

Weiter ist auch die Gewinnung von Salz aus Torf möglich. Dabei wurde der vom Salzwasser durchtränkte Torf abgebaut, getrocknet und verbrannt. Aus der Asche wurde das Salz gewonnen. Im Hochmittelalter war dieses Salz trotz seiner schlechten Qualität ein begehrter Handelsartikel. Der Abbau von Salztorf ist an der gesamten Küste betrieben worden und führte bei schweren Sturmfluten zu großen Landverlusten, so zum Einbruch des Jadebusens, des Dollarts und der Harle-Bucht usw. Für die Marschen an der Elbe ist Salztorfabbau in Urkunden nicht nachzuweisen, kann aber nicht ausgeschlossen werden. so ist in Hadeln das heute nicht mehr vorhandene Kirchspiel Süderleda 1230 in einer Urkunde genannt. Da es wie Oppeln in einem Moormarschgebiet liegt, könnte auch dort Salztorf gewonnen worden sein und die dadurch erzielten Einnahmen eine frühzeitige Kirchengründung ermöglicht haben. Mit dem Rückgang der Bevölkerung durch die Pest um 1350 und dem Vordringen des Salinensalzes wird der Salztorfabbau beendet.

In Oppeln kommt als Ansatzpunkt für die ersten Siedler die Oppelner Geest in Frage. Sie liegt wie eine natürliche Wurt in dem niederen Land. Als mögliche Ackerfläche stand ein schmaler Streifen Marschland an der Aue und für die Weide ein Bruchstreifen zwischen Marsch und Moor zur Verfügung. Die in dem heutigen Grabensystem sichtbare Kultivierungsrichtung zeigt eindeutig, dass von zwei Seiten aus kultiviert wurde, die sich bei der Kirche trafen und dort die keilförmigen Stücke bedingten. Die langen Wege von der Geest machten meines Erachtens eine Kolonisation von dort allein aus unmöglich".

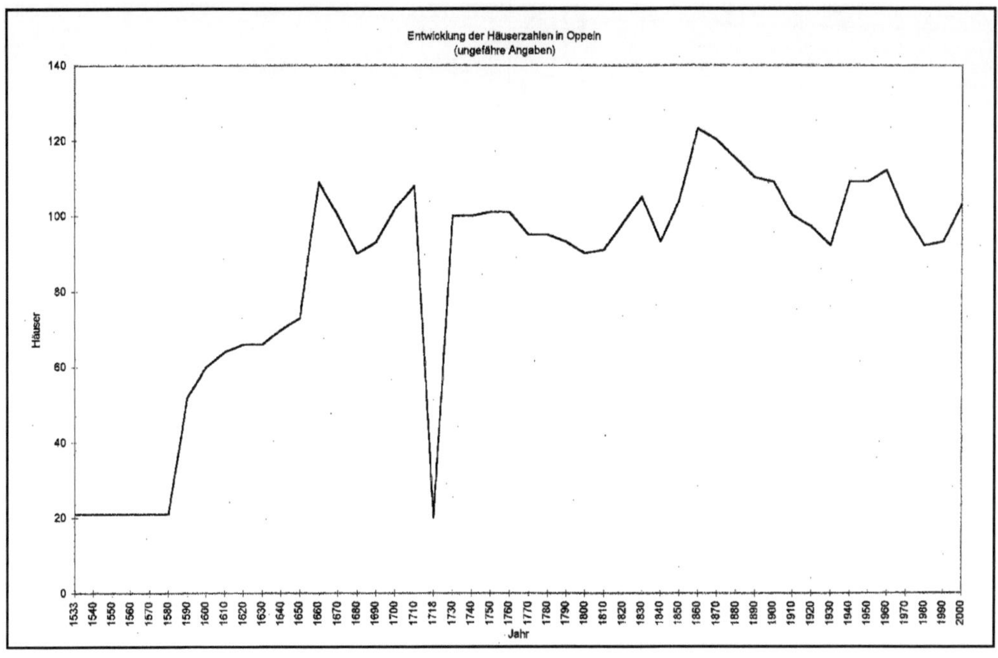

Grafik über die Entwicklung der Häuserzahlen von 1533 bis 2000 (erstellt von der Verfasserin).

Anhand von Steuerregistern kann man die weitere Entwicklung der Besiedlung Oppelns verfolgen.

Das erste vorhandene Register ist das Pflugschatz-Register von 1533, in dem Einwohner namentlich aufgeführt sind. Nach diesem Register gab es in Oppeln 13 halbe Höfe, 5 Katen (18 Höfe) und einen adeligen Vollhof (Fron- oder Zehnthof, der von Abgaben befreit war). Dieser wurde vom Schulzen Claus Eler gepachtet und bewohnt. Dazu kommen noch das Pfarrhaus und das Küsterhaus, die als Eigentum der Kirche abgabefrei waren. Ob das Müllerhaus in diesem Register angegeben ist, ist unklar, da zu der Zeit der Müller namentlich nicht bekannt ist und es offen ist, ob der Müller Eigentümer oder Pächter war.

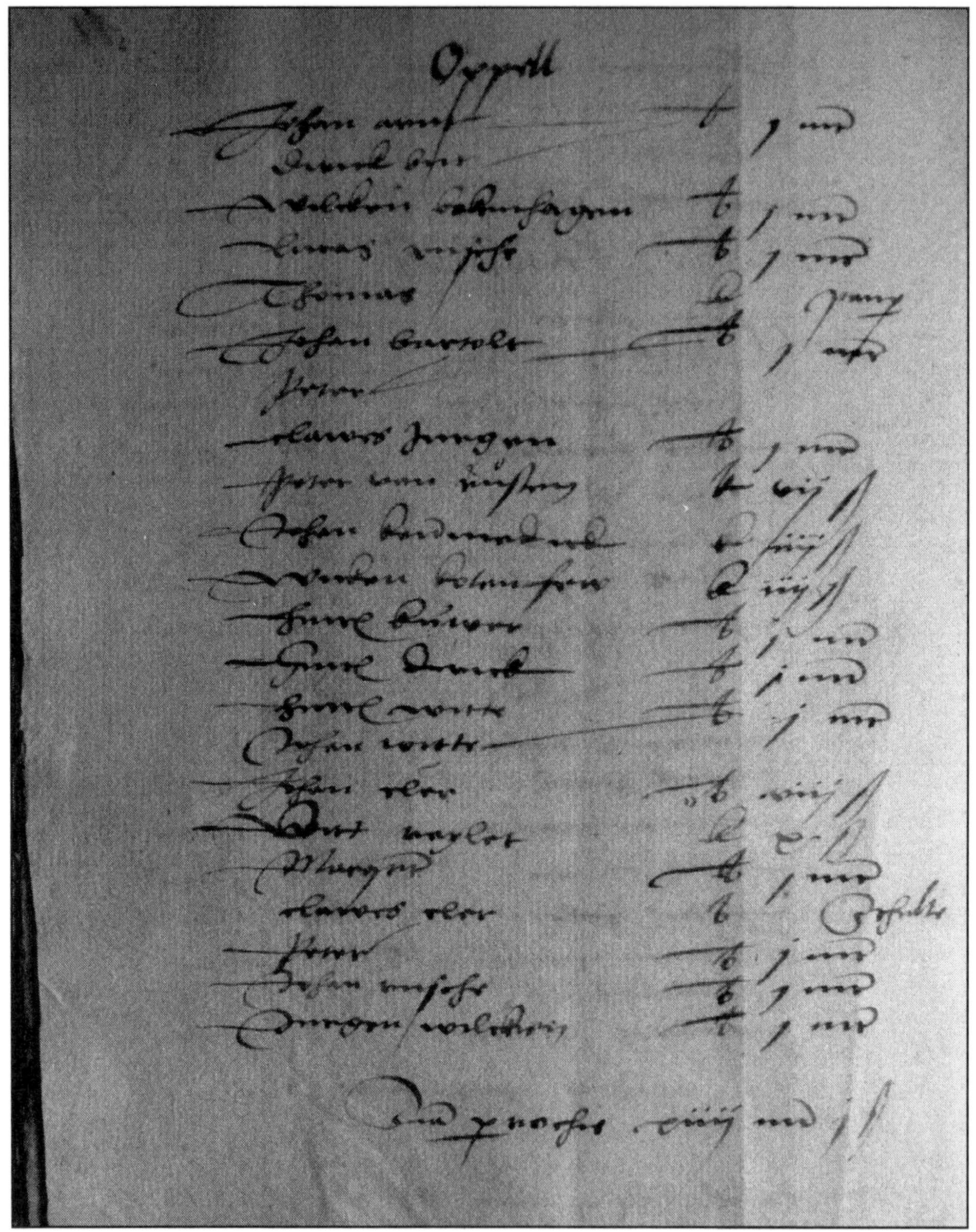

Pflugschatzregister von 1533, das erste Einwohnerregister von Oppeln (Original im Staatsarchiv Stade).

Abschrift des Pflugschatzregisters von 1533					
1	Johann arnt \	ƀ	1 Mark		
	Dirick but /				
2	Wilcken bokenhagen	ƀ	1 Mark		
3	Lucas Rusche	ƀ	1 Mark		
4	Thomas [Aleff]	k			paup (arm)
5	Johan bartolt \	ƀ	1 Mark		
	Peter [bartolt] /				
6	Clawes Jurgen	ƀ	1 Mark		
7	Peter van rusten	k		7 Schillinge	
8	Johan krummedick	k		4 Schillinge	
9	Wicken kolen fru	k		4 Schillinge	
10	Hinrick kuwer	ƀ	1 Mark		
11	Hinrick dirick	ƀ	1 Mark		
12	Hinrick witte \	ƀ	1 Mark		
	Johan witte /				
13	Johan eler	ƀ		8 Schillinge	
14	Vitt reylet	k		10 Schillinge	
15	Marquart [Vincke]	ƀ	1 Mark		
16	Clawes eler	b			Schulte
17	Peter [eler]	ƀ	1 Mark		
18	Johan rusche	ƀ	1 Mark		
19	Jurgen wilcken	ƀ	1 Mark		
	Summa parochie		14 Mark	1 Schilling	

b = Bau (Vollhof), ƀ = halber Bau (Halbhof), k = Kate

Die Eigentumsverhältnisse waren um 1578 etwa so:

Die Kirche besaß **15 Äcker und ein Gehrenstück,** die sie an die Bewohner Johann Rode, Matthias Timmermann, Peter Küver und Heinrich Bartels verpachtete.

Das Pastorenland bestand aus **3 Kämpen in 5 Stücken, 1 Kamp in 6 Stücken, einem Gehrenstück, 3 Moorblöcken östlich des Weges und einer Wiese im Aversloh.**

Das Küsterland bestand aus **2 Äckern.**

Der Adel, vertreten durch die Luneberger, besaß **einen freien Hof.** Außerdem hatten die Luneberger **15 Äcker im Auefeld, 7 Stücke Land im Mittelfeld, 7 Stücke im Moorfeld, 4 Stücke Geestland und 36 Stücke oder Blöcke im Aversloh.**

10 Bewohner besaßen einen Halbhof und 8 Bewohner eine Pflugkate. Wieviel Land diese Bewohner hatten, ist unbekannt.

Die Bülkauer Vikarie besaß **einen Acker in der Burtze von der Aue bis ins Moor.** Auch Benedix Bremer und Segebade Katten hatten Land in Oppeln, sicher auch noch andere Ausmärker.

Vermutlich wurde nach der Abtorfung die Lütje Geest von Johan von Campen besiedelt. 1605 wohnte er auf dem Moor, das zum Hof des Luneberg gehörte. Er wird 1588 zum erstenmal in Oppeln erwähnt.

Wieviel 1599 von den 52 Schatzpflichtigen in Oppeln wohnten oder nur Land hatten, ist noch unklar.

1640 wurden drei Register angelegt. Die Zahlen schwanken zwischen 69 und 80 Häuser. Von diesen Häusern sind 27 Katen und 13 Erdkaten.

1647 sind im Register 52 Häuser (+ Pfarr- und Küsterhaus) verzeichnet. Vermutlich sind die Katen und Erdkaten nicht mitgezählt worden. Außerdem sind etwa 70 sogenannte Ausmärker (Auswärtige, die in Oppeln Land besaßen) zu verzeichnen. In seiner Heimatkunde hat W. Klenck Register über die Zahlen der Höfe und Hausplätze des Jahres 1647 dargestellt, für Oppeln sind es 137 Höfe und Hausplätze. Dabei muss man beachten, dass auch Ländereien ohne Häuser als Höfe bezeichnet wurden.

Während der Sturmflut 1717 wurden 90 Häuser weggetrieben. Es sollen 8 Häuser stehen geblieben sein.

1721 fand eine Feuerstellen-Zählung statt, um die Schäden der Sturmflut von 1717 zu erfassen. Der Zähler notierte 102 Häuser, wobei das Pfarrhaus und das Küsterhaus nicht mit gezählt wurden.

1748 erstellte Küster Ralle eine Häuserliste, um die Mitglieder der Kirchengemeinde zu erfassen. Zu den 99 Wohnhäusern muss das Pfarr- und Küsterhaus gerechnet werden. Die Liste wurde 1754 auf den neuesten Stand gebracht.

Verzeichnis - Wie hiesiges Kirchspiel Oppeln die Wohnhäuser von Norden an ins Süden nachbarlich folgen von Anno 1748 und itzo 1754

itzo= jetzt, S = Sohn, Sen. = Senior

	von Ao. 1748		**itzo 1754**
1	Ferdinand Gefken	1	Claus Meyer Wilcken Sohn
2	Matthias Havemann Witwe	2	Peter Bartels
3	Claus Rape (Mühle)	3	Johann Rape (Mühle)
4	Carsten Borchers	4	derselbe
5	Jacob Kemmen Witwe	5	Claus Havemann, Peter S.

	von Ao. 1748		itzo 1754
	--	6	Joh: Hinr: Mowinkel, neu erbaut 1750
6	Hinrich von Essen	7	annoch
7	Hinrich Vehring Joh: S	8	"
8	Hinrich Vehring Jürgen S	9	"
9	Johann Hensche	10	"
10	Johann Holst	--	1754 abgebrochen
11	Peter Thunemann	11	annoch
12	Carsten Ralle	12	Johann Holst
13	Hinrich Rüschen Kinder	13	annoch
14	Johann Hinrich Rüsche	14	"
15	Johann Dodeggen Witwe	--	1754 abgebrochen
16	Klaus Rüsche	15	annoch
17	Claus Meyer Joh: S: Witwe	16	"
18	Lucas Rüsche	17	"
19	Peter Meyer Hinrich S:	18	Hinrich Vehring Sohn
20	Peter Ölrich	19	annoch
21	Harmen Meyer	20	Claus Havemann Claus S:
22	Tönnies Wörmcke	21	annoch
23	Matthias Junge	22	"
24	Johann Lorentz Witwe	23	Peter Lorentz
25	Johann Bähr	24	Nicolaus Crusius
26	Marten Rüsche	25	annoch
27	Claus Elfers	26	"
28	Hinrich Vehring Sen	27	"
29	Hinrich Havemanns Witwe	28	Johann Solfa
30	Lucas Küver	29	annoch
31	Hinrich Reyelt Jacob S.	30	"
32	Johann Pape Johann S:	31	"
33	Johann Küver Claus S: Sen	32	"
34	Friedrich Menen Erben	33	David Schröder
35	David Schröder	34	annoch

	von Ao. 1748		itzo 1754
36	Lucas Ehler	35	"
37	Claus Ficke	36	"
38	Hinrich Rape	37	"
39	Johann Tiedemann	38	"
40	Catrin von Staden	39	"
41	Johann Meyer David S:	40	annoch
42	Valentin Hecksteden	41	"
43	Johann Wichmann	42	"
44	Küster Magnus Ralle	43	Johann Havemann
45	Andreas Hecksteden	44	annoch
46	Claus Pet: S: Bartels	45	"
47	Johann Havemann	46	Peter Küver Johann S:
48	Claus Meyer Wilken S: Sen	47	annoch
49	Peter Pape	48	"
50	Jürgen Küvers Witwe	49	"
51	Hinrich Strunck Joh: S: Schneider	50	annoch
52	Peter von Rüsten	51	"
53	Peter Hensche	52	"
54	Lucas Strunck, im Wegefelde	53	Johann Küver Joh: S:
--		54	Claus Recht, neu erbaut 1750
55	Claus Strunck Lucas S:	55	annoch
56	Claus Küver Claus S: Witwe	56	der Sohn Johann Küver
57	Peter Tiedemann	57	annoch
58	Wilcken Meyer Joh: S: Sen	58	"
59	Jacob Arpff	59	Claus Arpff, der Sohn
60	Henning Schröder	60	Claus Schröder, der Sohn
--		61	Joh: Reyelt Hinr: S: an der Grift
61	Johann Küver Joh: S: an der Grift	--	abgebrochen
62	Joh: Meyer Joh: S: Sen Jurat	62	annoch
63	Joh Strunck: Joh: S:	63	"
64	Wilcken Meyer Wilcken S:	64	dessen Hauß .... auch Joh: Strunck Joh: S

	von Ao. 1748		itzo 1754
65	Peter Meyer Joh: S: Witwe	65	der Sohn Johann Meyer
66	Claus Wichmann	66	Wilcken Meyer Wilcken S: Witwe
67	Cl: Meyer Cl: S: Jun: Witwe	67	annoch
68	Heyn Meyer	68	"
69	Joh: Meyer Joh: S: Jun: Witwe	69	"
70	Johann Weteke	70	Johann Küver Joh: S:
71	Hinrich Arpff	--	abgebrochen
72	Claus Meyer Cord S:, Geest	71	Hinrich Arpff
73	Claus Küver Joh: S: im Mohrfelde	72	David Reyelt Hinr: S:
74	Johann Meyer, Rademacher	73	annoch
75	Claus Küver Joh: S: Oppeler Geest	74	"
76	Hinrich Brüning Andreas S: Witwe	75	"
77	Johann Küver Jürgen S:	76	"
78	Joh: Strunck Tob. S: Witwe, Opp.Geest	77	"
79	Christopffer Bahlke	78	"
80	Claus Küver Jürgen S:	79	"
81	Bartelt Schade Hinr: S:, Oppeler Geest	80	"
82	Jürgen Junge	81	"
83	Bartelt Bartels	82	"
84	Claus Bartels Bart: S: Sen	83	"
85	Bartelt Strunnck, Oppeler Geest	84	"
86	Hinrich Böemcke	85	dessen Witwe
87	Hinrich Tiedemann, Opp. Geest	86	annoch
88	Claus Struncks Witwe	87	"
89	Joh Meyer Hinr: S:, an der Grift	89	"
90	Joh: Pape Borchert S:	90	"
91	Andreas von Rüsten	91	"
92	Johann Vehring	92	Johann Strunck Joh: S:
93	Hinrich Küvers Witwe	93	annoch

von Ao. 1748	itzo 1754
94 Cord Bahlke	94 "
95 Hinrich Strunck	95 "
96 Jacob Reyelt	96 "
97 Bart: Schade Dierck S: außenteich	97 "
98 Peter Reyelt, außenteich	98 "
99 Claus Küver Joh: S:, Balcksee	99 "

Bovemohr von Anno 1748	
100 Johann von Brobergen	100
101 Johann Joh: S: Brüning	101
102 Carsten Havemann	102
103 Hinrich Joh: S: Brüning	103
104 Johann Weteke	104
105 Claus Tietke	105

1803 werden im Kriegssteuerregister 90 Häuser gezählt.

1834 werden in der Beschreibung des Königreiches Hannover 83 Häuser im Norder- und Süderteil und 8 Häuser auf der Geest sowie 2 Schulen angegeben.

1848 wurden 104 Häuser im Statistischen Handbuch für das Königreich Hannover aufgeführt. Davon standen 45 Häuser im Norderende, 50 im Süderende und 9 auf der Geest.

1853 haben sich die Zahlen verändert. Im Norderende standen 51 Häuser, im Süderende 51 Häuser und 9 auf der Geest, also insgesamt 111 Häuser. Diese Veränderung ist wohl auf die Besiedlung an der Grift zurückzuführen. In den ersten Jahrzehnten des 19. Jahrhunderts muss das Torfgraben soweit abgeschlossen gewesen sein, dass sich einige Bewohner, vor allem Tagelöhner dort angesiedelt haben. Diese Häuser wurden größtenteils kurz vor 1900 und nach 1900 abgebrochen.

Die höchste Häuserzahl erreichte Oppeln 1859 mit 125 Häusern. Damals wurde ein Teil Bovenmoors, nämlich rechts des Großen Dammes, politisch Oppeln zugeschlagen. Nach der Grenzregulierung 1861 wurde diese Eingemeindung rückgängig gemacht.

Als 1872 das Urkataster erstellt wurde, standen 122 Häuser in Oppeln, die höchste bisher ermittelte Zahl, wenn man den Bovenmoorer Teil nicht berücksichtigt.

In den nächsten 20 Jahren verringert sich die Zahl der Häuser, da viele Häuser abgebrochen werden. 1900 werden nur noch 109 Häuser, davon 4 unbewohnte, gezählt. Diese Zahl verringerte sich bis 1914 auf 98 Häuser. 1940 ermittelte der ehemalige Lehrer Sindram 109 Häuser in Oppeln, deren Bestand sich 1967 auf 100 Häuser verringert hatte. Im

Jahre 2000 habe ich 103 Häuser gezählt: 96 Wohnhäuser einschließlich Altenteilerhäuser, 2 Heime, 4 unbewohnte Häuser und 1 Haus im Bau. Ich habe festgestellt, dass in den letzten Jahren immer öfter junge Oppelner in ihrem Heimatdorf bauen, da sie heimatverbunden sind und das dörfliche Leben schätzen.

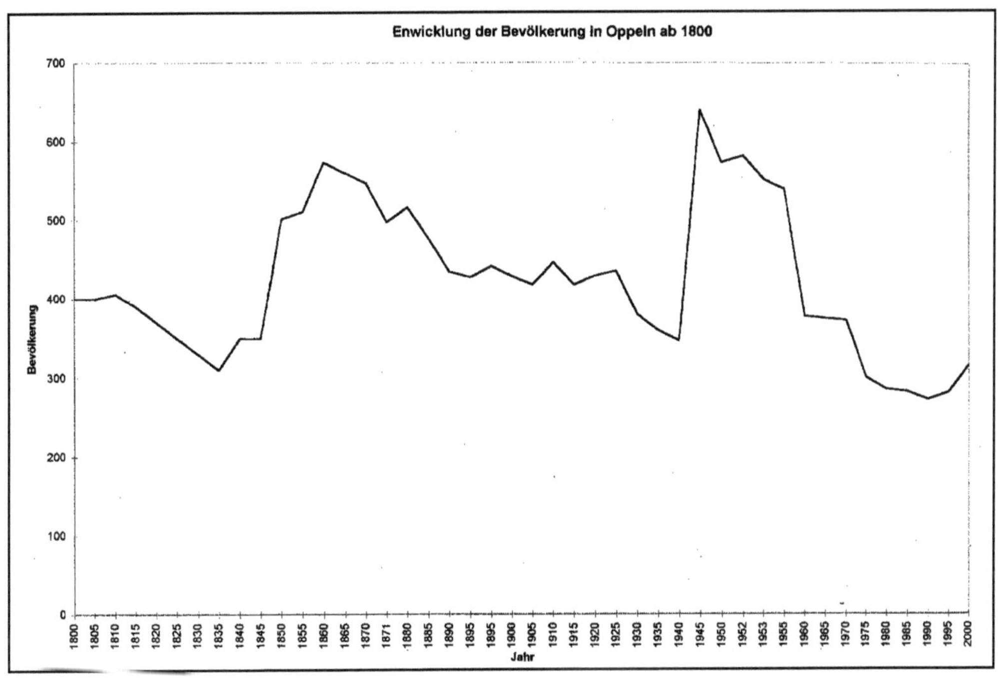

Grafik über die Entwicklung der Einwohnerzahlen von 1800 bis 2000 (erstellt von der Verfasserin). Die Angaben von 1985 bis 1995 wurden von Tanja Reyelt ermittelt.

Die Kirche

DAS KIRCHENWESEN

Erster Beweis für das Vorhandensein einer Kirche in Oppeln ist die Erwähnung Oppelns als Kirchspiel 1384 im Stader Copiar. Der Taufstein unter dem Kirchturm, der vom Provinzialkonservator Siebern in die frühromanische Zeit datiert wird, könnte ein Hinweis darauf sein, dass schon im Anfang des 12. Jahrhunderts eine Kirche in Oppeln gestanden hat. Auch der Kelch, datiert 1375, weist auf das Vorhandensein einer Kirche vor 1384 hin. Um 1550 wurde die Kirche evangelisch. Die Reformation soll ohne viel Aufsehen durchgeführt worden sein.

Unter Kirche verstand man früher das Kirchspiel als die Gemeinde der Gläubigen und die Bewohner des Dorfes als politische Gemeinde. Die Kirchengüter waren Eigentum des Kirchspiels. Zu den Kirchengütern gehörten die geistlichen Gebäude, nämlich die Kirche, das Pfarrhaus mit den „Eisernen Kühen" (s. Pfarre) und das Küsterhaus. Dazu kam das Pfarr- und Küsterland sowie die Kirchenmeierländereien. Aus den Erträgen der Meierländereien, Zinsen aus verliehenen Geldern sowie den Abgaben der Kirchspiels-Bewohner an die Kirche wurden die Gebäude unterhalten und Pastor und Küster bezahlt. Für die Verwaltung der Kirchengüter waren zwei Juraten (heute gleichzusetzen mit dem Kirchenvorstand) zuständig.

Meyerdienste an die Kirche wie in Bülkau oder Hofdienst wie in Oberndorf habe ich für Oppeln nicht gefunden, sie könnten aber in einem Lagerbuch von 1672, das wahrscheinlich beim Brand des Pfarrhauses vernichtet wurde, vermerkt gewesen sein.

Die Einnahmen der Kirche setzten sich zusammen aus: 1. den **Zinsen der verliehenen Gelder,** 2. den **Zehnten** einer Wiese in Aversloh, der 1721 zu Gunsten des Kirchturmneubaus verkauft wurde, 3. aus 2/3 der Einnahmen aus der Verpachtung der Kirchenländereien, genannt **Grundhauer.** Diese betrug über Jahrhunderte hindurch 60 Mark. Bei Veränderungen der Pachtverhältnisse war ein Betrag in Höhe einer jährlichen Pacht, genannt **Weinkauf,** fällig. Von den verpachteten Ländereien hatten die Pächter noch 1954 **0,5 kg Schoof (Roggenstroh zum Dachdecken) pro ar** zu liefern. Von der **Haferpflicht** bekam die Kirche ebenfalls ²/₃ der Menge und zwar 1581 4 Scheffel (14,95 Hektoliter) Hafer und 1786 12 M. 8 Sch.

Die Ausgaben der Kirche setzten sich zusammen aus der **Unterhaltung der geistlichen Gebäude, der Beschaffung von Brot und Wein für das Abendmahl,** sowie den **Reise- und Verzehrkosten** der Juraten. Schon um 1700 musste die Kirche **Pastor und Küster** für deren Dienste bezahlen. Fand eine **Kirchenvisitation** statt, hatte sie für die Kosten aufzukommen. Bei der **Schulvisitation** bekam der Probst 1 Reichstaler, der Pastor 2 Mark.

Als am 8. Februar 1558 ein Orkan über die Küste tobte, zerstörte er viele Wohnhäuser in unserer Heimat. Schlimm traf es aber das Kirchspiel Oppeln, denn der Sturm brachte die Kirche, den Turm und das Pfarrhaus zur gleichen Zeit zum Einsturz *„ ... do de kerke wedem und torn tho gelike yß dall geweyet ... „*. Dabei könnte der Pastor ums Leben gekommen sein. In welcher Reihenfolge die Gebäude wieder aufgebaut wurden, kann man nur vermuten. Zuerst könnte das Pfarrhaus gebaut worden sein, um dem Pastor mit seinen Leuten eine Wohnung zu verschaffen. Wahrscheinlich wurde dann die Kirche gebaut, um Gottesdienste abhalten zu können. Der Turm war zuletzt dran und wurde um 1577 gebaut. Nachdem Kirche und Pfarrhaus wieder errichtet waren, war kein Geld mehr vorhanden. Für die weitere Finanzierung wurden 1565 auf Anordnung des Domprobstes Ludolph von Varendorf die kirchlichen Ländereien auf 26 Jahre versetzt, d. h. die Pacht wurde für 26 Jahre im Voraus entrichtet. Johan Rode zahlte 174 Mark für 2 Äcker, 1 Stück Heuland und 1 Gehrenstück. Peter Küver zahlte 88 Mark für 4 Äcker. Hinrick Timme zahlte 50 Mark für 2 Äcker. Durch diese Versetzungen entgingen der Kirche die laufenden Einnahmen und sie konnte weder Reparaturen durchführen noch Anschaffungen machen. Außerdem wurden einige Kredite aufgenommen. Da 1580 für Reparaturen Geld benötigt wurde, pachtete Heinrich Bartels 4 Enden Land für 52 Mark im Voraus. Die Pacht endete zur gleichen Zeit wie die Pachtverträge von 1565. Da der Pastor diesen Vorgang gestattete, willigte auch das Kirchspiel ein. Für diese Versetzung wurde kein Brief ausgestellt. Bei der Visitation 1588 holte man nachträglich die Erlaubnis des Domprobstes ein. Um notwendige Ausgaben bestreiten zu können, wurde an Metken Viets eine „Eiserne Kuh“ für 19 M. 6 Sch. verkauft. Wahrscheinlich wurde eine weitere „Eiserne Kuh“ für diesen Zweck verkauft.

Bei den Visitationen wurden die Rechnungen kontrolliert und eventuell moniert. Außerdem wurden Fragen über das kirchliche Leben gestellt. Aus den Akten um 1700 ergibt sich folgendes Bild: Die Bewohner gingen zum Gottesdienst wann es ihnen passte. Sie richteten sich nicht nach der Anfangszeit und kamen oft erst während des Gottesdienstes in die Kirche. Bevor sie in die Kirche eintraten, unterhielten sie sich noch auf dem Kirchhof, auch dann noch, wenn schon Gesang aus der Kirche ertönte. Der Pastor wurde angewiesen, zur angesetzten Zeit die Glocke zu läuten und mit dem Gesang zu beginnen. Die Beichte wurde immer sonnabends abgenommen. Die Sonntagsbeichten waren nämlich nur den Altersschwachen, Gebrechlichen und den hochschwangeren Frauen gestattet. An diese Regel hielten sich aber nicht alle Leute. Da sie ihre Beichte sonntags abnehmen ließen, verzögerte dies den Beginn des Gottesdienstes erheblich. Außerdem wurde das exessive Fressen und Saufen bei Beerdigungen kritisiert und angeordnet, dass dieses abgestellt wird. Zinsen, Pacht und Pachthafer erhielt die Kirche nur bei einem Juratenwechsel. Da der nur alle 3 Jahre stattfand, brachte das die Finanzen in große Unordnung. Die langen Fristen erschwerten es den Schuldnern, größere Summen auf einmal zu bezahlen. Sie wurden angemahnt pünktlich zu zahlen. Die Reinigung des Kirchhofgrabens wurde wohl auch nicht regelmäßig vorgenommen, er war immer wieder verschlammt, und so war es dem Vieh möglich, auf den Kirchhof zu kommen.

Der Domprobst, später der Landessuperintendent, verhängte bei den Visitationen auch Strafen für Vergehen, die auf dem kircheneigenen Land ausgeübt wurden. Vergehen gegen die kirchlichen Gebote wurden vor dem Sendgericht verhandelt. Normalerweise mussten die Leute zweimal im Jahr dort erscheinen. Aufgrund des hollischen Rechts brauchten die Oppeler nur einmal im Jahr dort erscheinen (s. Besiedlung). Im Synodalbruchregister von 1512 berichtet der Beauftragte Johannes von Staffhorst an den Domprobst, dass u. a. in Oppeln die Juraten am vorgeschriebenen Termin die Rechnungslegung nicht geleistet haben. Als Strafe mussten sie 1 Rheinischen Gulden bezahlen. Im Vorjahr verletzte der Knecht Marquardt Vincke den Pfarrer, dafür musste er 2 Rheinische Gulden zahlen.

Ein Strafregister von 1590, 1591 und 1592 gibt einen kleinen Einblick in das Leben von damals: Der Küster beklagte sich, dass er von Heinrich Drewes auf dem Pfarrland blutig und blau geschlagen wurde. Lucas Timme beklagte sich, dass er von Markus Kanne auf dem Kirchhof geschmäht wurde. Außerdem hatte Kanne damit gedroht, Timme in einer Feuerkuhle (wahrscheinlich Herd) zu quälen und zu ihm gesagt, er würde unnützes Zeug reden. Lucas Küvers Tochter hatte ein uneheliches Kind. In ihrer Not hatte sie das Kind dem Knecht Hermann Pape (vermutlich der Vater) gegeben, der es aber nicht nehmen wollte. Weil die Leute im Dorf angefangen hatten, über sie zu munkeln, flüchtete die Kindsmutter mit ihrem Schwager Frederich Koning aus Oppeln. Peter Pape hatte Johan Rhode auf dem Kirchhof als Schelm beschimpft. Schelm war ein sehr schlimmes Schimpfwort und bedeutete zur damaligen Zeit Aas, verworfener Mensch, Betrüger. Dem Schulmeister

Johannes Schomaker wurde wohl vorgeworfen, mit einer Frau zu leben, mit der er nicht verheiratet war. Dies ist die erste Erwähnung eines Schulmeisters und der erste Hinweis auf eine Schule in Oppeln

Peter Pape hatte Johann Schade als Lügner, der nie ein wahres Wort gesagt hat, beschimpft. Seine Strafe betrug 23 ½ Mark. Außerdem hatte er Johann Rhode auf dem Kirchhof erzählt, dass Segebade Katt aus Bülkau ihn als Schelm bezeichnet hatte. Dafür musste Peter Pape nochmal 23 ½ Mark bezahlen. Die höchste Strafe, 28 ½ Mark, erhielt Michel Brüning, weil er Johann Rhode als Betrüger beschimpft hatte und der Gerichtsverhandlung aus Trotz fernblieb. Als der Pastor seine Hocke aus der Grundhauer holen wollte, wurde er von Peter Pape weggestoßen. Die Strafe ist unbekannt. Clauß Hensche aus dem Norderende verwundete Marten Maeß in der Küsterei. Seine Strafe betrug 60 Sch. In einem Brief von 1589 an den Domprobst beschwerte sich Pastor Henning Schröder über das sittliche Leben. Er beklagte den unehelichen Beischlaf des Knechtes Michel Brüning mit einer Magd im Schap (Alkoven) vier Jahre vorher. Außerdem berichtete der Pastor über eine Vergewaltigung, die Helmke Bülkow an einer verheirateten Frau im Alkoven begangen hatte. Als die geschädigte Frau sich bei ihrem Mann darüber beklagte, drohte dieser Bülkow mit einer Klage, die er aber nicht ausführte. In dieser Zeit begannen die Pastoren, den sittlichen und moralischen Verfall der Gemeindemitglieder zu beklagen. Nach 1516 kamen diese Vergehen vor das Landgericht in Neuhaus.

Ein Auszug aus dem Geldregister des Amtes Neuhaus von 1645 zeigt, welche Fälle vor dem Landgericht verhandelt wurden und wie es damals zuging: Da Clauß von Stades Frau zu Johan Elers gesagt hatte, der Donner solle ihm den Kopf zerschlagen, musste sie 2 Rthlr. Strafe zahlen. Den gleichen Betrag musste Olrich Olrichs bezahlen, weil er Johan Haveman geschlagen hatte. Jacob Borchardts hatte Johan Stalß Frau auf freier Heerstraße ohne Grund geschlagen und am Arm verwundet. Da er arm verstorben war, wurde die Strafe von 2 Rthlr. ausgesetzt.

In Abständen wurden die Kirchen visitiert. Die Visitatoren wurden während ihrer Anwesenheit beköstigt. Die Kosten hatte das Kirchspiel zu tragen. Am 11. Juni 1749 fand eine Generalkirchenvisitation durch Generalsuperintendent Johann Heinrich Pratje statt. Die Gesamtkosten beliefen sich auf 176 Mark und 2 Schillinge. Als Vergleich: Der Pastor bekam jährlich 90 Mark als Gehalt, der Küster 13 Mark.

DIE JURATEN

Sie wurden alle 3 Jahre vom Pastor, dem Schulzen von Oppeln, dem Landschöpfen und den beiden Gevollmächtigten gewählt. Die Wahl wurde nach dem sonntäglichen Gottesdienst öffentlich vorgenommen. Der Jurat aus dem Norderende hatte bei gleichem Alter Vorrang vor dem Jurat aus dem Süderende. Oberjurat war immer der Pastor. Zu den Aufgaben der Juraten gehörte die Bauaufsicht der kirchlichen Gebäude, Eintreibung der Pachteinnahmen, Rechnungslegung, Anwesenheit bei Visitationen, Reisen um Kaufverhandlungen zu führen, die Kirche beim Amt oder bei Gerichtssachen zu vertreten usw. Als Vergütung bekamen die Juraten für jeden Tag 6 Sch. Für Fahrten wurden ihnen die Spesen sowie der Zeitaufwand erstattet. Nach Angaben des Lagerbuches hat es im 17. Jahrhundert ein Juratengericht gegeben, dass von Pastor, Schulze und Juraten abgehalten wurde.

Aus der uralten Fehde zwischen Norderende und Süderende entwickelte sich 1797 ein Juratenstreit. Heyn Winter aus Norderende (Nr. 48) beanspruchte in der Kirche im Juratenstuhl den ersten Platz. Auf die Beschwerde von Jacob Schade aus Süderende, der dieses Recht als der Ältere für sich beanspruchte, erteilte das Konsistorium nach mehrmaligem Schriftwechsel folgende Resolution: Gemäß dem Lagerbuch hat der Jurat des Norderteiles den Rang über dem des Süderteiles.

Dieses Amt war wohl nicht sehr beliebt, denn einige Einwohner versuchten sich freizukaufen. Als Johann Pape und Hinrich Meyer gewählt wurden, erschienen beide beim Pastor und wehrten sich gegen dieses Amt. Sie boten 50 Mark, Johann Pape später 4 Pistolen (60 Mark), um sich von diesem Amt freizukaufen. Bei der Eingabe an den Bürgermeister befürwortete Pastor Büttner dieses Ansinnen und begründete es mit dem Vorteil, dadurch die Einnahmen der Kirche zu erhöhen. Diese Eingabe war erfolgreich. Auch mit Krankheiten und schwachem Gemütszustand wurde so eine Ablehnung begründet, wie dies 1806 der gewählte Diedrich Küver tat.

Später wurde statt der Juraten ein Kirchenvorstand gewählt. Heute wird die Kapellengemeinde durch den Kapellenvorstand vertreten. Er besteht aus 5 Mitgliedern, dessen 1. oder 2. Vorsitzender immer der Pastor ist. Am 6. Februar 1994 wurde Anne Junge (Nr. 84) als erste Frau in den Kapellenvorstand, dem ehemaligen Kirchenvorstand, gewählt.

DIE KIRCHE ST. NICOLAI

Die Kirche 1909 (Ansichtskarte).

Das Kirchengebäude vor 1558 muss ein Fachwerkbau gewesen sein, wie Reste von älteren Brandmauern am Nachfolgebau bezeugen könnten. Vermutlich war die Oppelner Kirche sehr klein im Verhältnis zu den Kirchen der Umgebung. Zumindest lässt die Bemerkung „ ... Juraten der Kapelle ..." im Synodalbruchregister von 1512 diesen Schluss zu. In anderen Akten vorher und nachher wurde aber immer von der Kirche geschrieben. Da ein Orkan das Gebäude 1558 zerstörte, musste ein Neubau errichtet werden (s. Kirchenwesen). Dieser war ein Ständerbau und sah vermutlich so aus wie ein Fachwerkhaus mit Pfannendach. Als am 8. Dezember 1703 ein Sturm über Oppeln fegte, wurde die Kirche stärker beschädigt. In den Kirchenrechnungen ist darüber folgender Posten aufgeführt: „ ... *Nachdeme unser Kirche von dem großen Sturm Winde am Dach sehr beschädigt und brechhafft geworden, haben wir zu deren reparirung gekaufft von Johann Poppelmann in Otterndorf 100 Dachpfannen 5 Mark ...".* Der Innenraum der Kirche war 3 m hoch und mit vielen geschnitzten Bildern ausgestattet. Der Altarraum war durch ein Gitter vom übrigen Kirchenraum getrennt. Auf der Südseite der Kirche standen 10 Frauenbänke, dahinter 3 Männerbänke, dann kam eine Tür und dann noch 7 Männerbänke. An der Nordseite waren 10 Frauenbänke, dahinter die Männerbänke. In dem vorhandenen Bankregister sind 4 Bänke angegeben, sicher waren es aber mehr.

Zu bedenken ist, dass die Größe der Kirche für 21 Familien berechnet war, also sicher etwas kleiner, als die heutige.

Die Zeichnung zeigt, wie groß die alte Kirche im Vergleich zur jetzigen Kirche vermutlich war und wie sie ausgesehen haben könnte (Zeichnung Christiane Nöfer).

Da die Kirche auf ihre Einnahmen aus der Pacht verzichten musste, konnten notwendige Reparaturen nicht ausgeführt werden. Die Kirche verfiel soweit, dass sie schon 1582 bei der Visitation als sehr baufällig und undicht bezeichnet wird. Wenn es regnete, wurde der Pastor auf der Kanzel und bei der Abhaltung des Abendmahls nass. Wegen der Geldknappheit konnten nicht einmal Kerzen besorgt werden, weshalb der Gottesdienst oft ausfallen musste. Die nächste größere Reparatur oder Renovierung fand etwa 1598 statt. Diese wird erwähnt in einem Brief des Küsters Andreas Hecksteden an den Amtmann in Neuhaus. Der Küster hatte ein neues Küsterhaus auf seine Kosten gebaut und wollte nun vom Kirchspiel die Kosten erstattet haben. Da die Gemeinde aber durch die Kirchenrenovierung finanziell schwer belastet war, wehrte sie sich gegen diese Ausgaben.

Etwa 100 Jahre später war die Kirche wieder sehr baufällig und das Kirchspiel wünschte sich eine neue, und bedingt durch die Bevölkerungszunahme, eine größere Kirche. Aber es fehlte das Geld. So vermachte der Königliche Schwedische Zollverwalter Magnus Ralle aus Ottersberg in seinem Testament der Gemeinde Oppeln 100 Reichstaler (300 Mark) *aus Liebe zu seinem Geburtsort,* wie Küster Hinrich Ralle in seinen Aufzeichnungen schreibt.

Magnus Ralle war in Oppeln geboren und starb am 6. Mai 1695 in Ottersberg. Diese 100 Reichstaler und die anfallenden Zinsen waren nur für den Bau der Kirche bestimmt. Ein weiteres Vermächtnis stammte von Schwanke Wöbbers, geborene Strunck. Sie war 1649 in Oppeln geboren, verheiratete sich mit dem Kirchspielsschreiber Danklieb Wöbbers aus Ihlienworth. Nachdem sie Witwe geworden war, zog sie wieder nach Oppeln. Dort starb sie dann am 11. Mai 1711. Die Höhe dieses Vermächtnisses betrug 50 Reichstaler und durfte einschließlich der Zinsen nur für den Bau der Kirche verwendet werden. Diese Gelder wurden von den Juraten gewinnbringend verwaltet und häuften sich bis zum Jahre 1732 bis auf 3.206 Mark, 15 Schillinge und 3 Groschen an.

Schon 1730 hatte man beim Königlichen Konsistorium um eine Baugenehmigung angefragt, worauf der Oberamtmann Saldern zu Neuhaus aufgefordert wurde, den Zustand der Oppelner Kirche und die zur Verfügung stehenden Geldmittel zu überprüfen. Die Prüfung im Jahre 1730 ergab, dass das Kirchengebäude schon so eingefallen war, dass man es nur unter Lebensgefahr betreten konnte. Die Mauer aus Ständerwerk war schon vor etlichen Jahren so baufällig, dass man fürs erste einfach eine steinerne Mauer um die alte Mauer zog. Aber auch diese war schon sehr bröcklig geworden. Eine Reparatur lohnte sich nicht mehr. Die Kirchendecke war so morsch, dass der Gottesdienst nur unter Lebensgefahr abgehalten werden konnte, denn man musste immer damit rechnen, dass einer der verfaulten und wurmstichigen Balken und Bretter herunterfallen würde. Die Prüfungskommission kam zu dem Ergebnis, dass beim Königlichen Konsistorium der Neubau der Kirche beantragt werden sollte.

Inschrift an der Ostseite der Kirche.

Der Kirchenbau 1734

Am 12. August 1730 lag der Beschluss zum Neubau dem Oberamtmann Saldern vor und man konnte die nötigen Schritte für die Planung einleiten. Auf die ersten Pläne empfahl das Konsistorium folgende Änderungen:

Der Kirchenbau solle von Ständerwerk sein und nicht von Brandmauern, da der Baugrund morastig sei und man Zweifel hatte, dass der Boden ein so schweres massives Gebäude tragen könne. Die guten Steine könne man für den neuen Bau verwenden.

Sollte die Kanzel über dem Altar gebaut werden, wie es derzeit üblich war, müssen auch die Bänke beim Altar entsprechend eingerichtet werden. Und zwar statt in der Breite in die Länge von West nach Ost, da man sonst den Prediger auf der Kanzel nicht sehen kann.

Die vorgeschlagenen zwei großen Türen sind nicht nötig. Es würde reichen, wenn eine große für die Leichen und eine kleine zum Ein- und Ausgehen gebaut würde. Die kleine

Tür müsste unter dem Turm gebaut werden, da man dann an der südlichen Seite mehr Platz für die Stühle hätte.

Daraufhin wurde am 20. August 1731 eine Kirchspielsversammlung einberufen und die Gemeinde befragt. Sie entschied sich folgendermaßen: Da der Kirchhof etwas höher liegt und der Boden nicht morastig sei, könne man die Kirche auf dem alten Fundament bauen. Außerdem wäre eine Brandmauer dauerhafter als das Ständerwerk aus Holz. Auch wäre die Brandmauer vorzuziehen, da das Holz fast so teuer wie Steine wäre und man das Holz aus Hamburg holen müsste, wogegen die Steine gleich von der Aue geholt werden könnten. Da die alten Steine für einen Neubau nicht mehr gut waren, könne man sie für das Fundament benutzen. Mit der Empfehlung, die Kanzel auf dem Altar, so wie es damals üblich war, zu bauen, war die Gemeinde einverstanden. Mit einer großen Tür wäre die Gemeinde einverstanden, jedoch könnte unter dem Turm keine Tür gebaut werden, da der Turm von der Kirche getrennt steht und mit Dielen bekleidet ist. Darum müssten an der Nordseite zwei kleine Türen gebaut werden. Nämlich eine zum Ein- und Ausgehen für den Pastor auf den Chor und eine für die Gemeinde zum Ein- und Ausgehen.

Am 22. Dezember 1731 versammelten sich alle Einwohner von Oppeln im Hause Peter Hecksteden, um sechs Bau-Herren zu wählen. Die Bau-Herren mussten die Bauaufsicht führen. Und zwar jeder einen Tag wöchentlich. Dafür waren sie dann vom Handdienst (s. Kirchspiel) befreit. Sie hatten darüber Aufsicht zu führen, dass jeder Handdienst-Pflichtige rechtzeitig zum Baubeginn am Bauort zu erscheinen hatte. Wer nicht rechtzeitig oder garnicht kam, wurde bestraft. Dieses Protokoll wurde noch von Pastor Markus Mohr unterschrieben. Von den Dienstpflichtigen wurde eine Liste angefertigt.

Doch dann brannte Anfang des Jahres 1732 das Pfarrhaus ab. Nun galt es, erst einmal ein neues Pfarrhaus zu bauen. Das brachte die Gemeinde in finanzielle Schwierigkeiten, die dann auch den Neubau der Kirche verzögerten. Die Oppeler Einwohner wandten sich an das Königliche Konsistorium mit der Bitte, dass in anderen Kirchen Kollektengelder für den Kirchenbau gesammelt werden dürfe. Dieser Bitte wurde dann auch stattgegeben.

Im Frühjahr 1734 wurde mit dem Kirchenbau begonnen.

Der Maurermeister Caspar Wohlfahrt aus Himmelpforten führte die Maurerarbeiten aus. Die Mauersteine hierfür lieferte der Ziegeleibesitzer Dalldorf von der Aue. Die Zimmererarbeiten wurden von Zimmermeister Hinrich Buck aus Wingst ausgeführt. Die Tischlerarbeiten bekam der Tischler und Schnitzer Johann Georg Beckmann aus Cadenberge. Der Glaser Brandt aus Cadenberge baute die Fenster ein.

Die Kirche ist 1791 34 Fuß (9,93 m) breit und 66 Fuß (19,27 m) lang, die Deckenhöhe des hölzernen Tonnengewölbes beträgt 28 Fuß (8,17 m).

Finanziert wurde der Kirchenbau durch Vermächtnisse, Kollektengelder aus verschiedenen Kirchen, dem Verkauf der Kirchenstühle und Hypotheken.

Die Baukosten

	Mark	Sch	Pf
Maurermeister Joh. Caspar Wohlfahrt, Himmelpforten	?		
Mauermann Hinrich Gerkens: alten Kalk zu bringen	6		
Zimmermeister Hinrich Buck, Wingst: Arbeit	383		
Tischler + Schnitzer Joh. Georg Beckmann, Cadenberge: Bänke, Altar, Lesepult, 2 Liedtafeln	179	8	
Grobschmied Johann Witte, Bülkau: Schmiedearbeit	191	1	
Feinschmied Ernst Steinmetz, Neuhaus: Schmiedearbeit und Hengen	68	3	
Glaser Johann Brandt, Cadenberge: Fenster: Material und Einbau	76		
Bildhauer Wilhelm Ruschel: Schnitzarbeit	50		
Maler (Kunst) Jochim August Rettig: Altar malen	108	8	
Klever: Sonnenzeiger anbauen	3		
Claus Ficke: Arbeit	4		
Gesamt: Arbeitslohn	1.069	4	0
Ernst Dalldorf u. v. Ehlen, Bülkau: Ziegelsteine	288	9	
Hinrich v. Stade, Oppeln: Sandstein, Eisen, Fuhrlohn	18		
Claus Meyer Cord S., Oppeln: Sand	10	8	
Hans Joachim Gerlach, Otterndorf: Kalk	298	8	
Hinrich Buck, Wingst: Holz	100		
Gerdt v.d. Fecht, Otterndorf: Holz	272	15	
Peter Hechstedt, Oppeln: Holz	2		
Hinrich Claus Hoberg, Otterndorf: Holz	1	15	
Jacob Lubau, Hamburg: Holz	217		
Matthias Schröder, Bülkau: Holz	8	10	
Johann Bähr, Oppeln: Holz, Reisekosten	8	4	
Peter Küver, Bovenmoor: Dielen	9		
Rathje v. Borstel, Oppeln: Bahr + Ther	1	12	
Anna v. Borstel, Oppeln: Nägel	3	5	
Carsten Haake, Geversdorf: Nägel	4	8	
Adrian convent, Neuhaus: Farbe, Öl, Nägel	5	7	

	Mark	Sch	Pf
Bartelt Ludewig, Cadenberge: Nägel, Leim, Farbe, Licht	15	5	6
Hinrich Knopff, Otterndorf: Dachpfannen	19		
Hanß Meyer, Hamburg: Sanduhr, vierfach	5	10	
Hinrich Molle, Hamburg: Sanduhr, (nicht brauchbar)	1	12	
Schiffer Hinrich Thumann, Geversdorf: Lüneburger Kalk, Fracht	167	2	
Hinrich Wichmann, Oppeln: 2 Fuder Torf	3		
Gesamt: Material	1.762	2	6
Nebenkosten			
Richter Hr. Hagen: Abriß usw.	19		
Advokat Hr. Detenhoff: Schreiben	1		
Sekretär Hr. Stüven: Geld verwalten	9	1	
Oberamtmann v. Saldern, Neuhaus: Kirchenbau-Commission	61	12	
Landschöpf David Schröder, Oppeln: Reisekosten, Advokatengeb.	90	4	
Jurat Hinrich Küver: Vorschuß, Reisen, Mühe	22	8	
Jurat Marten Rüsche: Vorschuß, Aufsicht, Wege	19	14	
Baugeschw.Hinrich Havemann: Zum Kirchenbau	180	6	
Bauverwalter Hinrich Meyer Joh. S.: Bauaufsicht	7		
Hinrich Fehring, Oppeln: Rechnung aufsetzen, Papier		9	6
Gesamt: Nebenkosten	411	4	6
Gesamtkosten	3.242	11	0

Die Baukosten betrugen 3.242 Mark 11 Schillinge (Arbeit, Material und Nebenkosten). Allerdings fehlt der Betrag für das Mauern der Kirche. Vielleicht wurde diese Arbeit von Oppelner Maurern im Handdienst erledigt. Allerdings ist auch kein Betrag für den Mauermeister aufgeführt. Zu den Kosten kommen noch die Hypothekenzinsen, die 521 Mark 8 Sch. betrugen. So ergibt sich ein Gesamtbetrag von 3.764 Mark und 3 Sch.

Die erste Taufe im neuen Kirchengebäude fand wahrscheinlich am 24. November 1734 statt. Bei der Taufe von Johan Strunck vermerkt der Pastor *„ ... getauft in der Neuen Kirchen ..."*.

Die Emporen ruhten auf marmoriert bemalten Holzstützen. In die Füllungen der Brüstung waren Bilder gemalt, die wahrscheinlich so aussahen wie die Bilder an den Neuhäuser Emporen.

Im Jahr darauf wurden die Kirchenbänke neu eingebaut. Über die Verteilung gab es große Streitigkeiten zwischen Pastor Crusius und Landschöpf David Schröder. Schröder hatte nur 8 Frauenbänke statt der früheren 10 Frauenbänke eingeplant und so hatten 14 Einwohner keine Plätze in den Bänken. Der Tischler Beckmann baute die Frauenbänke nach vielen Streitigkeiten um.

Die Kirchenbänke waren unter den Einwohnern aufgeteilt. In den vordersten Bänken saßen die Frauen, in den hintersten Bänken die Männer. Jede Familie hatte ihre bestimmten Plätze, die auch mit Namen bezeichnet waren. Diese Plätze gehörten zum Haus. Ebenso verhielt es sich mit den Friedhofsplätzen. Bei einem Erbfall wurden mit dem Haus auch die dazugehörigen Kirchenbänke und Friedhofsplätze vererbt. Bei Verkauf eines Hauses verhielt es sich ebenso. Als z. B. Müller Thorhorst am 1.3.1856 das Haus von Johann Peter Griemsmann kaufte (Nr. 30), bekam er 3 Kirchenstände und 1 $^{1}/_{2}$ Begräbnis dazu.

Innenansicht der Kirche.

1760 fand eine größere Reparatur der Kirche statt. **1781** bekam die Kirche ein neues Pfannendach. Durch den Verkauf von 4 alten Eichbäumen, die auf dem Friedhof standen, konnte ein Teil der Kosten abgedeckt werden. **1791** zeigte das Kirchengebäude große Risse, die durch die höheren und schwereren Giebelwände entstanden waren. **1855** wurde die Kirche von dem Maler Schöpf aus Cadenberge innen neu gestrichen. Von der Versicherungssumme, die beim Blitzschlag in den Kirchturm fällig wurde, waren noch 200 Mark übrig geblieben. Dieses Geld wurde für den Innenanstrich der Kirche verwendet. Um einen Eindruck darüber zu gewinnen, wie damals die Kirche innen ausgesehen hat, führe ich die Arbeiten an: Das Kirchengewölbe weiß, die Empore einschließlich Gestühl sowie die unteren Bänke perlgrau, die 3 Türen innen und außen braun, der Altar und Kanzel und die Holzfiguren weiß, die Säulen marmorartig. Das Gemälde am Altar unter der Kanzel wurde auch ausgebessert. **1866** erhielt die Kirche Eisenfenster, geliefert von der Firma J.J. Cent aus Otterndorf, wovon 6 große Fenster aus 48 Quadraten und 3 kleine Fenster aus insgesamt circa 90 Quadraten bestanden. In diese kleinen Rahmen wurde zwischen dem einfachen Glas farbiges Glas verteilt. Insgesamt lieferte die Firma Cent 10 rote, 8 blaue, 8 grüne und 8 gelbe Scheiben in der Größe 6 x 9 und 2 rote und 2 blaue Scheiben in der Größe 11 x 22. Für die Maurerarbeiten lieferte die gerade neu gegründete Portland Cement-Fabrik 3 Tonnen Zement. Aus Anlass der 200-jährigen Wiederkehr ihres Neubaus im Jahre **1934** wurde die Kirche neu ausgemalt. Und zwar auf Anregung von Pastor Peters aus Cadenberge. Statt des schmutziggrauen Anstrichs erhielten Altar, Orgel und das Innere der Kirche neue Farben. Der öde und kalt-nüchterne Eindruck wich einem freundlichen Erscheinungsbild. Am 23. Mai 1960 beschloss der Kirchenvorstand, dass die Kirche neu eingedeckt werden soll. Die Westhälfte wurde noch **1960** neu eingedeckt, die Osthälfte dann im Jahre **1961.**

Als die Umwandlung der Kirchengemeinde Oppeln wegen langjähriger Vakanz der Pastorenstelle in eine Kapellengemeinde der Kirchengemeinde Bülkau zur Debatte stand, wurden etliche Verhandlungen geführt. Am 14.11.1966 stimmte der Kirchenvorstand diesem Vorgang unter der Bedingung zu, dass die Kirche renoviert wird.

Diese bisher letzte große Renovierung der Kirche begann im Herbst **1967** und dauerte zwei Jahre. Im Zuge dieser Renovierung wurde die Kirchentrift erneuert und eine Leichenhalle gebaut. In der Leichenhalle befindet sich der Heizraum, von wo aus die Kirche beheizt wird. Die Wände der Kirche wurden trocken gelegt und ausgebessert. Um die Außenmauern wurde eine Ringdrainage gebaut. Mit dem Bau der Heizung (Umluftheizung) wurde gleich ein neuer Fußboden gebaut. Die Ostfenster wurden entfernt und zugemauert, ebenso die Osttür und die Nordtür. Die restlichen Fenster wurden erneuert. Der Dachstuhl wurde auf Schädlingsbefall überprüft. Die Wände erhielten einen neuen Anstrich. An den Emporen wurden die Brüstungen erneuert, die Ständer auf denen die Emporen ruhen, blieben erhalten. Die Bänke wurden erneuert und nur die alten Seitenteile blieben erhalten. Der Beichtstuhl und der Juratenstuhl wurden entfernt. Der Altar wurde restauriert und neu angemalt. An der Eingangstür wurde ein Windfang eingebaut. Wie schon beim Neubau 1734 wurden auch diesmal Hand- und Spanndienste von Einwohnern der Gemeinde geleistet. Dafür revanchierte sich die Kapellengemeinde mit Hadler Hochzeitssuppe im Gasthaus „Tiedemann an de Eck". Die Gesamtkosten für den Bau beliefen sich auf 215.671,56 DM. Am 9.10.1969 wurde die Kirche feierlich eingeweiht.

Die Leichenhalle.

Aufgrund von Umstrukturierungen in der Kirchenorganisation wurde die Kirchengemeinde Oppeln am 1. Januar 1967 der Kirchengemeinde Bülkau als Kapellengemeinde angegliedert. Seit diesem Tag ist das Kirchengebäude rechtlich gesehen eine Kapelle.

DER ALTAR

Als die Kirche 1734 neu gebaut wurde, entstand auch der Altar. Die Angaben dazu im Kapitel 18, S. 463 in Geschichte des Landes zwischen Elbe und Weser, Bd II sind nicht richtig.

Bei der Planung für den Kirchenneubau hatte das Kirchspiel sich für eine Kanzel über dem Altar entschieden, so wie es damals in den evangelischen Kirchen Mode war. Der **Kanzelaltar** ist aus Holz und im Barockstil gehalten. An der Kanzel sind geschnitzte hölzerne Figuren angebracht. Die Figuren stellen von links nach rechts Johannes, Markus, Jesus Christus, Lukas und den Evangelisten Matthäus dar. Das Holzgerüst für den Altar wurde vermutlich von dem Tischler Johann Georg Beckmann aus Cadenberge gebaut, während die Schnitzarbeiten von dem Bildhauer Johann Wilhelm Ruschel ausgeführt wurden. Für seine Schnitzerarbeit an der Oppeler Kirche sollte Ruschel 50 Mark bekommen, hatte aber nur 35 Mark erhalten. Darüber hatte Ruschel sich beim Amtmann in Neuhaus beschwert und forderte vom Kirchspiel Oppeln den fehlenden Geldbetrag. Die Malerarbeiten an Altar und Kanzel führte der Maler Jochim August Rettig zum Preis von 91 Mark aus. Er malte auch die **Darstellung des Heiligen Abendmahls** unter der Kanzel für 3 Mark und 8 Schillinge. In der Kirchenrechnung heißt es: *Das Abendmahl vor dem Altar anzumahlen.* Der Verfasser des Kirchenlagerbuches vermerkt, dass es ein schlecht ausgeführtes Gemälde sei. Vielleicht hat es so ausgesehen wie das Gemälde am Neuhäuser Altar. Die großen Ähnlichkeiten mit dem Neuhäuser Kanzelaltar lassen vermuten, dass dieser von dem gleichen Bildhauer bearbeitet wurde. Außerdem malte Rettig die Kniebänke an.

1855 wurde der Altar von dem Maler Schöpf ausgebessert. Im Kostenvoranschlag heißt es: *Für Altar und Kanzel, und die sämmtlichen Holzfiguren mit weiße Ölfarbe zu streichen, die Säulen marmorartig zu malen, und sonstige Ausbesserung des Altargemäldes zu malen = 16 Taler.* Später wurde das Gemälde übergemalt.

An der Kanzel war eine **Sanduhr** mit vier Gläsern angebracht. Die Oppeler kauften sie 1736 von Hans Meyer, Hamburg, für 5 Mark und 10 Schilling. 1920 beantragte der Stader Geschichtsverein die Überlassung der Sanduhr für sein Museum. Der Kirchenvorstand lehnte diesen Antrag ab. Bei der Renovierung der Kirche im Jahre 1968 wurde die Sanduhr von der Kanzel entfernt.

Die **Kniebänke** aus der Werkstatt **Jürgen Heidtmanns d. J.** sind in der Zeit zwischen **1660** und **1670** entstanden. Nach der Renovierung der Kirche 1968 wurden sie vom Altar entfernt. Eine Restaurierung wird wegen der hohen Kosten noch ausgesetzt. Zurzeit stehen die Kniebänke auf dem Orgelboden.

DIE TAUFEN

Der Taufstein

Die erste Erwähnung des alten Taufsteines stammt aus dem Kirchenlagerbuch von 1791. Pastor Ehlers schreibt über ihn folgendes: *Eine große, aus Feldstein gehauene Tauffe, so wie sie noch in Sachsen üblich sind, deren Umfang aber nicht zu bestimmen ist, da sie als ein Grundstein unter dem Thurme liegt, und nur zum Theile sichtbar ist.* Dann wird der Stein in einem Kunstdenkmäler-Verzeichnis der Kirche aus dem Jahr 1896 erwähnt. Dort schreibt Pastor Thalheim: *Unter der Südostecke des hölzernen Turms liegt als Fundament ein ausgehöhlter Granitblock, angeblich der alte Taufstein.*

Im Jahre 1928 wurde der Granitstein vom Provinzialkonservator Siebern begutachtet. Er stellte fest: *Der Taufstein steckt unter der Südostecke des Holzturmes im Erdboden. Er ist aus einem Granitfindling in Form einer Kufe hergestellt, die im Grundriß etwas vom Kreis abweicht. Das oben eingehauene Becken ist nur von geringer Tiefe, da das Material schwer zu bearbeiten ist. Die Entstehungszeit wird nicht sicher anzugeben sein. Die Kufenform spricht für die frühromanische Zeit für den Anfang des 12. Jahrhunderts. Bei der Verwendung von Granit, der nur einfachste Bildung zulässt, ist aber nicht ganz ausgeschlossen, daß auch eine spätere Zeit diese schlichte Gestalt wieder aufgenommen hat, obgleich dem entgegensteht, daß schon bald die Erztaufen allgemein üblich wurden. Auf jeden Fall ist der Taufstein wegen seiner eingenartigen Bildung, die ganz vereinzelt vorkommt, von besonderem Denkmalwert und sollte aus dem Grundmauerwerk entfernt und wieder in der Kirche aufgestellt werden.* Der Kirchenvorstand beschloss damals, diesem Vorschlag nicht zu folgen, da man dafür kein Geld übrig hatte. Sollte dieser Taufstein für Oppeln angefertigt worden sein, dann hat vermutlich schon Anfang des 12. Jahrhunderts eine Kirche oder Kapelle in Oppeln gestanden.

Das Taufbecken

Das Taufbecken stammte aus dem Jahre 1616 aus der Zeit des Pastors Nikolaus Bär. Der Kessel war aus Bronze gegossen und stand auf drei angegossenen Beinen. Insgesamt war das Taufbecken etwa 60 cm hoch und hatte einen Durchmesser von etwa 60 cm. Der Kessel war etwa 27 cm tief. Der hölzerne Deckel war mit einem roten Tuch bedeckt. Auf dem Außenrand stand folgende Inschrift: „Anno 1616 Pastore Nicolao Ursino Juratis Joanne Elers et Petro Bartels". Darunter „Sanguis Jesu Christi Tilii Dei emun dat nos ab omni peccato". Die Inschrift wurde von Dr. Otte vom Landeskirchenamt Hannover übersetzt und lautet: „Im Jahre 1616 Pastor Nicolaus Ursinus (der lateinische Name für Bär) Juraten Johann Elers und Peter Bartels". Darunter: „Das Blut Jesu Christi des Sohnes Gottes erlöse uns von aller Schuld". Der Standort des Taufbeckens war vor dem Altar auf einem dreibeinigen hölzernen Gestell. Dieser Taufkessel wurde 1842 zum Umgießen einer neuen Glocke mitverwendet, da allgemein Haustaufen üblich waren und er nicht mehr gebraucht wurde.

Nach der Renovierung der Kirche wurde 1969 eine neue Taufschale aus Messing und dazu ein Taufständer aus Holz gekauft.

DAS KIRCHENINVENTAR

Die Abendmahlsgeräte

Die Kapellengemeinde Oppeln besitzt einen Kelch, der in die Zeit um 1375 datiert wird. Er ist aus Silber, vergoldet und einer der ältesten Abendmahlskelche im Elbe-Weser-Dreieck. Seine Höhe beträgt 15,7 cm. Auf dem Fuß ist eine Kreuzgruppe eingraviert sowie die Buchstaben „G o t". Um 1705 war der Schaft (Röhr) des Kelches gebrochen. Der Schaden wurde durch einen Goldschmied in Otterndorf repariert. 1964 wurde der Kelch restauriert.

Der dazu gehörige Oblatenteller, ebenfalls aus Silber und vergoldet, ist am Rand mit dem Lamm Gottes und einem Weihekreuz verziert. Seine Entstehungszeit wird um 1400 geschätzt. In „Kunstdenkmale des Landes Hadeln und der Stadt Cuxhaven", S. 350, wird das Weihekreuz in die Zeit des 18. Jahrhunderts datiert und daher als Nachgravur eingeordnet. Das ist nach Aussage von Dr. von Poser vom Amt für Bau- und Kunstpflege aber unwahrscheinlich.

Kelch, datiert um 1375 (Foto: Landeskirchenamt Hannover).

Oblatenteller, datiert um 1400 (Foto: Landeskirchenamt Hannover).

Kelch von 1746 (Foto: Landeskirchenamt Hannover).

Der **zweite Kelch** ist aus Silber und trägt am oberen Rand die Inschrift: „Praeter An et Marg. Arbs calicem hunc et pateram pubes Oppelensis Deo dicat. Anno MDCCXLVI. Past. J. H. Crusio Aedit M. Ralle".

Nach Dr. Otte vom Landeskirchenamt Hannover lautet die Übersetzung der Inschrift: „Außer An und Margret Arbs hat die Oppelner Gemeinde diesen Kelch und die Opferschale für Gott gespendet. Im Jahre 1746. Past[or] J[ohann] H[inrich] Crusius, Küster M[agnus] Ralle". Diese Inschrift hat folgende Bedeutung: Als für den Kelch gesammelt wurde, wollten diese beiden ledigen Töchter wohlhabender Eltern (vermutlich waren es Jacob Arps Töchter Anna und Margreta) kein Geld geben. So hat man wahrscheinlich zur Strafe die Namen als bleibende Erinnerung in den Kelch eingravieren lassen.

Veröffentlichungen, die besagen, dass dieser Kelch von Mangels Ralle aus Osterbruch gespendet wurde, sind falsch.

Die **Oblatendose** aus Silber trägt die Inschrift: „Pubes Oppelensis Anno 1758" und heißt so viel wie: „Gemeinde Oppeln im Jahre 1758". Das **Krankenbesteck** für Krankenbesuche aus der

Zeit um **1900** besteht aus einem Kelch, einem Oblatenteller und einer Oblatendose. Diese Teile sind versilbert, teilweise vergoldet. Die **Altarkanne** wurde **1870** gekauft und ist versilbert und innen vergoldet. Fast 200 Jahre standen zwei **Leuchter** auf dem Altar. Sie bestanden aus Bronze und trugen folgende Inschriften: 1) „Claus Behr Pastor zu Oppel, Detlef Rehder, Amtschreiber zu Newenhaus Anno Christi 1645". 2) „Andreas Heksted und Claus Bartels jetzige Vorsteher der Kirche zu Oppel Anno Christi 1645". Diese beiden Leuchter wurden 1842 für den Umguss einer neuen Glocke mitverwendet. 1896 wurden zwei Altarleuchter aus versilbertem Metall angeschafft. Sie werden nicht benutzt. Marie Biermann, die Tochter des letzten Pastors, spendete der Kirche 2 Leuchter. 2 Leuchter wurden 1993 neu gekauft.

Sonstiges Kircheninventar

Die **versilberte Taufschale wurde 1886** gekauft und trägt die Inschrift: „Lasset die Kindlein zu mir kommen und wehret ihnen nicht, denn solcher ist das Reich Gottes. Ev. Marc. 10,14". Die zweite **Taufschale besteht aus Messing** und wurde nach der Renovierung der Kirche im Jahre **1969** gekauft. Das **Kruzifix auf dem Altar ist Ende des 19. Jahrhunderts** entstanden. Die **Lutherbibel** wurde im Jahre **1702** von dem Königlichen Schwedischen Buchdrucker Caspar Holwein aus Stade gedruckt. 1991 wurde die Bibel restauriert. Sie liegt auf einem **Buchpult,** das von Hermann Hagemann (Nr. 83a) angefertigt und gespendet wurde. Die **Altardecke** wurde 1992 von Editha Reyelt (Nr. 72) angefertigt und gespendet. Der **Klingelbeutel,** der noch benutzt wird, wurde **1736** von dem Baugeschworenen Hinrich Meyer, Sohn des Johan Meyer, gestiftet, wie die nachstehende Inschrift berichtet: „Hinrich Meyer J. S. 1736". Die **Kirchenlade** ist aus Blech und wird im Inventarverzeichnis von 1898 als neu bezeichnet. Die **alte Kirchenlade** war von dicken Bohlen mit einem gewölbten Deckel und mit Eisen beschlagen. Sie war 4 ½ Fuß lang und mit zwei Schlössern versehen. Ihr Platz war auf der Empore und wird schon 1791 als sehr alt beschrieben. Sie wird um 1880 im Protokollbuch erwähnt, da die Schlösser nicht mehr schließen. Am 31.10.1999 wurde die **Gedenktafel für Bruno Bechstedt** zum 50-jährigen Organistenjubiläum eingeweiht.

Die Siegel

Im Kirchenlagerbuch ist der Abdruck eines alten Siegels zu sehen mit dem Hl. Nikolaus in der Mitte. Das Siegel war aus Bronze und hatte einen Durchmesser von 4 cm. Die Umschrift des Siegels wurde von den Pastoren unterschiedlich gelesen und gedeutet. Johannes Göhler, Pastor i. R. und Vorsitzender des Heimatbundes Männer vom Morgenstern, hat mir die Umschrift nach einem vergrößerten Foto entziffert: „S. sti. nicolai. por.li < -- > eccl. in. oppel". Ergänzt lautet der Text: Sigillum Sancti Nicolai Parochiali Ecclesiae in Oppeln. Die Übersetzung des Textes lautet: „Siegel des Heiligen Nicolaus der Parochial-Kirche in Oppeln". Das Wort „parochialis" bedeutet, dass eine Kirche mit einem festgelegten Kirchspiel umgeben ist und der Pfarrer entsprechende Rechte hat[7].

[7] Johannes Göhler: Brief vom 30.7.1998

1871 wurde das noch heute benutzte Siegel angeschafft und in Gebrauch genommen. Bis dahin wurde ein Siegel aus Lack verwendet.

Abdruck des alten Kirchensiegels aus dem Kirchenlagerbuch.

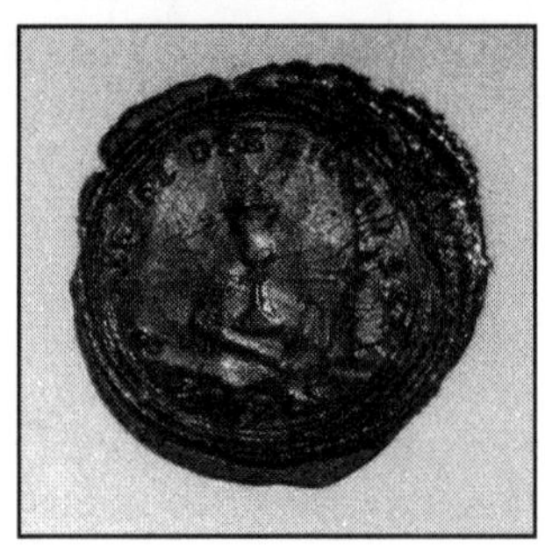

Das Kirchensiegel vor 1871.

Das Kirchensiegel nach 1871.

Außerdem liegt im Turm der alte **Armenblock,** ein Opferkasten, in dem Geld für die Armen gespendet wurde. Der hölzerne mit Eisen beschlagene Kasten hat 2 Schlösser und ist an einem Brett befestigt, das früher ein Teil des Küsterstuhls war. An der rechten Seite ist der Name Claus Rall (Claus Ralle) aufgemalt. Zimmermann Claus Ralle, gestorben am 19.12.1690 im Alter von 54 Jahren, war vermutlich der Hersteller und Spender.

DIE ORGELN

Der Oppelner Orgelkrieg

Oppeln bekam die erste Orgel im Jahre 1795. Wegen der Anschaffung dieser Orgel entbrannte in Oppeln ein Streit, der als „Orgelkrieg“ bekannt wurde.

Einige Einwohner Oppelns wollten gern eine Orgel in der Kirche haben. Dieses Vorhaben scheiterte immer wieder an Geldmangel. Dann bot sich die Gelegenheit, eine kleine gebrauchte Orgel von den Erben des Johann Tiedemann aus Neuhaus zu kaufen. Der Hausmann Johann Hinrich Crusius, Enkel des ehemaligen Pastors Crusius, setzte sich am meisten für diesen Plan ein. Er spendete 28 Mark, ebenso der Müller Johann Hinrich Thorhorst. Jacob Bartels (Nr. 2) und Heyn Winter (Nr. 48) gaben je 14 Mark. Sie alle waren Einwohner vom Norderende Oppelns.

Am 25. September 1795 wurde ein Vertrag zwischen der Witwe, der Tochter und dem Sohn Cord Christoph Tiedemann als Erben des Johann Tiedemann einerseits und den Oppeler Interessenten Johann Hinrich Crusius, Jacob Bartels und Konsorten andererseits über den Kauf einer sechsstimmigen Orgel zum Preis von 100 Reichstalern (300 Mark) geschlossen. Tiedemann verpflichtete sich, dem Küster und künftigen Organisten Fincke Orgelunterricht zu erteilen, damit er den Gottesdienst an der Orgel begleiten kann. Unterkunft und Essen bekam er kostenlos. Johann Fincke verpflichtete sich, das Orgelspielen zu erlernen und auch später keine Bezahlung zu verlangen. Dieser Passus führte wohl dazu, dass künftige Organisten ihren Dienst kostenlos durchführen mussten. Dann reichten die genannten Einwohner eine Bittschrift beim Königlichen Konsistorium ein und baten um die Erlaubnis, diese Orgel kaufen zu dürfen. Dieser Bitte wurde stattgegeben.

Um mit dem Umbau für die Orgel beginnen zu können, holte Crusius ohne Wissen der Juraten vom Küster den Kirchenschlüssel. Er begann mit dem Herausnehmen eines Balkens aus der Mauer. Da der Bürgermeister Steen gerade zu einer Schauung in Oppeln weilte, wandten sich die verärgerten Juraten und einige Bewohner des Süderendes an ihn und baten um Hilfe. Sie hatten Bedenken, dass der neue Lektor der Kanzel zu nahe käme. Steen befahl dem Zimmermeister, die Arbeit solange zu unterlassen, bis das Konsistorium den Platz für die Orgel bestimmte. Im Auftrag der Juraten Andreas von Rüsten und Jacob Schade beschwerte sich Pastor Ehlers dort über das Verhalten dieser Leute. Das Königliche Konsistorium befahl den 4 Einwohnern, die Orgel an einem Ort aufzustellen, wo niemand beeinträchtigt wird, und dass sie jedes eigenmächtige Handeln unterlassen sollten. So konnte der Bau der Orgelbühne beendet werden. Am 27. Oktober wurde die Orgel in die Kirche gebracht und am 30. Oktober konnten die Arbeiten beendet werden. Der Platz der ersten Orgel war auf der Nordempore an der Ostseite. Am 1. November 1795 wurde der Gottesdienst in Oppeln zum ersten Mal von einer Orgel begleitet. Lehrer Johann Fincke spielte wohl ganz leidlich auf der Orgel, obwohl *„... er keine musikalische Kenntniß besaß und schon ein Vierziger war ...“* wie Pastor Ehlers im Lagerbuch schreibt. Fincke war der erste Organist in Oppeln.

Der Preis der Orgel betrug 280 Mark. Der dazu nötige Umbau der Empore kostete 78 M. 9 Sch. 9 Pf., also insgesamt 358 M. 9 Sch. 9 Pf. Durch Sammlungen kamen 235 M. 12 Sch. zusammen. Da die Oppelner Einwohner über den Verbleib der Orgel in der Kirche geteilter Meinung waren, weigerten sich einige aus Widerstand, andere aber aus Armut, noch etwas Geld zu geben. Noch während dieser Streitigkeiten starb Crusius. Er war derjenige, der für die Norderender die Verhandlungen geführt hatte. Um den noch ausstehenden Betrag von 122 M. 13 Sch. 9 Pf. entstanden jahrelange Streitigkeiten, die Norderende und Süderende Oppelns teilten und schließlich 1799 vor dem Oberappellationsgericht in Celle ihr Ende fanden. Das Urteil fiel so aus: Zehn Jahre solle die Orgel in der Kirche verbleiben. Wenn dann noch jemand dagegen wäre, könne man sie entfernen. Aber es hat sich keiner mehr beschwert. Diese Orgel war klein und stand auf der Empore an der Nordseite der Kirche, wie man aus einer Zeichnung in den Kirchenakten ersehen kann.

Nach über 30 Jahren blieb die Orgel für mehr als 15 Jahre stumm, da sie in einem schlechten Zustande war. Am 30. März 1848 erwiderte die Kirchen-Kommission auf mehrere Briefe von Pastor Cooper, dass die Bewohner Oppelns durch Sammlungen die jährlichen Reparaturen und Stimmungen finanzieren könnten und dass dem Nachfolger des derzeitigen Küsters (Koch) das Orgelspielen ohne besondere Vergütung zur Pflicht gemacht wird. Wahrscheinlich wurde das Orgelspielen erst nach 1909 vergütet, denn in der Diensteinnahme von 1909 ist keine Vergütung aufgeführt. In der Visitation vom 1. 9. 1867 wird der

Zustand der Orgel bemängelt. Die Orgel sei in einem schlechten, einem tüchtigen Gesang höchst erschwerenden Zustand.

Die Röver-Orgel

Als Pastor Werbe im Jahre 1875 seinen Dienst antrat, wurden 50 Mark gesammelt. Dieses Geld zahlte er in einen Fond ein, der extra für eine neue Orgel eingerichtet wurde. 1882 holte der Kirchenvorstand die ersten Kostenvoranschläge von der Firma Röver in Stade und der Firma Furtwängler in Elze ein. Da man aber nicht die nötigen Geldmittel hatte, richtete der Kirchenvorstand von Oppeln im Jahre 1884 ein Gesuch an den Kaiser und bat um Zuschuss für ein neue Orgel. Dieses wurde mit Schreiben vom 14. 1. 1885 abschlägig beschieden. Am 13.4.1886 erhielt die Kirchengemeinde die Genehmigung für die Anschaffung einer neuen Orgel vom Königlichen Konsistorium zu Stade. Den Auftrag bekam die Firma Röver, Stade. Die zehnstimmige Orgel wurde nach ihrem Einbau von dem Königliche Seminar-Musiklehrer Linnarz aus Bederkesa einer Revision unterzogen und für abnahmefähig erklärt. Am 22. August 1886 wurde die Orgel, die 2.718 Mark kostete, eingeweiht. Finanziert wurde sie durch Haussammlungen und Kollektengelder, den Erlös vom Verkauf der Nebenschule sowie den Überschuss der Nebenschulrechnung und den Verkauf der alten Orgel für 25 Mark an Lehrer Tecklenburg in Dobrock. Die grau angestrichene Orgel bekam 1934 einen farbigen Anstrich.

Organist Bechstedt an seinem 50. Organistenjubiläum vor der Röver-Orgel.

In „Kunstdenkmale des Kreises Land Hadeln" wird die Orgel als ohne Kunstwert beschrieben. Bei Besichtigungen in den 60er Jahren wurde noch der Bau einer neuen Orgel empfohlen. Doch um 1970 begann die Landeskirche Röver-Orgeln für erhaltungswürdig einzustufen, da diese schon stark dezimiert waren, und befürwortete dann später auch eine Renovierung der Orgel. Diese wurde 1983/84 von der Firma Haspelmath, Walsrode, durchgeführt. Die feierliche Wiedereinweihung fand am 16. Dezember 1984 statt.

Das Organistenamt hatte immer der 1. Lehrer inne. Der letzte Organist Oppelns war Bruno Bechstedt, der das Amt bis zu seinem Tode ausführte. Am 1.11.1995 beging er sein 50-jähriges Organistenjubiläum in Oppeln. Die Jubiläumsfeier wurde wegen Krankheit Bechstedts verschoben. Sie fand dann am 14.4.1996 statt. Zum festlichen Gottesdienst waren der Kirchenmusikdirektor Behrens, Kreiskantor Kai Rudl und Orgelrevisor Albrecht Ubbelohde anwesend.

Nach dem Tode Bechstedts erstellte Hermann Hagemann (Nr. 83a) auf Veranlassung des Kapellenvorstandes eine Gedenktafel, die am 31.10.1999 eingeweiht wurde. Sie trägt folgenden Wortlaut: „Zur Erinnerung an Lehrer Bruno Bechstedt über 50 Jahre Organist in Oppeln und 30 Jahre Vorsitzender des Kapellenvorstandes Die dankbare Gemeinde".

DER KIRCHTURM

Der alte Turm war etwa 8,76 m hoch. Er wurde etwa 1565 oder 1577 nach der völligen Zerstörung 1558 durch einen Orkan aufgebaut (s. Kirchenwesen). Über die Größe des alten Turmes schreibt der Chronist, dass die Ständer 20 Fuß (5,84 m) und der Meckler 30 Fuß (8,76 m) betragen haben.

Der Kirchturmbau 1721

Über den Bau des Kirchturms hat der Küster Hinrich Ralle eine Chronik geschrieben. Aus ihr ist folgendes zu ersehen:

Im Jahre 1717 wurde während einer Kirchspielsversammlung beschlossen, dass der baufällige Kirchturm neu gebaut werden soll. Man beschloss, dass die Einwohner sich ihrer finanziellen Lage entsprechend an den Kosten beteiligen sollten.

Der Osterbrucher Zimmermeister Ralle, gebürtig aus Oppeln, bekam den Auftrag, den neuen Turm für 550 Mark auf eigener Kost zu bauen. Für die Anmalung des Turms sollten die Frauen 1 Spec. Dukat erhalten. Das Holz und anderes erforderliches Material wollte die Gemeinde beschaffen. Nachdem ein Betrag von 406 Mark eingesammelt war, wurde das Holz in Lamstedt gekauft. Da man den Bau erst im Jahre 1718 durchführen wollte, wurde das Holz in einem Graben beim Kirchhof gelagert.

Doch die Sturmflut vom 25. Dezember 1717 ließ diesen Plan vorerst scheitern. Der Chronist schreibt dazu:" *... Alß aber der Allgewaltige Gott am Christabend 1717 die ungemeine und erschreckliche Wasserfluth ergehen lassen, ist solches nicht allein verhindert, besondern auch der Wille (zum Bauen), in ansehung der gänzlichen ruinirung verschwunden. Nachdehme aber der Barmherzige Gott die gnade gegeben, dass obberührtes Holz so 400 M gekostet, in den graben gefunden, und also von dem Waßer nicht weggetrieben befanden, außer einem Rehmen (Balken) Stück verlohren gegangen, alles Gott Lob behalten worden ...".*

Als etwa zwei Jahre später die größten Schäden dieser Katastrophe beseitigt waren, bemühte sich der Jurat Barthold Schriever erneut um den Neubau des Kirchturms. Am 19. Mai 1721 wurde wieder eine Kirchspielsversammlung einberufen, um den Beginn des Turmbaus voranzutreiben und Geld zu sammeln. Die Gelder waren durch die erlittene Not bei der Sturmflut dann auch schwer einzutreiben, und es waren dafür zwei Sammlungen nötig.

Nachdem nun das nötige Geld zur Verfügung stand, konnte mit dem Bau des Turmes begonnen werden. Die dazu benötigten Tannenbäume für den Innenausbau wurden in Neuhaus gekauft und zu Wasser auf der Aue bis zur Bahlen-Brücke (jetzt Schmiede Hein, Bülkau) gebracht. Dort wurde es in sechs Tagen in Stücke gesägt und dann mit Wagen zur Baustelle gebracht. Das Holz, dass noch gut war, wurde für den Neubau mitverwendet.

Am 31. Juli wurde mit dem Bau begonnen, und am 18. August wurden die Schwellen für den Turm gelegt. Das Aufrichten begann am 21. August und dauerte bis zum 31. August. Am nächsten Tag, dem 1. September, erfolgte die Aufbringung von Spitze, Kugel, Kreuz und Wetterfahne. Die restlichen Arbeiten dauerten dann bis zum 11. Oktober, und am 20. Oktober 1721 wurde der Oppelner Kirchturm eingeweiht. Bei den Bauarbeiten war kein Unfall zu vermelden und der Chronist schreibt dazu: *„ ... Es hat Gott alle diejenigen so daran gearbeitet gnädiglich vor Schaden und Unglück Bewahret, dass niemand nichts schädliches wiederfahren, wofür ihm Danck gesaget sey... “*

Beim neuen Turm betrugen die Maße für die Ständer 30 Fuß (8,76 m), für den Meckler 50 Fuß (14,60 m), und die Stange 8 Fuß (2,33 m). Der Meckler bestand aus 2 Stücken. Das untere Stück aus Tannenholz und das obere aus Eichenholz. Demnach muss die Gesamthöhe 16,93 m betragen haben. Unten wurde der Turm breiter als der alte Turm gebaut.

Finanziert wurde der Bau durch Sammlungen im Kirchspiel, Kollekten, Zuschuss vom Königlichen Konsistorium, Verkauf des Zehnten in Aversloh, Kapitaleinnahmen und dem Verkauf von altem Material. Die Baukosten beliefen sich auf 2.057 Mark und 4 Schillinge.

Im Jahre 1784 wurde der Kirchturm von einem starken Sturm etwa 15 cm näher an die Kirche gerückt. Weitere größere Reparaturen fanden 1761 und 1781 statt.

Der Kessler-Prozess

Bei einem Gewitter am 3. Juni 1855 wurde der Kirchturm gegen 5.30 Uhr durch Blitzschlag beschädigt. Der Blitz spaltete den Turm von oben bis unten und entzündete ein Feuer. Die Einwohner löschten das Feuer, indem sie das Wasser in Ledereimern in den Turm hochtrugen. Noch am selben Tag wurde der Schaden der Versicherung gemeldet. Schon am nächsten Morgen wurde der Turm begutachtet. Von den 2.000 Talern Versicherungssumme wurde die Brandkasse zur Zahlung von 1.000 Taler verpflichtet. Der Blitz hatte große Löcher an der Ost- und Westseite des Schindeldaches gerissen. Mehrere Balken und Ständer wurden gespalten und die Splitter auf den Friedhof geschleudert. Die Sparren wurden vom Meckler abgetrennt und teilweise zersplittert. Auch die Treppe zu den Glocken wurde vernichtet. Nach Aussage der Bausachverständigen war zur Wiederherstellung des oberen Kreuzbalkens, welcher die Turmspitze trägt, die Abnahme der ganzen Turmspitze nötig. Um die Kosten zu senken, könne der zerschmetterte Kreuzbalken in zwei Teilen zwischengebracht und mit Eisenband und Bolzen tragfähig gemacht werden. Mit diesem Verfahren würden dann die 1.000 Taler reichen. Die Gemeinde stimmte diesem Gutachten zu. Sodann beauftragte man den Zimmermann Kessler aus Neuhaus, die Reparatur für 700 Taler auszuführen. Hand- und Spanndienste waren in dem Betrag nicht eingerechnet. Da nun aber noch Geld übrig war, beauftragte man den Maler Emil Schöpf aus Cadenberge, für 200 Taler die Kirche neu auszumalen. Als Kessler mit den Reparaturarbeiten fertig war, besichtigte der Kirchenvorstand den Turm. Er kam zu dem Ergebnis, dass die Arbeit nicht ordnungsgemäß durchgeführt wurde. Bei Bezahlung der Rechnung wurde ein Restbetrag von 200 Reichstalern einbehalten. Kessler zog vor Gericht und klagte diesen Betrag ein.

Der Kirchenvorstand sah sich im Recht und ließ es zu einem Prozess beim Königlichen Obergericht in Stade kommen, den er gewann. Am 21.5.1857 wurde folgendes Urteil verkündet: Insgesamt wurde ein Abzug von 170 Rthlr. von der Vertragssumme errechnet. Wenn Kessler die Arbeiten selbst ausführen würde, könne der Betrag auf 80 Rthlr. herabgesetzt werden. Diesen Vergleich nahm der Zimmermann J. F. Kessler an.

Am 7. Februar 1916 wurde der Kirchturm abermals vom Blitz getroffen. Er entzündete ein Feuer, bei dem ein Drittel des Turmes abbrannte. Durch die Feuerwehren aus Bülkau, Cadenberge und Neuhaus wurde der Brand gelöscht. Der Turm wurde oben notdürftig zugedeckt. Von der Brandkasse wurden 700 Mark ausgezahlt und bei der Sparkasse Bülkau angelegt. Es sollten noch neun Jahre vergehen, ehe die Reparatur in Angriff genommen werden konnte. Da viele Männer in den Krieg ziehen mussten, fehlte es an Arbeitskräften, um den Turm zu reparieren. Später waren die Brandkassengelder und der angesammelte Kirchenfonds von reichlich 4.000 Mark durch die Geldentwertung wertlos geworden. Als 1924 gebürtige Oppelner aus Amerika hier zu Besuch waren, haben sie nach ihrer Rückkehr den Bülkau-Oppelner Club in New York-Brooklyn veranlasst, 250 Dollar (1.050 M.) für die Reparatur zu stiften. Im Sommer 1925 wurde dann die Reparatur des Kirchturms vom Zimmermann Hinrich Krüdener aus Oppeln ausgeführt. Die Gesamtkosten beliefen sich auf 2.523,35 Mark. Der Klempner August Grabbe aus Bülkau lieferte die kupferne Kugel und die kupferne Wetterfahne. In die Kugel legte man eine Abschrift des Protokolls vom 14. Januar 1925, in dem der Kirchenvorstand die Ausbesserung des Kirchturmes beschloss, sowie zu der Zeit gültige Münzen. Da die Wetterfahne die Windrichtung nicht richtig anzeigte, musste 1926 eine neue geliefert werden. Die in „Kunstdenkmale des Kreises Land Hadeln" erwähnte Wetterfahne von 1721/1825 wurde vermutlich zur Metallsammlung abgegeben.

Die bisher letzte große Renovierung des Kirchturmes wurde 1966 ausgeführt. Der Turm erhielt ein neues Kupferdach. Die neue zweite Glocke wurde eingebaut.

1997 war die Schwelle des Kirchturms von einem seltenen Pilz, der die betroffenen Teile nur von innen beschädigt, befallen. Das erforderte eine größere Reparatur, die 1999 durchgeführt wurde.

DIE GLOCKEN

Die Kirchenglocken. Die linke Glocke ist von 1967, die rechte wird vor 1450 datiert.

Im Kirchturm von Oppeln läuten schon seit mehreren hundert Jahren zwei Glocken zu den Gottesdiensten.

Die ältere Kirchenglocke stammt nach Dr. Waack, einem ehemaligen Glockensachverständigen der Evangelischen Landeskirche Hannover, vermutlich aus dem 14. bis 16. Jahrhundert, wobei er das 14. Jahrhundert als das unwahrscheinlichste annimmt. Die fehlende Inschrift deutet auf das Mittelalter hin, ebenso die Klanganalyse. Kirchenmusikdirektor Alfred Hoppe schreibt in seinem Visitationsbericht vom 9.7.1957, dass die Glocke von guter alter Glockengießerkunst und wahrscheinlich älter als 500 Jahre sei. In Ölfarbe ist die Zeichnung einer Krone in Form eines schmiedeeisernen Ankerornaments mit den Buchstaben „A M" und der Jahreszahl „1772" aufgemalt, vielleicht ein Glockengießerzeichen, das bei einer Reparatur aufgemalt wurde.

Neben dieser Glocke hing bis 1842 eine etwas kleinere Glocke in der gleichen Form. Diese hatte einen Riss und der Kronenbügel war abgebrochen. Der Schaden muss um 1697 entstanden sein, denn in der Rechnung steht:

Weil die eine Glocke Schaden am Haupte bekommen, ist selbige von den Zimmermeister Magnus Rallen außgesetztet, dran gearbeitet und wieder aufgebracht	*5 Rthlr.*
an Bier	*4 Sch.*
Carsten Borchers vor 2 neue Zapffen, 2 neue Büchsen und sonsten an Bolten und Schienen gearbeitet	*9 Rthlr.*
Vor Holtz unter den einen Zapffen auff den Balcken gelegt	*6 Sch.*
Vor Nagel zu der Glocken nötig	*9 Sch.*
Unser einer (Jurat) 1 Tag hierbey aufgewartet	*6 Sch.*

Die abgebrochene Krone wurde mit einem eisernen durchgehenden Bolzen am Balken des Glockenstuhles befestigt.

Als am 14. Mai 1841 Johann Peter Werner beerdigt wurde, zerbrach die Glocke beim Läuten vollends, so dass sie nicht mehr benutzt werden konnte. Da der Wunsch nach einem Umguss der Glocke in der Gemeinde schon länger bestand, richtete man ein Gesuch an die Kirchen-Kommission in Neuhaus. Dort wurde um die Genehmigung für den Umguss der zerbrochenen Glocke gebeten, der auch stattgegeben wurde. Am 20. Juli 1842 wurde der Vertrag zwischen dem Kirchenvorstand Oppeln und der Glockengießerei Bieber in

Hamburg unterzeichnet. Darin wurde das Gewicht der Glocke auf 850 Pfund geschätzt. Der Gießerlohn betrug 3 1/4 Schilling pro Pfund. Als Ersatz für den Schwund beim Schmelzvorgang wurden die alten Altarleuchter von 1645 und das alte Taufbecken von 1616, beides aus Bronze und nicht mehr in Gebrauch, genommen. Für den Metallüberschuss sollte der Kirchenvorstand 8 Schillinge pro Pfund erhalten. Die Glocke erhielt auf der einen Seite die Inschrift: „Fecit I. E. Bieber. Hamburg Anno 1842“ und auf der gegenüberliegenden Seite die Inschrift: „Ehre sei Gott in der Höhe". Fast genau 100 Jahre hing die Glocke im Turm, bis sie 1942 während des 2. Weltkrieges zur Metallsammlung abgeliefert werden musste. Leider bekam die Gemeinde die Glocke nicht zurück.

Die nächsten 27 Jahre musste die Gemeinde mit einer Glocke vorlieb nehmen. Jahrelang wurde für die zweite Glocke gesammelt. Als die Kirche und der Kirchturm grundlegend renoviert wurden, konnte auch eine neue Glocke angeschafft werden. Diese Glocke wurde von der Glockengießerei Gebrüder Rincker aus Sinn gegossen. Sie kostete 3.737,40 DM. Unter Anteilnahme des ganzen Dorfes wurde die neue Kirchenglocke von der Gastwirtschaft „Oppeln an de Eck“ abgeholt und mit Kränzen geschmückt durch den ganzen Ort gefahren, bevor sie zum Kirchturm gebracht wurde. Am 9.7.1967 wurde sie feierlich eingeweiht, und seitdem ertönen wieder zwei Glocken in Oppeln.

Im Jahre 1909 wird ein Läuteapparat für die große Glocke eingebaut, der vom Gemeindeausschuss auf seine Brauchbarkeit überprüft werden musste. Die 2. Glocke bekam 1911 einen Läuteapparat. Der Zeit gemäß werden die Glocken jetzt elektrisch angetrieben.

Nach „Kunstdenkmale des Kreises Land Hadeln“ ist die alte Glocke zur Metallsammlung abgegeben worden. Das ist falsch. Richtig ist, dass die Glocke von 1842 abgegeben wurde. Mithoff berichtet, dass 1616 eine Glocke umgegossen wurde. Auch das ist falsch, wie der vorstehende Bericht zeigt.

DIE PFARRE

Das Pfarrhaus wurde dem Pfarrer, seit der Reformation dem Pastor, für die Dauer seiner Dienstzeit vom Kirchspiel zur Verfügung gestellt. Als Pastor Georg Stolte sein Amt antrat, wurde ein Verzeichnis über das Pfarrhaus erstellt: *Anno 1672 den 6. Decembris Verzeichniß deßen, was in des Pastoren Hause gebauet, dass dem Kirchspiel zu stehet, von uns nach beschriebenen Personen in Augenschein genommen wie folget, Erstl. einen Disch, die Bücher Böhrde, Ein Kleder Schapff, eine Bettestede, Benebenst einen Betteschapff, Zwo Bencken in der großen Stuven, Und eine Banck in der kleinen Stuven, Benebenst den Börden in Beyden Stuven, dito Zwo Schlöte auff den Stuven Döhren, Benebenst zwo Kühe; wie auch daß gantze wohnhauß, Und wie daß selbige Erd und nägel fast ist, Und wie es von olders hero gewesen ist,*

Actum ut Supra

Clauß Kanne, Schultze mpp (eigenhändig), Peter Havemann auß Befehl, Andreas Hecksteden, Johann Strunck older, Hinrich Brüning, Valentin Hecksteden, Teiß Ralle, Peter Hecksteden.

Diese zwei Kühe waren die sogenannten „Eisernen Kühe", die auch schon in den Kirchenvisitationen 1582 und 1588 erwähnt werden. Der Pastor schreibt: *So sind vor minen tiden 4 köhe gewesen, nun nicht mehr als zwee gebleven.* Um 1577 wurde 1 „Eiserne Kuh" für 19 M. 6 Sch. verkauft. Eisern ist ein Rechtsbegriff. Der Pastor war verpflichtet, die gleiche Menge und Qualität des Viehs bei Dienstende abzuliefern, so wie er sie beim Dienstantritt bekommen hatte, nach dem Grundsatz: „Eisern Vieh stirbt nie".

Und so kann man auch verstehen, dass es um diese Kühe einen Streit zwischen dem Kirchspiel Oppeln und einem Pastor gegeben hat (s. Sturmflut). Später wurde dem Pastor ein einmaliger Betrag von 24 Reichstalern für die „Eisernen Kühe" ausgezahlt. Auf eine Beschwerde von Pastor Cooper hin wurde dem Pastor ab 1846 jährlich 1 Rthlr. 8 ggr. gezahlt. 1873 wurden die „Eisernen Kühe" abgelöst.

Zum Pfarrhaus gehörten auch Pfarrländereien, die der Pastor bewirtschaftete. Alles was er daraus erwirtschaftete, war sein Einkommen. 1588 waren es im Auefeld (von der Aue bis zum Weg) 3 Kämpe, die in 5 Stücke aufgeteilt waren. Dazu ein Gehrenstück und einen Kamp zu 6 Stücke. Einige Blöcke, die sehr nass waren, lagen östlich des Weges. Außerdem hatte er im Aversloh 1 Heuwiese. 1791 schreibt der Pastor: *Die Ländereien sind am Auedeich 20 Stücke breit, am grünen Weg (Westerweg) 12, und am Moorwege (Osterweg) 1 Stück breit, welche jenseits des Weges spitz zulaufen sowie ein Wiese im Aversloh.* 1802 hatte der Pastor an Vieh 2 Pferde und 1 Füllen, 3 Kühe, 1 Starke und 1 Winterschwein. Die Familie bestand aus 9 Personen, denen für die Arbeit 3 Dienstboten zur Seite standen.

Die Einnahmen des Pastors setzten sich außerdem zusammen aus dem 1/3 der Grundhauer, das waren über hunderte von Jahren 30 Mark. Zusätzlich bekam er noch die Grundhauer von 3 Mark für die Ländereien Mühlenweg und Mühlendeich mit dem anstoßendem Land, die heutige Landstraße Bülkau - Cadenberge. Von der Haferpflicht bekam der Pastor ebenso 1/3, nämlich 2 Scheffel (747,65 Liter) Hafer. Für eine Beerdigung bekam der Pastor 1581 1 Schilling und für eine Taufe 1 Brot und 6 Pf. Diese und andere Dienstleistungen wurden schon um 1700 mit einem jährlichen Gehalt von 90 Mark abgegolten. Außerdem erhielt der Pastor zum 1. Advent von **jedem Haus 1 Brot,** das mindestens 12 Pfund wiegen musste. Arme konnten dieser Pflicht nicht nachkommen, und dann war das Brot teilweise von schlechter Qualität. 1857 bestand Oppeln aus 123 Häusern (einschl. Bovenmoor). Und jetzt stelle man sich vor, von jedem Haus bringt ein Bewohner dem Pastor am 1. Advent 1 Brot. 123 Brote auf einmal!!! Und einfrieren so wie heute, war nicht möglich. Das war natürlich zuviel auf einmal. So richtete der Pastor eine Bitte an das Konsistorium, diese Pflicht in Geld umzuwandeln, die ihm auch gewährt wurde. Der Wert pro Brot betrug 1 Mark. Bis 1931 wurde diese Pflicht bezahlt. Nach einer Eingabe wurde eine gerichtliche Entscheidung erreicht, die besagte, dass die Pflichten mit 25 % aufgewertet wurden. Dadurch war die Pflicht schon 1924 abgelöst. Das gilt auch für die nicht abgelösten Mettwurstpflichten und die Brotpflicht an den Küster. Auf 18 Hofstellen lastete die **Mettwurstpflicht,** die bisher zum erstenmal 1779 erwähnt wird, d. h. nur diese Höfe oder die Eigentümer von bestimmten Ländereien mussten dem Pastor nach einer Sage eine Mettwurst von einer Länge von 3 Ellen (175,5 cm) abliefern. Diese Pflicht wurde teilweise um 1900, der Rest 1924 abgelöst. Nachgewiesen werden kann die Wurstpflicht auch in Bülkau, Kehdingbruch und Oberndorf, während es diese Pflicht in Cadenberge nicht gab. 1697 bestand die **Torfpflicht** aus 2 Fudern Torf, die der Pastor selbst holen musste. Das pflichtige

Land waren Wegestücke im Mittelfeld, die einem Pflichtigen gehörten. Aber 1852 wurde dort kein Torf mehr gegraben. Die Pflichtigen holten den Torf z. B. vom Eichhofsberger Moor. Durch Erbteilungen und Landverkäufe vermehrten sich die verpflichteten Ländereien und erschwerten es dem Pastor, den Torf zu bekommen. Das sah dann so aus, dass der Pastor den Torf von den verschiedenen Pflichtigen und Moorstücken holen musste. Bei den Oppelner Gegebenheiten war es sicher eine zeitaufwendige Angelegenheit. Wiederholt beschwerte sich der Pastor darüber beim Konsistorium. Wegen der zunehmenden Unübersichtlichkeit verzichtete der Kirchenvorstand 1900 auf die Torfpflicht. Von jedem **Konfirmanden** bekam der Pastor jährlich eine **Henne.**

Merkwürdigerweise sind die Pflichten Brot, Mettwurst, Torf und Konfirmandenhenne in den Visitationen 1582 und 1588 sowie in den Einkünften der Kirchenakten 1559 – 1616 nicht aufgeführt. Möglicherweise wurden diese Pflichten später eingeführt.

Die Belastungen der Pfarre bestanden in der Ausbesserung des anteiligen Elbdeiches. Außerdem hatte der Pfarrer für die Instandhaltung der Wege und Reinhaltung der Gräben bei den Pfarrländereien zu sorgen. Da die Pfarre den nördlichen Acker geschenkt bekommen hatte, musste für diesen der Pfingst- und Schleusenschatz und die Abgabe des Sackzehnthafer in Höhe von 1 Himpten 2 ½ Spint (50,62 l) Hafer an das Amt Neuhaus geleistet werden.

Die Pfarre hatte in der Kirche für die Familie des Pastors am Beichtstuhl Plätze, außerdem in der 4. Bank vom Chor auf der Norderseite die erste, zweite und dritte Stelle für Frauen. 1791 waren die Begräbnisstellen für die Pfarre in der Kirche. Sie wurden im jetzigen Kirchengebäude aber nicht benutzt. Der verstorbene Pastor Mohr muss noch in der alten Kirche begraben worden sein. Der einzige Pastor, der danach in Oppeln verstarb, wurde auf dem Friedhof begraben. Es war Pastor Thalheim.

Pastor Christian Georg Biermann (Archiv Frida Oellrich)

Das Pfarrhaus

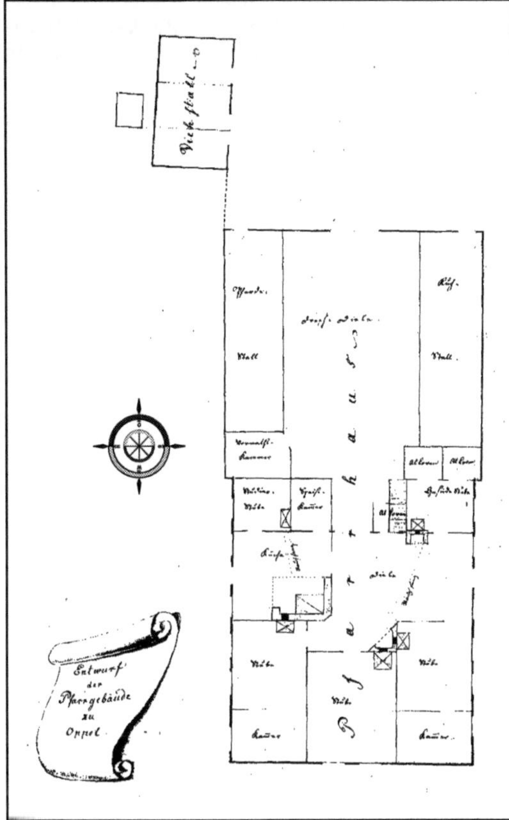

Grundriss des Pfarrhauses von 1791 (Original im Kirchenlagerbuch).

Größere Reparaturen und Neubauten des Pfarrhauses sind folgende: 1558 wurde das Wedemhaus (Pfarrhaus) von einem Sturm umgeweht (s. Kirchenwesen) und mußte neu aufgebaut werden. Anfang 1732, vor dem 28.2.1732, brannte das Pfarrhaus ab. Über die Umstände ist nichts bekannt. Viele interessante Schriftstücke gingen dabei verloren. Pastor Markus Mohr muss sich bei dem Unglück so schwere Verletzungen zugezogen haben, dass er am 27.4.1732 starb. Wahrscheinlich sind auch seine dort lebenden Familienangehörigen und die Angestellten ums Leben gekommen. Nun war aber ein neues Pfarrhaus dringend erforderlich. Deshalb wurde ein Haus woanders abgebrochen und an dieser Stelle wieder aufgebaut. 35 Jahre später wurde der Wohnteil des Pfarrhauses erneuert und gleichzeitig um etwa 15 Fuß erweitert. Da in die Speisekammer öfter eingebrochen und Vorräte gestohlen wurden, hat man diese um 1791 in den Innenteil des Pfarrhauses verlegt. Um diese Veränderung hatte Pastor Ehlers als Entschädigung für das Anlegen des Kirchenlagerbuches gebeten. Das Pfarrhaus war 1791 90 Fuß (27,00 m) lang und 42 Fuß (12,60 m) breit. Der Wirtschaftsteil (das sogenannte Vorderhaus) wurde 1855 neu errichtet, wie es auch die Inschrift über der großen Tür zeigt. Die Kosten dafür betrugen 313 Rthlr. 9 M. 4 $\frac{1}{2}$ Sch. 1872 wurde der aus Fachwerk bestehende baufällige Wohnteil, das sogenannte Hinterhaus, durch einen massiven Neubau ersetzt. Die Baukosten betrugen 2.954 Rthlr. 12 Gr. 7 Pf. Die Gemeinde bezuschusste den Bau mit 750 Rthlr., 2.000 Rthlr. wurden angeliehen, der Restbetrag wurde durch den Verkauf von Altmaterial aufgebracht.

Der Brunnen des Pfarrhauses brachte nur trübes, gelbliches Wasser hervor. Eine Prüfung des Wassers am 4.10.1911 durch das Königliche Medizinaluntersuchungsamt ergab, dass das Wasser sehr viel Eisen enthielt. Es wurde der Bau einer Enteisungsanlage empfohlen, der im Dezember vom Kirchenvorstand beschlossen wurde.

Nachdem die Pastorenstelle vakant wurde, bewohnten verschiedene Mieter (u. a. der ehemalige Lehrer Sindram) das Pfarrhaus. Da die Unterhaltung des Gebäudes hohe Kosten

Die unter Naturschutz stehende Sommereiche im Pfarrgarten.

verursacht und Oppeln als Kapellengemeinde keinen eigenen Pastor mehr bekommt, entschloss sich der Kapellenvorstand zum Verkauf des Pfarrhauses. Dr. Niels Thomsen aus Hamburg kaufte 1972 das Haus.

1988 wurde das ehemalige Pfarrhaus aus ortsgeschichtlichen und baugeschichtlichen Gründen zum Kulturdenkmal erklärt. Die auf dem Hof nordwestlich des Hauses stehende 350 Jahre alte Sommereiche (Quercus rubor) wurde wegen ihres eigenartigen Wuchses und ihrer dominanten Erscheinung 1943 in das Naturdenkmalbuch eingetragen. Seit dem 2.11.1995 ist sie nach dem Niedersächsischen Naturschutzgesetz zum Naturdenkmal erklärt.

An der Nordwestecke des Hausgrundstückes liegt ein von Menschenhand angelegter Hügel, der mit Bäumen bewachsen ist. Der Sinn und Zweck des Hügels ist unklar.

Die Mettwurstpflichten

In Oppeln gab es bis 1924 die Mettwurstpflichten, die auf 18 bestimmten Häusern und Grundstücken lastete. Die Bewohner dieser 18 Häuser, die auf Hauswurten standen, sollen die Kirche gestiftet haben. Man kann die Mettwürste als alte Abgabe nicht nachweisen, sie könnten aber als Nachweis der Siedlungsverlagerung (vermutlich von der Aue in Richtung Osten), dienen. Betrachtet man eine Karte von Oppeln mit den eingetragenen Mettwurstpflichten, stellt man fest, dass nur Land im Mittelfeld mit dieser Pflicht belastet war. Weiter fällt auf, dass auch die Kirche im Mittelfeld steht. Wenn es denn stimmt, dass Kirchen nach Beginn der Besiedlung gegründet wurden, passt dies mit der Sage von den Mettwurstpflichten (s. Sagen) zusammen. Die Sage wird bisher zum erstenmal 1779 erwähnt. In diesem Schriftstück geht es um die Verteilung der Unterhaltungskosten für die Deiche. Einige Einwohner wollten die Unterhaltungskosten nach Häusern berechnen, einige nach dem Land. Einwohner, die für die Verteilung nach Landbesitz waren, argumentierten mit dem Hinweis auf die Sage: „ *... da die alten Wurten so hoch seien, dass die Häuser bei Überschwemmungen nicht beschädigt würden, müssten die Deiche zum Schutz der Ländereien und der Ernte angelegt worden sein und nicht zum Schutz der Häuser...* „.

Im Kirchenlagerbuch wurde 1786 die Lage dieser Grundstücke beschrieben, die 1901 von Pastor Wecken nach dem Urkataster bestimmt wurde. Da liegt es doch nahe, dass die Frage nach der Lage der Hausplätze auftaucht. Während eines Gespräches erzählten mir Jörg Krohn und Heidi Ritter, dass ihr Haus Oppeln 64 (Pflicht Nr. 9) genau auf der Grenze zwischen Marsch und Moor liegt. Diese Bemerkung und die Erkenntnis, dass die Herren von Luneberg hauptsächlich im Gebiet Oppelner Geest und Aversloh Land besaßen, brachte mich zu folgender Theorie:

Der ursprüngliche Teil Oppelns ist die Geest, die vielleicht von den 6 Bewohnern aus der Sage besiedelt wurde. Hier, auf der Geest, stand wohl der Zehnthof (Villa) des Erzbischofs (s. Urkunde von 1301). Die dazugehörigen Höfe haben vermutlich das Marschland an der Aue bewirtschaftet. Diese Häuser waren nicht mit der Wurstpflicht belastet. In einer späteren Besiedlungsperiode haben sich 18 Siedler auf der Grenze zwischen Marsch und Moor im Mittelfeld angesiedelt. Die Kirche wurde wohl zusammen mit dem Pfarrhaus und dem Küsterhaus auf einer Wurt im Zuge dieses Ausbaues angelegt.

Um diese Theorie zu untermauern, habe ich nach Vergleichen von Karten und Luftaufnahmen Weidenbegehungen unternommen. Alle vermuteten Stellen habe ich mit einem Kreis auf der Karte bezeichnet und dann ganz gezielt die betreffenden Weiden aufgesucht. An den vermuteten Stellen fand ich meist kaum bemerkbare Erhöhungen, auf denen in Maulwurfshaufen Scherben, Stücke oder Krümel von Hüttenlehm oder Ziegeln zutage traten. Diese Funde trug ich durch ein Kreuz in die Karte ein. Bei den Mettwurstpflichten Nr. 4, 19, 14, 17, 20, 11, 1, 7, 5, 15 und 6 wurden meine Vermutungen bestätigt. Bei den Pflichten Nr. 16, 18, 10 und 9 stehen die Häuser vermutlich noch auf den alten Hausplätzen. Das Haus von Nr. 8 wurde 1908 abgebrochen. Die Mettwurstpflicht Nr. 2 lastete zusätzlich auf dem Land von Nr. 1, dass 5 Stücke breit war. Bei Nr. 12 stellt sich die Frage, warum die vermutete Fundstelle neben dem verpflichteten Land von Bahlke liegt, aber in der Höhe des Hauses Oppelner Geest 9, das nicht mit dieser Pflicht belastet war. Daraus kann man schließen, dass der Hof Oppelner Geest 9 früher ein adliger und deshalb abgabefreier Hof war. Fraglich sind noch die Plätze Nr. 3 und 13. Auf Nr. 3 wurde 1908 der Schwarze Weg gebaut. Nr. 13 könnte aus einer Erbteilung entstanden sein. Die ursprünglichen verpflichteten Grundstücksflächen waren vermutlich 3 Stücke breit. Das mittlere Stück war mit dem Haus bebaut und an jeder Seite lag ein Stück Land. Wenn man dann diese Plätze auf der Karte betrachtet, fällt auf, dass die vermuteten Hausplätze im Norderende und im Süderende jeweils in einer Linie stehen, die sich bei der Kirche treffen. Weiterhin fiel auf, dass alle Plätze sich auf anmoorigen Boden befinden. Wann diese Wurten verlassen wurden, kann man nur vermuten. Wurden die Häuser, nachdem sie 1717 bei der Sturmflut vom Wasser weggetrieben wurden, an anderer Stelle wieder aufgebaut, nämlich am jetzigen Osterweg? Auf jeden Fall geschah das Verlassen vor 1764, da die Häuser auf der Karte von Isenbart und der Kurhannoverschen Landesaufnahme von 1768 fast alle nicht mehr eingezeichnet sind. Bei der Pflicht Nr. 5 wird es wohl zwischen 1748 und 1750 gewesen sein, wie aus der Häuserliste des Küsters Ralle zu entnehmen ist.

Natürlich sind die gemachten Funde kein absoluter Beweis für diese Theorie, aber doch ein Ansatz für interessierte Forscher zum Weiterforschen.

Auch in Bülkau ist die Mettwurstpflicht nachzuweisen. 1672 waren ungefähr 60 Hauptwurten *(Haubt wörter und Hoffsteten)* mit dieser Pflicht belastet. Sie mussten zu Weihnachten eine Wurst und ein Brot abliefern, dessen Wert auf 12 Schillinge geschätzt wurde.

Außerdem bekam der Pastor statt jede zehnte nur jede elfte Hocke, was auf Besiedlung nach Hollerrecht schließen lässt.

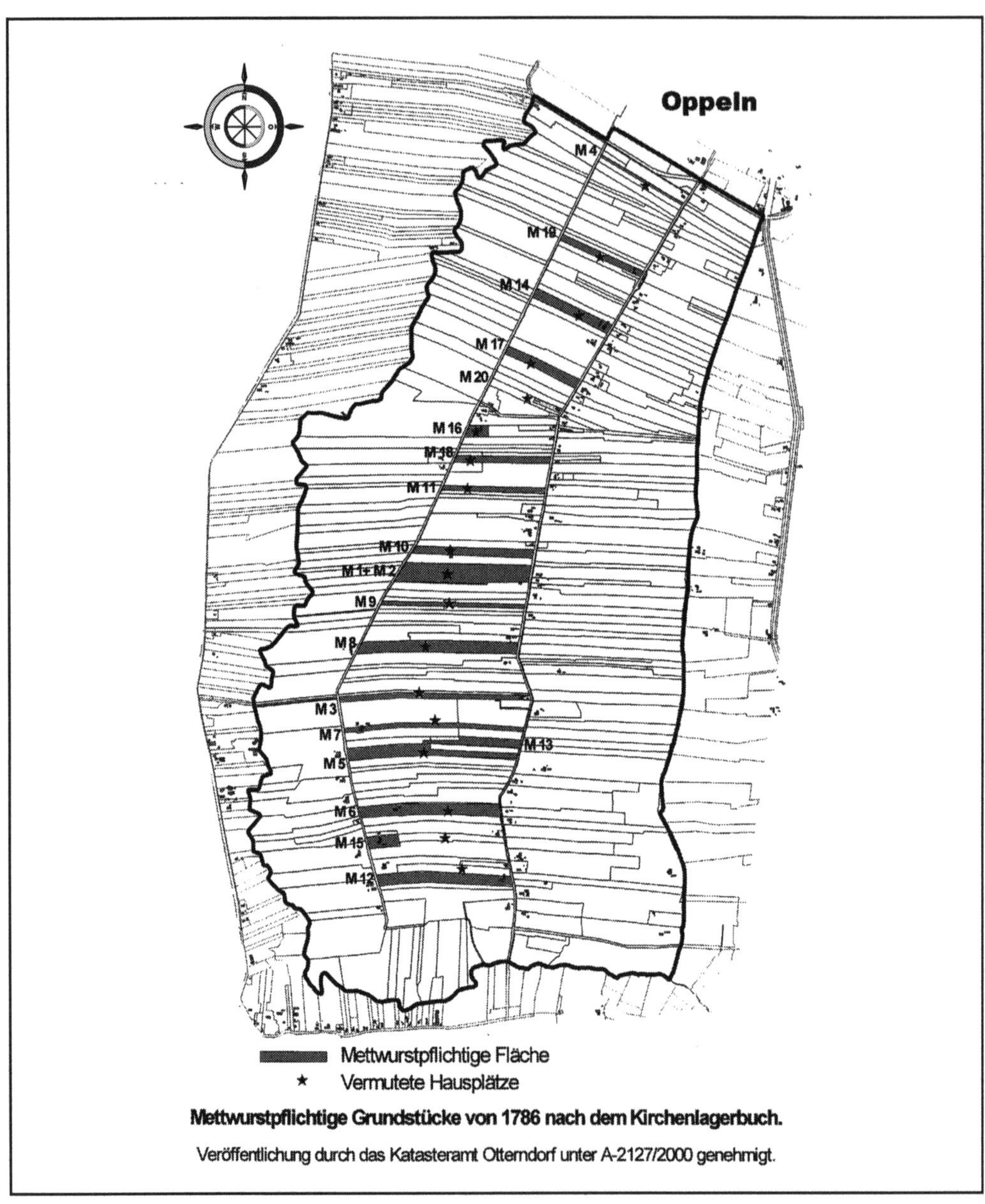

Mettwurstpflichtige Grundstücke von 1786 nach dem Kirchenlagerbuch.

Veröffentlichung durch das Katasteramt Otterndorf unter A-2127/2000 genehmigt.

Die Mettwurstpflichten.

Pastoren in Oppeln

Nach dem Kirchenlagerbuch von 1791, Pratje: Altes & Neues, Phillip Meyer: Die Pastoren der Landeskirchen Hannovers und Schaumburg-Lippes seit der Reformation, Kirchenakten im Staatsarchiv Stade

Valentin vor 1525
Er ist der bisher erste nachweisbare Pfarrer in Oppeln aus der katholischen Zeit. Pfarrer Valentin und seine Dienerin oder Haushälterin Grete waren Mitglieder der Antoniusgilde der Bruderschaft Bülkau: *Dominus Valentinus rector in Oppenheym Grete famula.*

Diderich ab 1559 ? – vor 1568
In der Juratenrechnung von 1559 bis 1577 werden Kosten, die bei Herrn Diderichs Ordination entstanden sind, aufgeführt. Er könnte Nachfolger des Pfarrers sein, der vielleicht beim Einsturz des Pfarrhauses 1558 ums Leben gekommen sein könnte.

1. **Bernhard Phylirander** um 1568 – vor 1577
Wahrscheinlich hieß er Lindemann und wählte sich die griechische Form für seinen Namen.

2. **Simon Bornemann** vor 1577 - 1582
Im Jahre 1582 wird im Protokoll der Kirchen-Visitation berichtet, dass Bornemann sehr ungelehrt sei und seine Amtsbestellung noch nicht abgegeben habe. Er wurde angewiesen, dieses nachzuholen. Vermutlich starb er in der 1. Hälfte des Jahres 1582.

3. **Henning Schröder** 1582 - 1604
Er muss von 1582 bis 1604 in Oppeln gewesen sein. Vorher war Schröder 10 Jahre Prediger in Ihlienworth. Am 17. Mai 1588 wurde Pastor Schröder die vakante Stelle des verstorbenen Pastors Bornemann auf dem Amtshaus in Neuhaus übertragen, er hatte das Amt aber schon vorher ausgeübt. Schröder muss vor August 1582 sein Amt angetreten haben.

4. **Nikolaus Bähr** 1604 - 1653
Bähr wurde als Sohn des Pastors Statius Bär in Geversdorf im Jahre 1575 geboren und starb am 10. Mai 1653 in Oppeln. Er war mit Anne Schröder, Tochter seines Vorgängers Henning Schröder, 49 Jahre verheiratet. Aus dieser Ehe gingen 10 Töchter und 2 Söhne hervor. Seine Tochter Oelgard heiratete seinen Nachfolger Hermann Wiebling. Sohn Nikolaus war ein zu seiner Zeit berühmter Dichter in Bremen, der u. a. ein Gedicht über den Johannisbrunnen in der Wingst schrieb. Sohn Statius blieb in Oppeln. Als Pastor Bähr 1651 sehr krank wurde, bat er um die Einsetzung eines Nachfolgers.

5. **Hermann Wiebling** 1653 - 1672
Seine Tochter Anna heiratete seinen Nachfolger Georg Stolte.

6. **Georg Stolte** 1672 - 1705
Stolte wurde in Stade als Sohn des Predigers Georg Stolte geboren und starb am 8. August 1705 in Oppeln. Pastor Stolte hat 1672 das erste Kirchenbuch in Oppeln angelegt.

7. **Hinrich Erasmus Bergstedt** 1706 - 1720
Bergstedt wurde als Sohn des Predigers Peter Bergstedt in Neuenkirchen, Amt Rotenburg,

im Jahre 1672 geboren. Da Pastor Bergstedt durch die Sturmflut 1717 in „ ... *in betrübliche Umstände versetzt wurde* ... „, wurde er nach Trupe-Lilienthal versetzt. Er war wohl sehr beliebt, denn man hatte seine Abschiedspredigt aufbewahrt.

8. Markus Mohr 1720 - 1732
Mohr wurde in Utersen geboren und starb am 27.4.1732 in Oppeln. Anfang des Jahres 1732 brannte das Pfarrhaus ab. Dabei wurde Pastor Mohr so schwer verletzt, dass er später an den Folgen starb. Sein Sohn Carl Friedrich wird als Vater eines unehelichen Kindes angegeben, „ ... *aber nicht erwiesenermaßen* ...", wie Pastor Mohr in das Kirchenbuch schrieb.

9. Johann Hinrich Crusius 1733 - 1758
Er wurde am 18.8.1702 als Sohn des Konrektors M. Nicolaus Crusius in Stade geboren und starb am 1.6.1759 in Imsum. Pastor Crusius wurde am 27.5.1733 in sein Amt eingeführt. Er wird im Lagerbuch als treuer und rechtschaffener Prediger beschrieben. 1758 wurde er nach Imsum versetzt. Sein Enkelsohn Johann Hinrich Crusius war Anstifter des s. g. Orgelkrieges von Oppeln im Jahre 1795.

10. Johann Ernst Büttner 1758 - 1789
Er wurde am 2.8.1726 als Sohn des Pastors Angelus Matthäus Büttner in Bülkau geboren. Pastor Büttner wurde am 10.12.1758 in Oppeln eingeführt. Im Jahre 1789 wurde er nach Worpswede versetzt.

11. Johann Hinrich Ehlers 1789 - 1804
Er wurde am 11.5.1757 als Sohn des Predigers Gerhard Hinrich Ehlers in Krautsand geboren und starb am 5.7.1829 in Sittensen. Pastor Ehlers wurde am 18.10.1789 in Oppeln eingeführt und im Jahre 1804 nach Sittensen versetzt. Da das Konsistorium mit der Anfertigung des Lagerbuches 1786 nicht zufrieden war, legte Pastor Ehlers 1791 ein neues Kirchenlagerbuch an und übernahm die angefertigten Register über die Einnahmen als Anhang in das jetzt gültige Lagerbuch. Außerdem legte er ein Verzeichnis der bestellten Pfarr-Ländereien an und zeichnete auf, wie man diese Ländereien am besten bewirtschaftet.

12. Carl Hinrich Heemsoth 1804 - 1823
Er wurde am 8.3.1767 als Sohn des Bierbrauers Johann Heinrich Heemsoth in Verden geboren und starb 1833 in Belum. Am 17.9.1804 wurde Pastor Heemsoth in Oppeln eingeführt. Im Jahre 1823 wurde er nach Büttel versetzt.

13. Johann Heinrich Pratje 1824 - 1828
Er wurde am 4.10.1798 als Sohn des Pastors Johann Heinrich Pratje in Bremen geboren. Pratje war ein Urenkel des Generalsuperintendenten Johann Heinrich Pratje, dem Verfasser der Schriften „Die Herzogthümer Bremen und Verden" und „Altes und Neues", für die Heimatforscher eine wichtige Quelle. Pastor Pratje wurde am 8.2.1824 in Oppeln eingeführt. Er wurde nach Cadenberge versetzt und hielt seine Abschiedspredigt am 31.8.1828.

14. Diederich Friederich Wilhelm Werbe 1829 - 1844
Er wurde am 4. Mai 1798 als Sohn des Pastors Johann Gerhard Werbe in Bramel geboren. Er starb am 5.8.1867 in Lamstedt. Pastor Werbe wurde am 1. März 1829 in Oppeln eingeführt, 1844 wurde er nach Lamstedt versetzt. Seine Abschiedspredigt hielt er am 9.Oktober.

---

15. Carl Ferdinand Cooper 1844 - 1857
Er wurde am 11.12.1810 als Sohn des Dr. med. Samuel Cooper in Hamburg geboren. Pastor Cooper wurde am 27.10.1844 in Oppeln eingeführt. Im September 1857 wurde er nach Borstel versetzt, wo er am 1.5.1882 starb. Cooper gehörte als Vertreter Oppelns zur Bau-Kommission für den Bau des Neuhaus-Bülkauer Kanals, der in den Jahren 1852 und 1853 gebaut wurde, und soll sich um den Bau verdient gemacht haben. Seine Tochter Luise gründete 1890 die Hildesheimer Blindenmission.

16. Johann Heinrich Koch 1857 - 1870
Er wurde am 25.8.1820 als Sohn des Schankwirts Heinrich Koch in Stade geboren. Pastor Koch wurde am 13.8.1857 in Oppeln eingeführt. 1870 wurde er nach Mittelnkirchen versetzt.

17. August Wilhelm Theodor Heinrich Stakemann 1870 - 1874
Er wurde am 13.4.1833 als Sohn des Dr. jur. Stakemann (dem späteren Amtsrichter in Neuhaus a.d.O.) in Stade geboren. Pastor Stakemann wurde am 7.8.1870 in Oppeln eingeführt. 1874 wurde er nach Wilstedt versetzt und hielt seine Abschiedspredigt am 22.11.1874.

18. Claus Friedrich Wilhelm Werbe 1875 - 1881
Er wurde am 26.4.1842 als Sohn des Pastors Friedrich Wilhelm Werbe in Oppeln geboren. Pastor Werbe wurde am 14.3.1875 in Oppeln eingeführt. Nachdem er in Cadenberge zum 1. Pastor gewählt und dort 1880 eingeführt wurde, beendigte er die Kirchenbuchführung am 10.9.1881. Bis zu diesem Zeitpunkt gehörte er noch dem Kirchenvorstand Oppeln an und hielt dort sicherlich auch noch Gottesdienste ab. 1885 wurde sein Beitrag „Die Geflügelzucht" für den Geflügelverein Cadenberge in der Festschrift des Provinzial-Landwirtschafts-Vereins zum 50-jährigen Jubiläum veröffentlicht.

19. Gustav von Hanffstengel 1881 - 1884
Er wurde am 22.1.1852 in Bremen geboren. Eingeführt wurde Pastor von Hanffstengel am 11.9.1881. Er wurde 1884 nach Worpswede versetzt und hielt seine Abschiedspredigt am 27. April.

20. Friedrich Burchard Krusewitz 1885 - 1888
Er wurde am 27.12.1856 als Sohn des Pastors Krusewitz in Wulsbüttel geboren. Pastor Krusewitz wurde Ende August 1885 in Oppeln eingeführt. Im Juni 1888 wurde er nach Twielenfleth versetzt.

21. Ludwig Ernst Thalheim 1888 - 1897
Er wurde am 16.12.1857 als Sohn des Superintendenten Thalheim in Roggenstede geboren. Er starb am 2.8.1897 in Oppeln an Herzleiden. Pastor Thalheim hatte Bedenken, wegen seiner Größe von 1,95 m auf der Kanzel stehen zu können. Er war der einzige Pastor, der auf dem Oppelner Friedhof beigesetzt wurde.

22. Carl Friedrich Erich Wecken 1898 - 1903
Er wurde am 24.9.1869 als Sohn des Rektors Franz Wecken in Gifhorn geboren. Eingeführt wurde Pastor Wecken am 3.7.1898. Im Januar 1903 wurde er nach Staffhorst versetzt. Er richtete ein Familienregister ein.

---

23. Karl Johannes Bruno Erich Hartleben 1903 - 1912
Er wurde am 21.11.1866 als Sohn des Oberforstmeisters Hartleben in Lautenthal geboren. Im Jahre 1903 wurde Pastor Hartleben in Oppeln eingeführt. Er wurde am 11.7.1912 nach Wipshausen versetzt.

24. Christian Georg Biermann 1913 - 1926
Er wurde am 26.7.1881 in Osnabrück geboren. Am 4.5.1913 wurde Pastor Biermann in Oppeln eingeführt. 1926 wurde er nach Dorste am Harz versetzt.

Pastor Biermann war der letzte Pastor in Oppeln. Nach seiner Versetzung wurde die Pfarrstelle von Bülkau aus mitversorgt.

Hans Schuster 1949
Pastor Schuster aus Hildesheim wurde am 16.3.1949 durch das Landeskirchenamt zum Pastor für Oppeln ernannt und sollte am 17. April seine Aufstellungspredigt halten. Bedingt durch den 2. Weltkrieg traten bei den Bemühungen um Wohnraum für den Pastor Schwierigkeiten auf, denn jedes Haus war mit Flüchtlingen belegt, so auch das Pfarrhaus. Die dort lebenden Flüchtlinge wollten nicht ausziehen, auch gerichtliche Klagen nützten nichts. Da auch eine später angesetzte Einführung aus diesen Gründen nicht stattfinden konnte, wurde Schuster an einen anderen Ort versetzt. Am 25. Juli 1949 zog das Landeskirchenamt die Ernennung Pastor Schusters für Oppeln wegen Schwierigkeiten bei der Beschaffung von Wohnraum zurück.

Nachfolgende Pastoren von Bülkau haben in Oppeln ihre Spuren hinterlassen:

Karl Friedrich Wilhelm Fischer 1934 - 1964
Pastor Fischer wurde am 2.3.1892 in Stade geboren. Er starb 1979 in Cadenberge. Fischer war seit dem 1.7.1962 im Ruhestand, verwaltete aber wegen Vakanz die Pfarrstelle bis zum 1.10.1964. Unter seinem Vorsitz wurde das Heimfallrecht für die Schule ausgehandelt.

Heinz Wohlers 1.10.1981 - 30.4.1992
Pastor Wohlers wurde am 14.4.1932 in Balje geboren. Insgesamt 23 Jahre verrichtete er seinen Dienst in den Orten Dorum, Mulsum und Padingbüttel. Seine Amtszeit in Bülkau beendete er 1992 mit dem Eintritt in den Ruhestand.

Klaus Volkhardt seit dem 1.11.1992
Pastor Volkhardt wurde am 18.7.1963 in Lüneburg geboren. Während seiner Amtszeit wurde 1996 mit der Forschung für die Chronik Oppeln begonnen, die er mit zunehmendem Interesse und wachsender Begeisterung unterstützte.

DAS KÜSTERAMT

Der Küster bekam vom Kirchspiel das Küsterhaus, das südlich der Kirche steht, zur Verfügung gestellt. Die zu dem Küsterhaus gehörigen zwei Stück Ländereien schlossen sich südlich an das Pfarrland an. Das waren 1781 2 Äcker im Auefeld, 2 Äcker im Mittelfeld und 2 kleine Keile im Griftfeld. Der Küster lebte von den Erträgen aus der Bewirtschaftung dieses Landes. Außerdem erhielt er 1581 für die Dienste bei einer Beerdigung 6 Pf, bei einer

Taufe 1 Brot und 1 Stück Fleisch als Vergütung. Zusätzlich bekam er von jedem Haus jährlich für das Schlagen der Betglocke 1 Brot und auch zu Weihnachten von jedem Haus 1 Brot. Schon um 1700 bekam er als Vergütung jährlich 17 Mark. Dafür musste der Küster die Abendmahlsgeräte und die Altardecke reinigen, die Oblaten und den Wein für das Abendmahl beschaffen, ebenso das Glockenfett. Von jedem Haus erhielt er jährlich 1 Brot und Gründonnerstag 2 Eier. Die Eierpflicht wurde 1884 und die Brotpflicht 1924 (s. Kirchenwesen) abgelöst.

Heute werden die Küsterpflichten von einem Bewohner des Dorfes ausgeführt. Zurzeit versieht Hilda Reyelt dieses Amt. In der Visitation 1588 gibt der Pastor an, dass keine Schule vorhanden sei. 1592 wird der Schulmeister Johannes Schomaker und 1599 der Küster Andreas Hecksteden genannt. Zu dieser Zeit wurden die Ämter wohl noch getrennt von zwei Personen ausgeführt und nach dem Tod des Küsters Statius Behr 1691 und der Abdankung des Schulmeisters Johan Küver zusammengelegt. Etwa 1692 übernahm Hinrich Ralle mit dem Küsteramt auch das Amt des Schulmeisters. Für die Dienste als Schulmeister bekam der Küster zusätzlich von jedem Kind im Jahr 1 Schilling. Das Heizen der Schulstube erfolgte durch die Kinder, die auch den Torf besorgen mussten. Ab 1795 war der Küster auch Organist.

Zum Küsterhaus gehörten in der Kirche in der 9. Bank die erste und zweite Stelle. Auf dem Friedhof war das 3. Grab in der 8. Lage auf der Südseite der Kirche für die Küsterei bestimmt.

Das Küsterhaus

1598 drohte das Küsterhaus, dass *„... auff vier Stutzen gestanden ...",* einzustürzen. Küster Andreas Hechstede hatte ein neues Haus gebaut und zu dessen Finanzierung Geld aufgenommen. Weil nun aber zur gleichen Zeit an der Kirche eine größere Reparatur vorgenommen wurde, war das Kirchspiel nicht mehr imstande auch noch die Kosten für das Küsterhaus aufzubringen. Da das Kirchspiel die Erstattung der Kosten verweigerte, beschwerte Hechstede sich beim Amt Neuhaus und bat um Hilfe in dieser Angelegenheit. Das Küsterhaus war 1781 ca. 56 Fuß (16,35 m) lang und 33 Fuß (9,63 m) breit. Die Maße der Schulstube betrugen 4,80 m Länge, 3,90 m Breite und 2,25 m Höhe. Es wurde 1845 um 2 Fach verlängert. 1879 beschließt der Kirchenvorstand, das Küsterhaus neu zu bauen. Das Haus wurde bis auf das Schulzimmer abgebrochen und neu aufgebaut. Während der Bauzeit fand der Unterricht bei Johann Brüning (Nr. 45) auf der Diele statt. Auch der Lehrer wohnte während dieser Zeit dort. Die Gesamtkosten beliefen sich auf 6.709,56 Mark.

Um die richtige Zimmerhöhe im Schulzimmer zu bekommen, hatte man den Fußboden einfach abgegraben und so niedriger gelegt. Dadurch lag das Zimmer einen halben Meter niedriger als das Küsterhaus. Das Schulzimmer wurde 1899 neu gebaut und die Höhe an das Küsterhaus angeglichen. Da die Gefahr bestand, dass die Wand des Hauses durch den Graben, der sich zwischen Kirchhof und Schule befand allmählich weichen würde, wurde dieser zugeschüttet. 1911 wurde wegen dem hohen Eisengehalt des Wassers eine Enteisungsanlage in den Schulbrunnen eingebaut. Ein Jahr später waren 94 Kinder zu unterrichten. Für diese hohe Anzahl reichte natürlich ein Klassenzimmer nicht aus. 1913 wurde das Schulhaus um ein weiteres Klassenzimmer erweitert.

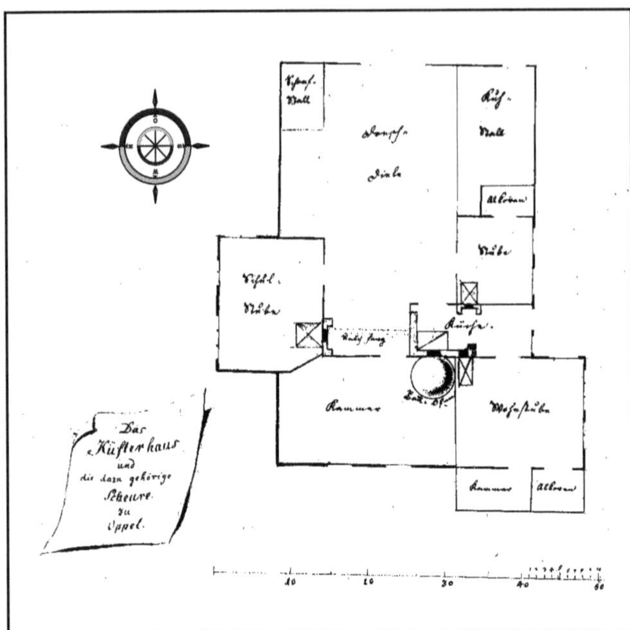

Grundriss des Küsterhauses von 1791 mit der Schulstube (Original im Kirchenlagerbuch Oppeln).

Der Zahn der Zeit nagte natürlich auch an diesem Gebäude, und so musste die Gemeinde sich Anfang der 50er Jahre wieder mit dem Problem „Baufälligkeit Schule" befassen. Geplant war die Renovierung des Gebäudes. Doch der Kostenanschlag belief sich auf 30.000 Mark, wofür schon ein Neubau erstellt werden konnte. Bei den weiteren Planungen empfahl das Landeskirchenamt, die Schule der Politischen Gemeinde unentgeltlich zu überlassen, wenn diese den Umbau übernehmen würde. Es wurde nach längeren Verhandlungen der Beschluss vom Kirchenvorstand gefasst, ein neues Organistenhaus zu bauen und dann das Schulgebäude später zu erneuern.

Nach Fertigstellung des Organistenhauses wurde ein neues Schulgebäude errichtet.

Für das Schulgebäude wurde ein Schiedsgerichtsvertrag zwischen der Kirchengemeinde und der Politischen Gemeinde Oppeln ausgehandelt. Inhalt: Die politische Gemeinde (Eigenschulverband) übernimmt das Nutzungsrecht der Schule einschließlich des Grundstücks, auf dem das Gebäude steht. Dafür zahlt sie einmalig 1.800 DM und übernimmt die Kosten für den Neubau. Zum 1. Januar 2020 oder sobald das Grundstück für schulische Zwecke von der Gemeinde nicht mehr benötigt wird, hat die Gemeinde das Eigentum an die Kirchengemeinde Oppeln zurückzuübertragen. Das Heimfallrecht wurde nach harten Auseinandersetzungen zwischen Pastor Fischer und Bürgermeister Engelhard in diesen Vertrag einbezogen. 1971 wurde der Schulbetrieb eingestellt, und das Heimfallrecht trat in Kraft.

DAS ORGANISTENHAUS

Das neue Organistenhaus wurde südlich des alten Organistenhauses gebaut. 1956 war der Neubau fertiggestellt, und Organist Bechstedt konnte einziehen. Der Kirchenvorstand war mit der Ausführung der Arbeiten nicht einverstanden. Daraus ergab sich der Rechtsstreit Klünder ./. Kirchenvorstand Oppeln, der 1958 mit einem Vergleich vor dem Landgericht Stade endete. Nach dem Tode des Organisten Bechstedt war damit zu rechnen, dass das Haus nicht mehr bestimmungsmäßig genutzt wird, da für Oppeln kein Organist mehr zu bekommen ist. Deshalb vermietet der Kapellenvorstand das Haus seit 1997.

DER SPIELKREIS

Nachdem der Schulbetrieb 1971 beendigt wurde, tauchte die Frage der weiteren Verwendung des Gebäudes auf. Am 25. April 1973 begann die Geschichte des Kinderspielkreises in Oppeln, denn damals richtete Diakon Keil eine Spielgruppe für Kinder ein. Dieser Spielkreis wurde von der Kirchengemeinde Bülkau eingerichtet, und so kamen dann auch die Kinder aus Bülkau und Oppeln. Die erste Gruppe bestand aus 8 Kindern aus Oppeln und 17 Kindern aus Bülkau. Außer von Diakon Keil wurden die Kinder von Irmgard Hinsch und Waltraud Griemsmann betreut.

Spielkreis Oppeln 1996.

Spielkreiskinder auf dem Pausenhof 1996.

Weil die Räume für kleine Kinder nicht geeignet waren und die baulichen Anlagen nicht den Vorschriften entsprachen, begannen Verhandlungen über die künftigen Baumaßnahmen. Da die Gemeinde Wingst einen Spielkreis einrichten wollte, schien die alte Schule von Oppeln als der geeignete Ort. Nach längeren Verhandlungen über die weitere Verwendung des Schulgebäudes einigte man sich auf die Einrichtung eines Spielkreises für die Orte Oppeln, Wingst und Cadenberge. Bedingungen: Die Kapellengemeinde übernimmt wieder das Gebäude und trägt auch die Umbaukosten. Die Gemeinde Wingst beteiligt sich mit einem Zuschuss an den Umbaukosten. In der Zwischenzeit war die Schule Bülkau freigeworden und dort ein Spielkreis eingerichtet. So wurde am 4. Februar 1975 der neue Spielkreis Oppeln eröffnet. Träger des Spielkreises ist die Kapellengemeinde Oppeln, bezuschusst wird er von der Gemeinde Wingst und der Kirchengemeinde Cadenberge. Zu den ersten Mitarbeiterinnen gehörten Waltraud Griemsmann geb. Bläsig und Renate Maaß geb. Becker, die beide dort noch beschäftigt sind. Waltraud Griemsmann ist seit Beginn Spielkreisleiterin. Am 8. Juli 2000 wurde das 25-jährige Jubiläum mit vielen Spielen für die Kinder gefeiert. Das Ringreiten mit einem hölzernen Pferd, angeschoben von den Kindern, war der absolute Renner. Zur Überraschung der Kinder und Gäste trat ein Clown auf, der alle durch seine Mitmachaktionen immer wieder zum Lachen brachte.

Jubiläumsfest des Spielkreises im Juni 2000 (Foto: Sigrid Schlobohm).

Das Freizeitheim

Als die Schule aufgelöst wurde, wurde in der alten Lehrerwohnung vom Kirchenkreis ein Freizeitheim eingerichtet, in dem bis zu 28 Personen übernachten können. An Wochenenden und in den Schulferien finden dort Freizeiten statt. Die Gäste kommen meistens aus dem kirchlichen Bereich und überwiegend aus der näheren Umgebung, aber auch aus Hamburg, Berlin oder Süddeutschland. In der Küche bereiten die Gruppen ihre Mahlzeiten selber zu, wobei viele Kinder und Jugendliche das soziale Miteinander lernen, das durch das Spielen und Arbeiten am Computer oft verlorengeht. Einmal im Jahr werden die Räume von ehrenamtlichen Mitarbeitern der Evangelischen Jugend renoviert. Verwaltet wird das Freizeitheim von der Kirchenkreis-Jugendwartin Helga Kruse-Erdmann.

Die ruhige Umgebung des alten Schulhauses und die Freizeitangebote in der Wingst und im weiteren Umfeld machen das Freizeitheim vor allem für Kinder-, Konfirmanden- und Jugendgruppen attraktiv.

Und für die Sauberkeit in diesem Haus sorgen durch ihren tatkräftigen Einsatz zurzeit Berta Leppert im Spielkreis und Elisabeth Brandt im Freizeitheim.

Die politische Verwaltung

DAS KIRCHSPIEL

Die Verwaltung des Kirchspiels war aufgeteilt in einen kirchlichen und einen politischen Teil. Die kirchliche Verwaltung wurde vom Pastor und zwei Juraten durchgeführt. Die politischen Kirchspielsangelegenheiten verwaltete der Schulze und zwei Gevollmächtigte. Bei wichtigen Angelegenheiten wurden Kirchspielsversammlungen abgehalten (s. Kirchenbau).

Das höchste Amt im Kirchspiel war das des Schulzen. Er war zugleich Richter des Kirchspiels und wurde vom Schöffen bei der Urteilsfindung unterstützt. Außerdem hatte der Schulze weitreichende Vollmachten. Er handelte Verträge mit anderen Kirchspielen aus. Er war der Pächter des Zehnthofes, der den Lunebergern und vorher dem Erzbischof gehörte. Als solcher hatte er auch für die Einforderung der Zehntabgaben zu sorgen.

Als der Schulze Claus Kanne im November 1692 starb, wurde sein Nachfolger der Einnehmer Carsten Ralle. Schulze Ralle kann dieses Amt nur kurze Zeit ausgeführt haben, denn als die schwedische Regierung 1692 die Zahl der Richter und Schulzen, die dem Amtmann zur Seite standen, auf drei reduzierte, wurde der Oppelner Schulze durch den Bürgermeister von Neuhaus ersetzt. Im Kirchenrechnungsbuch sind in der Zeit von 1695 bis 1697 (Rechnungslegung der Juraten) folgende drei Posten aufgeführt: *Nr. 79: Dem Küster vor diese Rechnung einzurichten und abzuschreiben. Nr. 80: Wie selbe* (die Rechnung) *im Pfarrhause von Pastor, Bürgermeister, Landschöpff und Eltesten der Gemeinde beleuchtiget* (geprüft). *Nr. 82: H. Bürgermeister Mußen an verschoßen Fuhrlohn und wegen Verfertigung einiger brieffe, Chart. Sigill. vor der Kirchen 3 Mark.* Bei den Kirchspielsversammlungen wurde der Bürgermeister von Neuhaus vom Landschöpf vertreten, der mit zwei Gevollmächtigten und 4 Deputierten für die Verwaltung des Kirchspiels zuständig war. Bei wichtigen Angelegenheiten leitete er als Schulze von Oppeln diese Versammlungen selbst. Für die Siel- und Schleusenangelegenheiten wählten die Oppelner zwei Kirchspielsgeschworene und für die Deichangelegenheiten einen Deichgeschworenen, ebenso wurde regelmäßig ein Feuergeschworener gewählt. Die Weggeschworenen wurden per Los ermittelt. Großen Raum in der Gemeindearbeit nahm die Armen- und Krankenfürsorge für die Einwohner ein.

Der Gemeindediener, der vom Gemeindeausschuss gewählt wurde, hatte folgende Aufgaben: Ansagen für die Gemeinde, d. h. Kirchspielsversammlungen von Haus zu Haus ansagen, Ausschuss-Sitzungen den Mitgliedern mitteilen, Gemeindemitteilungen an die Ausmärker (diese wurden wegen der weiteren Wege höher vergütet) weitergeben, Besorgungen in Gemeindeangelegenheiten erledigen, in Zahlungsverzug geratene Einwohner anmahnen, Strafgelder einsammeln.

An Grundbesitz hatte das Kirchspiel Oppeln den Triftacker am Triftackerweg und den Reyeltsdeich, die Schulzenwische in der Wingst, die vom Schulzen noch um 1900 zum Torfstechen genutzt werden konnte, sowie das Armenhaus. Nach dem Landstraßenbau kaufte die Gemeinde den dadurch entstandenen Lagerplatz, auf dem Material für Bauvorhaben, sowie Torf und Getreide zum Be- und Entladen der Kähne gelagert wurde. 1908 wurde der Streifen Land neben dem Neuen Weg Gemeindeland.

Das Kirchspiel musste jährlich 20 Mark zu Pfingsten **(Pfingstschatz)** und 20 Scheffel (74,76 Hektoliter) Hafer **(Sackzehnthafer)** zu Mittfasten (4. Donnerstag vor Ostern) an das Amt Neuhaus liefern, was Aufgabe des Schulzen oder Landschöpfen war. Die Menge hatte sich bis zur Ablösung nicht verändert. Der Pfingstschatz wurde 1861, der Sackzehnthafer wurde 1873, abgelöst. Zweimal im Jahr waren die Einwohner zu Dienstleistungen für den Landesherren verpflichtet. Die Leistung wurde schon 1738 als **Dienst- und Bindelgeld** gezahlt. Diese Abgaben wurden von den Einwohnern anteilmäßig aufgebracht. Wann sie abgelöst wurden, ist unbekannt. Trat ein neuer Landesherr seinen Dienst an, mussten die Untertanen einen Willkommensschatz leisten, der in Oppeln 900 lübsche Mark betrug. Außerdem waren die Kirchspielseinwohner verpflichtet, die zu den Grundstücken gehörenden Kabel des Oste- oder Elbdeiches instand zu halten.

Um 1743 betrugen die öffentlichen Lasten des Kirchspiels pro Wende (5.215,20 qm) jährlich:

		Mark	Schilling	Pfennig
1.	Contribution und Einquartierung	3	--	--
2.	Pfingst-Schatz	--	1	4
3.	Fuhr- und Bindel-Geld	--	1	6
4.	Pacht-Hafer	--	2	--
5.	Schleusen-, Deich- und Kirchspielgeschworenen-Unkosten	--	2	--
6.	Siele und Brücken unterhalten	--	1	--
7.	Ostedeich instand halten	--	3	6
8.	*Gemeine Werck* (vermutlich der Deich) zu Dingwörden unterhalten	--	1	6
9.	im hiesigen Kirchspiel die Wege, Gewässer und Deiche instand halten	--	10	--
10.	Kirchen- Priester- und Küster Pflicht	--	4	--
11.	Zehnt-Zinsen	--	14	--
12.	Schleusenreparaturen	--	1	6
13.	Ross-Dienst-Gelder	--	--	6
	Summa	**5**	**10**	**10**

Eine Naturalabgabe der Einwohner an das Kirchspiel war der **Hand- und Spanndienst,** genannt Buerwarken. Zu dieser Pflicht wurden alle Einwohner herangezogen, wenn Arbeiten für das allgemeine Wohl zu verrichten waren. Dazu gehörten die größeren Ausbesserungsarbeiten der Wege, das Schaufeln der Wettern, Neubauten oder größere Reparaturen am Armenhaus und an den geistlichen Gebäuden (s. Kirchenbau). Einwohner, die Gespanne besaßen, mussten den Spanndienst verrichten, d. h. sie mussten mit ihren Gespannen das benötigte Baumaterial sowie Bauschutt oder Erde befördern. Die Einwohner, die kein Gespann besaßen, mussten den Handdienst verrichten, d. h. Steine schieben, Sand und Erde schieben, Schutt wegräumen, Wettern schaufeln usw. Über diese Arbeiten wurden Listen geführt. Wer nicht erschien, musste eine Strafe, die sogenannte Wette (Wedde) zahlen. Dieser Dienst, der durch eine Satzung geregelt war, entfiel durch die Eingemeindung nach Wingst. Eine andere Abgabe waren die **Rabenköpfe.** In seinem Buch „Ornitophonia" schreibt der Dichter Bär, dass in dem Lunebergischen Gebiet ein ganzer Meyerhof auf Fastnacht (7. Sonntag v. Ostern) 15 Rabenköpfe abliefern musste. Statt eines Rabenkopfes konnten 10 Sperlingsköpfe geliefert werden. Ein halber Meyerhof hatte 8 Rabenköpfe oder statt einen Maulwurfkopf 2 Rabenköpfe zu liefern. Die anderen Landleute, vermutlich die Erbexen, mussten nach der Größe ihres Landes zwei bis fünf Rabenköpfe liefern.

Die Einnahmen bestanden aus der **Verpachtung der Kirchspiels-Grundstücke,** dem **Verkauf des Heugrases** und dem **Landschöffenhafer.** Dieser war vermutlich eine Naturalabgabe, die zu Petri (22.2.) fällig war, um den Landschöffen für seine Dienste zu entlohnen. Er lastete auf bestimmte Grundstücke und wurde um 1883 in das Grundbuch eingetragen. Die Gesamtmenge betrug 1852 11 Himpten und 1 ⅓ Spint (356,3 Ltr.) und wurde um 1860 in Geld bezahlt. Diese Abgabe wurde um 1954 abgelöst.

Die Schulzen

Clawes Eler 1533

War Mitglied in der Antoniusgilde mit Frau Grete

Johan Eler 1543, 1560

Clauß Bartels 1599, 1609

David Schröder 1636, 1646

Andreas Hecksteden 1662

Claus Kanne 1673, 1692 - Gestorben 1692

Carsten Ralle 1692 - Seine Amtszeit war vor 1697 beendet

Bürgermeister von Neuhaus, zugleich Schulzen von Oppeln

nach: Dat Nygehus von Lenz/Lembcke

Johann Muß 1694, 1696, 1700

Carl Johann Meier 1701 - 1705

Garlef v. Ancken 1705 – 1714

Christian Esbejorn 1715 – 1716

Garlef v. Ancken 1721 – 1727

Andreas Gottfried Zimmermann 1717 – 1720

Johann Friedrich Kay 1729 – 1741

Hinrich Viebrock 1743 – 1748

Garlef von Ancken 1749 – 1757

Burchard Hinrich Beide 1758 – 1766

Georg Wilhelm Kuhnhardt 1767 - 1780

Martin Ulex 1781 – 1792

Johann Steen 1793 – 1805

Hinrich Behr 1805 – 1810

„Maire" Carl von Gruben 1811 - 1813
Hinrich Behr 1813 - 1852
In der französischen Zeit wurde der Bürgermeister „Maire" genannt

Die Landschöpfen
Peter Havemann 1677 - gest. 16.11.1677 (69 Jahre)
Johan Havemann 1681, 1703 - gest. 25.1.1704
Henning Schröder 1704?, 1713
Barthold Schriever 1722, 1728 – gest. 23.6.1728 (45 Jahre)
David Schröder 1728-1760 - gest. 21.4.1760 (66 Jahre)
Jürgen Schröder 1760, 1800 - gest. 12.3.1808 (75 Jahre)
Andreas von Rüsten 1799, 1801-1802
Jacob Bartels 1803, 1806, 1810
Tönies Albers 1821, 1822
Peter Bartels 1835

DIE GEMEINDE AB 1852

Gemeindesiegel 1868

Gemeindesiegel 1884

Gemeindesiegel 1885

Gemeindesiegel 1934 und nach 1945 bis 1961

Gemeindesiegel 1940

Gemeindesiegel 1961

Aufgrund der hannoverschen Landgemeinde-Ordnung von 1852 wurde eine Trennung von kirchlicher und politischer Gemeinde vorgenommen. Die vielfältigen Aufgaben, die der Schulze, der Landschöpf und die verschiedenen Geschworenen innehatten, wurden von der politischen Gemeinde übernommen. Die neue Verwaltung bestand aus dem Gemeindevorsteher, einem Beigeordneten und 8 Ausschussmitgliedern. Regelmäßig wurden Weggeschworene, Feuergeschworene und Taxatoren (Schätzer) für den Viehversicherungs-Verein sowie ein Gemeindediener gewählt.

Am 1. November 1852 wurde Claus Jacob Tiedemann (Nr. 100) zum 1. Gemeinde-Vorsteher und Tönjes Rodenburg (Nr. 48) zum 1. Beigeordneten gewählt. Außerdem wurde ein Gemeindeausschuss gewählt, der aus acht Mitgliedern bestand.

Zum Gemeindevorsteher wurden nur begüterte Männer gewählt, da sie mit ihrem Vermögen einstehen mussten, wenn die Gemeindekasse Verluste aufwies. Am 19.2.1859 musste Rodenburg z. B. 14 Rthlr. vorschießen.

1857 wurde eine Häuserliste erstellt, in die alle Häuser, die Art der Höfe, die Eigentümer und deren Veränderungen eingetragen wurden. Paralell dazu wurde eine Grundsteuer-Mutterrolle eingerichtet.

Nach Übernahme des Hauses Mingst durch die Gemeinde wurde es als Armenhaus (heute Oppeln 47) genutzt. 1862 wurde das Haus abgebrochen und wieder neu errichtet.

1863 lehnte der Gemeinde-Ausschuss die Stierkörung ab, da hier die meisten Leute nur 1 – 2 kleine Kühe halten können und diese durch die Deckung eines schweren Stieres in Lebensgefahr geraten würden.

1872 wurde Oppeln vermessen und 1873 wurde das Urkataster mit einer Steuerrolle angelegt.

1879 wurden 191 Stimmberechtigte gezählt. Zu ihnen zählten auch die Ausmärker.

Am 22. März 1887 wird die Sparkasse Bülkau-Kehdingbruch-Oppeln gegründet. Bülkau war mit 50 %, Kehdingbruch mit 40 % und Oppeln mit 10 % beteiligt.

Schon 1910 wurde das Thema Vogelschutz an höherer Stelle behandelt. Auf ein Schreiben vom Königlichen Landratsamt befasste sich der Gemeindeausschuss mit diesem Thema und kam zu dem Schluss, dass der Vogelschutz gewährleistet sei, da in der Gemeinde viel Busch und Gesträuch vorhanden sei. Man wollte aber für die Anbringung von Nistkästen sorgen.

Da 1918 die Zeiten sehr unsicher waren, organisierte die Gemeinde eine Bürgerwehr, um bei Bedarf nachts Patroullien durch den Ort laufen zu lassen. Hierzu waren alle männlichen Einwohner verpflichtet. Da durch die zerstreute Besiedlung in Oppeln ein Schutz nicht möglich war, wurde 1920 die Bürgerwehr von den Einwohnern abgelehnt.

Am 18. Januar 1919 tagte der Gemeindeausschuss unter Mitwirkung des Arbeiter- und Bauernrats, deren Mitglieder Peter Schult, Johann Jungclaus, Hinrich Offermann, Hinrich Krüdener, Tönjes Schade und August Sindram waren.

Während der Inflation 1923 stiegen die Preise rasant in die Höhe. Die Jungen bekamen für das Bälgentreten vierteljährlich 9.000 Mark, der Pachtpreis für Ackerland betrug 1.260

Milliarden Mark. Im Oktober kostete 1 Zentner Weizen 9 Milliarden Mark, eine Kuh 300-400 Billionen Papiermark. Der Dollarkurs lag im Oktober bei 5 Milliarden Mark, am 1. Dezember bei 4,2 Billionen Mark. Für Auswanderer wurde eine Stempelgebühr erhoben, die 1923 am 17.Oktober 60.000.000 Mark, und am 13. Dezember 1.500.000.000.000 Mark hoch war. Die Höhe der Ausfertigungsgebühren betrug 1923 am 17.Oktober 1.037.850.000 Mark, und am 13. Dezember 2.280.000.000.000 Mark. Es wird erzählt, dass das Geld in Wäschekörben zum Einkaufen transportiert wurde. Durch die Inflation verloren viele ihr Geld. Eine Frau verkaufte ihr Kalb und brachte das Geld zur Sparkasse, weil sie keine Ahnung von der Unbeständigkeit des Geldes hatte. Etwa 2 Monate später hob sie das Geld ab. Beim Einkauf bekam sie dafür nur noch Kleinigkeiten im Wert von ursprünglich etwa 1 Mark.

Die Regierung in Stade plante 1928 die Zusammenlegung der Gemeinden Bülkau und Oppeln. Dagegen wehrte sich der Gemeinderat von Oppeln.

Am 5.10.1928 beschloss der Gemeindeausschuss den Ausbau von Oppelns Norderende mit elektrischem Licht. Pro Brennstelle sollte von der Gemeinde an den Zweckverband 20 RM. bei einer Gesamtsumme von 23.000 RM. gezahlt werden. Ein Stromanschluß, der Strom in einer Stärke von 15 Watt abgab, kostete 400 RM. Das Süderende bekam ab 16.9.1930 elektrisches Licht. Pro Brennstelle bekam der Zweckverband 23 RM. bei einer Gesamtsumme von 12.000 RM.

Als die nationalsozialistische Zeit begann, wurden die Gemeindevorsteher durch linientreue Bürger ersetzt. Sie erhielten die Amtsbezeichnung Gemeindeschulze, die später in Bürgermeister umgeändert wurde. 1934 wurde Hermann Engelhard, geboren in Neustrelitz, von den Nationalsozialisten eingesetzt. Ihm wurde ein Gemeindeschöffe zur Seite gestellt. Der Gemeinderat bestand aus 4 Mitgliedern. Auch der Gemeinderat wurde nicht gewählt, sondern bestellt. Die gefassten Beschlüsse waren keine Mehrheitsbeschlüsse, sondern Beschlüsse des Bürgermeisters. Während seiner Zeit als Soldat im 2. Weltkrieg wurde Hermann Engelhard von seinem Stellvertreter Gerd Tiedemann vertreten. Nach Kriegsende 1945 lösten die alliierten Besatzer, bei uns die Engländer, die Gemeinderäte auf und ließen vom Bürgermeister neue Gemeinderäte vorschlagen, die der Landrat dann bestätigen musste. Gleichzeitig wurde die Hauptsatzung vom 30.1.1935 außer Kraft gesetzt. Der Bürgermeister wurde jährlich neu ernannt. Ab 1947 wurde der Bürgermeister jährlich gewählt. Ab November 1956 erfolgte die Wahl des Bürgermeisters für eine Amtszeit von vier Jahren. Nach erfolgter Entnazifizierung durfte Engelhard sich wieder zur Wahl des Bürgermeisters aufstellen lassen. Er wurde am 1. Dezember 1952 gewählt. Bis zur Auflösung der Gemeinde Oppeln im Jahre 1972 hatte er dieses Amt inne.

Nach dem Krieg wird 1948 am begradigten Osterweg auf Gemeindegrund ein Behelfsheim gebaut, zwei weitere folgen bis 1950. Die Gemeinde verkaufte die Häuser 1956 an die Bewohner. Diese Häuser sind als „de dree lütten Hüüs" bekannt.

1956 wurde der Wasserbeschaffungsverband Wingst gegründet, dem auch Oppeln beitrat. 1959 erfolgte der Anschluss an die Wasserleitung.

Als in Niedersachsen eine Gebietsreform durchgeführt werden sollte, wurde geplant, dass die Gemeinden eine Mindestzahl von 400 Einwohnern haben mussten. Da die Gemeinde

Oppeln mit 373 Einwohnern diese Zahl nicht erreichte, musste sie sich einer anderen Gemeinde anschließen. Zur Debatte standen Bülkau und Wingst. Laut Protokollbuch waren die Mitgliedschaft in der Samtgemeinde „Am Dobrock", die Verbundenheit durch Krieger- und Schützenverein und die Einschulung zur Wingst die Gründe für eine Eingemeindung in Wingst. Persönliche Differenzen zwischen den Bürgermeistern beider Orte waren die Gründe gegen Bülkau.

Der Oppelner Gemeinderat beschloss am 7.5.1971, sich der Wingst anzuschließen. In einer kleinen Feierstunde mit Hadler Hochzeitssuppe fand am 30.6.1972 die Übergabe in der Gastwirtschaft „Oppeln an de Eck" statt. Um 24.00 Uhr übergab Bürgermeister Engelhard die Verwaltung an den Wingster Bürgermeister Klaus Föge. Am 1. Juli 1972 wurde Oppeln in die Wingst eingemeindet[8].

Die Angaben hierzu in der „Flurnamensammlung Hadeln und Ritzebüttel" sind nicht richtig.

Ortsschild 1968 (Archiv Bartels).

Ortsschild ab 1972.

Ortsschild ab 1977.

Als um die Jahrhundertwende viele Häuser abgebrochen wurden, geriet die Hausnumerierung durcheinander. Dies führte dazu, dass z. B. bei Abbruch des Hauses Nr. 130 im Süderende diese Nummer entfiel. Als nach dem 2. Weltkrieg die drei kleinen Häuser im Norderende südlich des Hauses Nr. 12 gebaut wurden, erhielten sie die nächsten freien Nummern 129, 130 und 131. Schon 1967 hatte sich Bürgermeister Engelhard um die Neunumerierung bemüht. Im Zuge der Gebietsreform, die auch die Reform der Post und des Rettungswesens einbezog, wurde die Neunumerierung der Straßen in den Gemeinden angestrebt. Dieses Vorhaben wurde 1974 nach der Eingemeindung in Wingst durchgeführt.

Um altes Namensgut zu erhalten, blieb es bei den amtlichen und im Volksmund gebrauchten Bezeichnungen Auefeld, Westerweg, Oppelner Geest, Kirchtrift, Schwarzer Weg (Volksmund), Osterweg, Griftdeich und Am Balksee. Da aber viele Auswärtige nur den Ort Oppeln, aber nicht den Osterweg kannten, fanden sie oft genug die gesuchten Häuser nicht. Auf einen Widerspruch von Hellmut Gerdts, den er damit begründete, dass der Osterweg nicht im Osten der Wingst liegen würde und der Name Oppeln erhalten bleiben müsste, wurde der Osterweg 1975 in Oppeln umbenannt.

[8] Gemeindeprotokollbuch Oppeln 30.6.1972 und Nds. Gesetz und Verordnungsblatt, 26.Jg. Nr. 29, S. 305

Die Gemeindevorsteher

Claus Jacob Tiedemann 1852 – 1858

Er war der erste Gemeindevorsteher nach der Einführung der Landgemeindeordnung.

Tönjes Rodenburg 1858 – 1864

Die Wahl in die zweite Amtszeit nahm er nur unter der Bedingung an, nach einjähriger Amtszeit das Amt jederzeit niederlegen zu können. Da ihm dieses verleidet wurde, machte er von dieser Bedingung Gebrauch und legte 1864 sein Amt nieder.

Tönjes Rodenburg 1864 - 1866

Beendigte vorzeitig sein Amt

Hinrich Griemsmann 1866 – 1872

Heinrich Tecklenburg 1872 - 1889

Verstarb nach 17 Jahren Amtszeit

Heinrich Albers 1889 – 1891

Verstarb während seiner Amtszeit

Hinrich Küver 1891 – 1917

Als seine Amtszeit 1915 zu Ende war, hatte man wegen der Kriegszeiten die Wahl zweimal nach einem Jahr gestundet. Aus gesundheitlichen Gründen legte er sein Amt aber nach 25 Jahren nieder.

Friedrich Henning 1917 – 1934

Er wurde abgesetzt, als das Dritte Reich begann.

Die Bürgermeister

Hermann Engelhard 1934 – 1945

Er wurde von den Nationalsozialisten im Juni 1934 eingesetzt. Während seiner Zeit als Soldat im 2. Weltkrieg wurde er von 1940 – 1945 von Gerd Tiedemann vertreten.

Gerd Tiedemann August 1945 – Dezember 1945

Hinrich Mählmann Januar 1946 – September 1946

Claus Reyelt Oktober 1946 – Oktober 1947

Peter Fastert Oktober 1947 – Dezember 1948

Otto Griemsmann Dezember 1949 – Dezember 1952

Durch jährliche Wiederwahl

Hermann Engelhard Dezember 1952 - 30.6.1972

Gemeindevorsteher Hinrich Küver war der letzte Nebenschullehrer in Oppeln (Archiv Claus Schade).

Bürgermeister Hermann Engelhard (Archiv Hermann Engelhard).

ARMENFÜRSORGE

Die Aufgaben der Gemeinde erstreckten sich auch auf die Armenfürsorge. Kam ein Mitglied der Gemeinde in Not, wurde der Fall im Gemeindeausschuss besprochen und darüber ein Beschluss gefasst. Mittellosen Erkrankten wurde zu den Arztkosten ein Zuschuss gewährt. Geriet ein Einwohner in vollständige Armut, wurde er von einem anderen Einwohner in Kost genommen. Die Gemeinde vergab diese Leistung und holte Angebote für den Pflegesatz ein. Der Anbieter, der diese Leistung für den mindesten Satz anbot, bekam in der Regel diesen Auftrag. Ebenso wurde es mit unehelichen, verwaisten Kindern oder Kindern armer Eltern gehalten. Zusätzlich wurde zur Unterstützung der Armen auf Hochzeiten Armengeld eingesammelt. Arme ohne Wohnung wurden im Armenhaus, das die Hausnummer 43 hatte, untergebracht.

Ein Beispiel einer Verarmung: Der Arbeiter Johann Otto, Ehemann und Vater von 4 Kindern, war auf der Cement Fabrik in Hemmoor beschäftigt. Am 26. August 1884 erlitt er dort einen Unfall, bei dem ihm das Rückgrat gebrochen wurde, was eine Lähmung zur Folge hatte. Von der Unfallkasse bekam seine Frau wöchentlich 6 Mark. Die Gemeinde unterstützte die Familie zur Linderung der größten Not mit 9 Mark. Da die Familie erst etwa 9 Monate vorher von Cadenberge nach Oppeln gezogen war, ersuchte der Gemeindevorsteher im Dezember 1884 beim Königlichen Amt in Neuhaus um Erstattung der ausgelegten 9 Mark sowie die Zementfabrik zu veranlassen, die Familie zu unterstützen. Dieses Geld war nicht ausreichend, denn am 9. Februar 1885 wurde Ehefrau Catharina Otto wegen Bettelns zu 4 Wochen Haft verurteilt. Im Juli 1885 übersandte die Samtgemeinde Cadenberge der Gemeinde Oppeln 46 M. 40 Pf. Unterstützungskosten für den Winter 1884/5 und versprach, die Familie weiter zu unterstützen.

Da die Gemeinde nicht wohlhabend war, wurden durch Vorsorgemaßnahmen solche Fälle unterbunden. Wollte ein Paar heiraten, musste es dem Gemeindeausschuss einen Domizilschein vorlegen. Dort wurden Finanzlage, Stand usw. des Paares erörtert. Gab es keine Bedenken, wurde die Erlaubnis zur Heirat erteilt. Z. B.: Adelheid Böhmke aus Oppeln und Peter von der Fecht aus Eggerkamp wollten heiraten. Bei der Gemeinde Oppeln legte er einen Domizilschein, ausgestellt vom Königlichen Hannoverschen Gräfen-Gericht Freiburg mit folgendem Wortlaut vor: *Dem Arbeitsmann Peter von der Fecht aus Eggerkamp, Kirchspiel Balje wird auf den Grund beigebrachter Bescheinigung der betreffende Hauptleute, Gerichtsseitig bezeugt, dass er im Kirchspiele Balje wohnberechtigt ist, und dass er daselbst innerhalb der nächsten Fünf Jahre mit Familie wiederum auf- und angenommen werden wird, falls er anderweit ein Domizil gesetzlich nicht erwerben sollte. Freiburg den 2 Mai 1850.*

Das heißt, sollte v. d. Fecht verarmen, muss ihn das Kirchspiel Balje wieder aufnehmen, damit er der Gemeinde Oppeln nicht zur Last fällt. Das Paar heiratete am 2.6.1850 und legte den Grundstock für weitere Generationen dieses Namens in Oppeln, der 1990 mit dem Tod von Sophia v. d. Fecht ausstarb (Nr. 63). Es gab aber auch Fälle, wo eine Erlaubnis verweigert wurde.

Die Gemeinde übernahm 1858 das Haus der Witwe Mingst und nutzte es dann als Armenhaus (Nr. 43). 1862 wurde es durch einen Neubau ersetzt. 1956 wurde das Armenhaus an Heinrich Reyelt auf Erbpacht überlassen.

Heute werden geringfügig Verdienende vom Sozialamt unterstützt. Bei der Kranken- und Altenpflege kann man die Sozialstation in Anspruch nehmen und die dadurch entstehenden Kosten auf Antrag durch den Erhalt von Pflegegeld verringern.

WEGE- UND STRAßENBAU

Der Griftdeich 1958, links der erhöhte Sommerfußweg. So ähnlich haben die Wege früher ausgesehen (Archiv Werner Schlichting).

Die Unterhaltung der Wege unterstand den Anliegern. Jeder hatte seinen Anteil in Ordnung zu halten. Die Wege in Oppeln sind alte Deiche, ausgenommen der „Schwarze Weg“ und „Am Balksee".

Der vom Kirchspiel oder der Gemeinde eingesetzte Wegeausschuss führte Wegeschauungen durch, die im Sommer und Herbst jeden Sonnabend stattfanden. Jeder Anlieger hatte bei seinem Stück Weg 1 Schild aufzustellen, auf dem angezeigt war, wer welches

Stück zu pflegen hatte. Bei Mängel wurde dem Betreffenden angeordnet, diese abzustellen. Diese Art der Wegeschauung und -unterhaltung entfiel duch die Eingemeindung nach Wingst.

1762 richtete Pastor Büttner ein Gesuch an den Bürgermeister von Neuhaus als Schulzen von Oppeln. Da die Wege im Winter oft unter Wasser standen und voll tiefer Löcher waren, konnten weder die Kinder zur Schule noch die Einwohner zur Kirche kommen. Es müsse ein Fußweg durch das Kirchspiel angelegt werden. Dieser Fußweg wurde dann wohl auch hergestellt, denn es gingen immer wieder Beschwerden über Weigerungen zur Instandhaltung ein. Ein Grund zur Klage war immer wieder das Reiten auf dem Fußweg, da diese dadurch zerstört wurden. Daraufhin erließ der Bürgermeister ein Verbot, das bei Nichtbefolgen eine Geldstrafe zur Folge hatte. 1866 musste Friedrich Weber aus Ihlienworth wegen 2-maligen Reitens über den Fußsteig eine Strafe von 2 Rthlr. zahlen.

1883 begannen die Verhandlungen über den Landstraßenbau. Geplant war, die Strecke von Bülkau über Oppeln zum Bahnhof Cadenberge oder Höftgrube in eine Landstraße umzuwandeln. Da der Hauptverkehr nach Cadenberge führte, wünschte man diesen Ort als Endpunkt. Die Straßenführung sollte über den Mühlenweg, den Bartelsdeich und dann in einer kurzen Biegung auf den sogenannten Hausweg führen. Die Eigentümer erklärten sich bereit, das Land im Tausch oder gegen einen geringen Betrag herzugeben und die nötige Erde kostenlos abzugeben. Die Oppeler Strombrücke über die Grift beim Zollbaum wurde von der Gemeinde an den Wegeverband Neuhaus mit 1.300 Mark abgelöst, und somit war sie von der Unterhaltungspflicht befreit.

Nach jahrelangen Anträgen verschiedener Bewohner Oppelns wurde am 13.2.1907 eine Gemeindeversammlung abgehalten. Es sollte beraten und abgestimmt werden, ob der Osterweg verbessert werden soll. Da der am meisten befahrene Weg in Oppeln, der auch vom Milchwagen genutzt wurde, in einem schlechten Zustand war, wurde mit Mehrheit für die Verbesserung des Weges mit Auffüllung von Schlacken gestimmt. Sämtliche Arbeiten sollten durch Hand- und Spanndienst ausgeführt werden. Gleichzeitig wurde eine Verbindung vom Osterweg zur Oppelner Geest in Erwägung gezogen. Der Ausbau des Osterwegs als Schlackenweg begann 1907, wurde jährlich in Abschnitten weitergebaut, der letzte Abschnitt 1910.

Am 18. Mai wurde eine weitere Gemeindeversammlung abgehalten, in der über den Verlauf der Verbindungsstraße abgestimmt werden sollte. In Vorschlag wurden drei Stücke gebracht: In der Nähe des Bahlkeschen Deichs, in der Nähe des Triftackers und das Reysensche Stück, dass in gerader Linie vor dem Triftacker liegt. Die Mehrheit stimmte für das Reysensche Stück. Der Neue Weg wurde 1908 als Verbindungsstraße neu angelegt und 1911 mit Schlacken ausgebaut. 1 Jahr später wurde der Triftacker mit Schlacken ausgebaut. Im Volksmund wurde der Neue Weg „de schwatte Weg" genannt. So erhielt er dann auch nach der Gebietsreform offiziell den Namen „Schwarzer Weg".

Als 1934 der Straßenarbeiter Hermann Engelhard Bürgermeister von Oppeln wurde, begann die Zeit des Straßenbaus in Oppeln. 1938 wurde mit dem Ausbau des Osterweges begonnen. Die Gemeinde kaufte von Witwe Bartels Land für 200 RM, um die Straße zu

Die Begradigung des Osterweges bei Haus Nr. 15 im Jahr 1938 (Archiv Hermann Engelhard).

begradigen. Im März schafften für den neuen Wegeabschnitt 60 Bewohner durch Handdienst die Erde zur Seite.

Schon vor hunderten von Jahren forderten die Bewohner von Oppelns Süderende einen kürzeren Weg nach Bovenmoor. Zwar führte der über den Großen Damm, war aber nur ein Nebenweg, der ins Moor führte und so ein Umweg war. 1869 wurde die Anlegung eines Weges nach Bovenmoor beantragt und die nötigen Schritte dazu bei der Behörde veranlasst, aber nicht durchgeführt. 1933 wurde dieser Gedanke wieder aufgenommen, aber erst 1963 wurde das Projekt ausgeführt.

DAS WAPPEN

Am 2.7.1960 beschloss der Gemeinderat Oppeln ein Wappen einzuführen. Die Auswahl des Symbols war nicht leicht, da man den Namen Oppeln nicht deuten konnte. Der Kreisarchivdirektor Dr. Lenz riet der Gemeinde Haferähren in das Wappen aufzunehmen, da ein Bericht von 1718 von Georg von Roth darauf schließen ließ, dass in Oppeln vorwiegend Hafer angebaut und dann nach Bremen verkauft wurde. Der Heraldiker Albert de Badrihaye legte einige Entwürfe vor: Ein Pflugschar mit Haferähren und ein Pflugschar mit Dreibeinkessel. Das Niedersächsische Staatsarchiv in Hannover war aber nur bei folgenden Entwürfen zu einer Zustimmung bereit: 1. Im blauen Schild goldene Haferähren ohne Pflugschar. 2. Im blauen Schild 3 goldene Kugeln als Symbol des Hl. Nikolaus, dem Patron der Oppelner Kirche. Nach der Genehmigung des Niedersächsischen Innenministeriums beschließt der Gemeinderat am 1.7.1961: Das Gemeindewappen Oppeln zeigt: In Blau zwei gekreuzte gold-tingierte Haferrispen. Begründung: Die Gemeinde zeichnete sich durch den Anbau von Hafer aus, der von Bremen aufgekauft wurde.

Dieses Motiv ist auch im Wappen der Samtgemeinde „Am Dobrock“ enthalten, da Oppeln eine der drei Gründungsgemeinden war.

Wappen von Oppeln.

Wappen der Gemeinde Wingst.

Wappen der Samtgemeinde „Am Dobrock“.

Die Aue-Mühle

Die Auemühle und das Müllerhaus um 1910 von Norden aus gesehen (Archiv Jürgen-Heinrich Kammann).

Seit altersher stand an der Aue eine Windmühle. Ihr Platz war an der linken Aueseite auf einer Inselworth (Inselwurt) an der Grenze zwischen Bülkau und Oppeln, dort wo die Grift in die Aue mündet. Heute führt die Landstraße Bülkau - Cadenberge über diesen Ort. Wie lange es an dieser Stelle eine Windmühle gab, lässt sich nicht sicher sagen. Bockwindmühlen gibt es seit dem 13. Jahrhundert in Deutschland. 1234 wird von einer Schenkung Heinrich v. Barmstedens an das Kloster Ütersen in Schleswig-Holstein berichtet. Er überließ die Hälfte der Einkünfte einer Wassermühle unter anderem für den Ausbau einer Windmühle. Diese Familie wird auch in der Überlassungsurkunde des Erzbischofs Giselbert an Erpo v. Luneberg u. Augustin v. d. Osten vom 19.3.1301 genannt. Im weitaus jüngeren Neuhaus ließ Erzbischof Balduin von der Wenden zwischen 1435 und 1440 eine Windmühle errichten. Demnach könnte die Oppeler Mühle schon lange vorher, nämlich nach der Kolonisation, die hier vermutlich schon Mitte des 13. Jahrhunderts abgeschlossen war, aufgestellt worden sein. Ein erster schriftlicher Hinweis auf die Mühle ist der Mölenacker (Mühlenacker) in der Stiftungsurkunde der Vikarie zu Bülkau von 1485. 1758 beschreibt J. H. Pratje die Bockwindmühle als eine ziemlich große Windmühle. Die Auemühle stand in allerfrühester Zeit in Erb-Eigentum (altes Mühlenrecht?) und kam später in den Besitz des Landesherrn. Dieser verpachtete die Mühle für die Dauer von 7 Jahren. Die Pacht konnte von dem Müller immer wieder erneuert werden. Die Instandhaltung der Mühle war Sache des Landesherrn. Bei Reparaturen musste das Material, das aus dem Amt geholt wurde, von den Königlichen Meyern und Erbexen der Kirchspiele Neuhaus, Belum, Kehdingbruch, Bülkau, Oppeln und Wingst, kostenlos angefahren werden. Für die Unterhaltung der Kammräder, der Getriebe, der Segel und Taue und der Flügel musste aber der Müller sorgen. Die Mühlsteine hatten bei Beendigung der Pacht im gleichen Zustand zu sein, wie zu Beginn der Pacht. Die gleichen Pachtbedingungen galten für die herrschaftlichen Mühlen in Neuhaus und Belum.

Als Mitte des 18. Jahrhunderts der Landesherr das Erbzins-Recht einführte, bat der damalige Auemüller um Bewilligung dieses Rechts. Der Vorteil des Erbzinses war, dass der Müller Eigentümer der Gebäude wurde und diese seinen ehelichen Nachkommen weitervererben konnte. Er konnte die Mühle wie sein Eigentum bewirtschaften. Allerdings durfte er sie weder verkaufen, tauschen, vermachen noch sonst wie veräußern. Am 1. Mai 1753 erhielt Müller Claus Rape das Erbzins-Recht. Jährlich musste er dafür 85 Reichstaler entrichten. Bei jeder Veränderung der Eigentumsverhältnise wurde eine Extrazahlung von 17 Reichstalern, die man Weinkauf nannte, verlangt. 1840 wurde das Erbzins-Recht abgelöst. Danach war die Mühle freies Eigentum der Müller.

Auch diese Mühle ist nicht von Unfällen verschont geblieben. Einige endeten sogar tödlich. Um 1800 wird von einem Müllerknecht berichtet, der von einem Mühlenflügel erschlagen und dann in Oppeln beerdigt wurde.

Für die Mühlen bestand früher ein Zwangsmahlrecht. Die Einwohner des Amtes Neuhaus durften nur auf den Mühlen des Amtes ihr Korn mahlen lassen, nicht aber z. B. im Lande Hadeln oder der Börde Lamstedt. Ein Zwangsmahlrecht für eine bestimmte Mühle im Amt bestand nicht. Immer wieder beschwerte sich der Müller Rape, dass einige Bülkauer und Oppelner ihr Getreide im Land Hadeln auf der Paschen-Mühle in Osterbruch mahlen ließen. Für dieses Vergehen wurden z. B. 1735 Johann Fehrken und Jürgen Junge aus Oppeln mit je 2 Tagen Arbeit bestraft.

DIE AUEMÜLLER

Im Geld-Register des Amtes Neuhaus ist 1636 eingetragen, dass für die **Oppeler Mühle** der Müller Ölrich Mügge die Pacht von 100 Reichstalern zu zahlen hat. Da Mügge dieses Geld nicht pünktlich gezahlt hatte, wurde er aufgefordert, beim Amt in Neuhaus zu erscheinen. Dieser Aufforderung kam Mügge nicht nach und musste dafür eine Strafe von 1 Reichstaler bezahlen. 1646 wird Mügges Witwe bei der Landvermessung als Eigentümerin von Haferland angegeben. **Johann Katt** schließt 1694 einen Pachtvertrag für die Mühle ab. Er wird schon 1670 in der Contributionsliste genannt. Als er 1697 starb, wurde dem Schwiegersohn **Hinrich Wölcke** die Mühlenpacht übertragen, weil er *„... ein fleißiger und verständiger Müller und bei den Mahl-Gästen beliebt ..."* war. 1678 forderte der Landesherr für eine notwendige, größere Reparatur der Mühle vom Amt Neuhaus einen Kostenvoranschlag. Darin wurde Holz für einen Lagebalken, für die Treppe, den Stert, die Winde, die Säule, den Sattel, einen Flügel, 2 Querbalken, 14 Dielen usw. einschließlich Zimmermannslohn für insgesamt 102 Rthlr. und 8 Sch. veranschlagt. Diese größere Reparatur könnte 1698 vom Zimmermeister Mangels Ralle aus Osterbruch, geboren in Oppeln, ausgeführt worden sein. Beim Abbruch der Mühle 1951 fand man ein Kreuzstück mit den Initialen „MR M 1698", die „Mangels Ralle Meister 1698" bedeuten könnten. Dieses Brett wird noch von Hans-Joachim Priester, dem Sohn des letzten Mühlenbesitzers, aufbewahrt.

Nachdem Müller Wölcke das Amt Neuhaus mit unbekanntem Aufenthaltsort verlassen hatte, bat seine Frau bei der Königlichen Kammer um Übertragung der Mühlenpacht an ihren Bruder **Peter Katte,** da er in der Mühle aushalf. 1707 erhielt er die Mühlenpacht. 1714 heiratete Elisabeth Wölcken den Müller **Marten Meyer,** der wohl zwischenzeitlich die Mühle übernommen hatte. Der nächste Pächter der Oppelner Mühle war der Müller **Hinrich Katte.** In der Weihnachtsflut von 1717 wurde sein Wohnhaus mit dem gesamten Inventar zerstört, ebenso sein Viehbestand. Katte richtete ein Gesuch an die Königliche Kammer in Hannover um Erlassung des Pachtgeldes. Die Königliche Kammer erkannte seine Not zwar an, ließ die Pacht aber nur stunden. Kattes Schwiegersohn **Claus Rape** übernahm daraufhin die Mühlenpacht. Am 1.Mai 1753 erhielt er das Erbzins-Recht. Im Jahre 1758 übertrug Claus Rape seinem Sohn Johann das Erbzins-Recht. Doch war dieser wohl nicht fähig, eine Mühle zu bewirtschaften. Der Erbzins musste zwangsweise vom Amt eingetrieben werden. Auch war die Mühle in keinem guten Zustand und dermaßen schlecht erhalten, dass man **Johann Rape** mit dem Verlust des Erbzins-Rechtes drohte. Er verkaufte daraufhin sein Eigentum an den Müller Thorhorst. Im Jahre 1786 starb der ehemalige Auemüller Johann Rape in ganz armseligen Verhältnissen. **Johann Hinrich Thorhorst** hatte einen guten Leumund und da er nicht unvermögend war, übertrug man ihm 1764 das Erbzins-Recht an der Mühle. Müller Thorhorst war maßgeblich an dem sogenannten Orgelkrieg, der an anderer Stelle erwähnt wird, beteiligt. Nach seinem Tode 1800 war 1803 ein Kapital von 17.342 Mark und 12 Schillingen vorhanden. Im Jahre 1800 heiratete seine Witwe den Müller **Rollwinkel,** der die Mühle als Zwischenwirt bewirtschaftete, denn der Erbe des Müllers Thorhorst war noch nicht volljährig. Als Sohn **Heinrich Thorhorst** das 25. Lebensjahr vollendet hatte, ersuchte er die Königliche Kammer in Hannover um Verleihung des Erbzins-Rechtes. Um die Erbansprüche seiner Schwestern zu befriedigen und die Übergabe der Mühle zu regeln, musste der Wert der Bockwindmühle, des Wohnhauses und der Nebengebäude geschätzt werden. Für die Mühle ermittelte man einen Wert von 1.643 Rthlr. 18 Sch., für das Wohnhaus und die Nebengebäude einen Wert von 1.591 Rthlr. 9 Sch. und für das Inventar insgesamt 1.427 M. 3 1/4 Schillinge. Im Jahre 1814 erhielt Heinrich Thorhorst das Erbzins-Recht für die Auemühle. Als im Februar 1825 eine Sturmflut das Land überschwemmte, soll nach einer mündlichen Überlieferung der Müller oben in der Mühle gestanden, und gesehen haben wie das Wasser kam. Sein Kind lag in einer Wiege. Er stieg herunter, um es zu retten. Doch als er die Brücke betrat, war die Wiege bereits von den Fluten fortgerissen. Als 1826 auch die Oppelner ihre Häuser gegen Brandschaden versicherten mussten, wurde die Mühle für einen Wert von 1.200 Talern bei der

Landschaftlichen Brandkasse versichert. Nach der Ablöse-Ordnung vom 23.7.1833 bestand für die Müller die Möglichkeit, das Erbzins-Recht abzulösen. Von diesem Gesetz machte Müller Thorhorst Gebrauch und löste das Erbzins-Recht am 9. 10.1840 mit einer Summe von 2.547 Rthlr. 7 ggr. 5 Pf. ab. Somit war er Eigentümer der Auemühle zu Oppeln einschließlich des Wohnhauses und der Nebengebäude. Nach dem Tode Thorhorsts 1848 übernahm sein Sohn **Johann Hinrich Thorhorst** die Mühle, die er 1853 an den Müller **Peter Nicolaus Reysen** veräußerte. Durch die Grenzregulierung 1861 wurde die Windmühle der Gemeinde Bülkau zugeschlagen, während das Wohnhaus einschließlich der Nebengebäude rechts der Aue weiter zur Gemeinde Oppeln gehörte. 1862 lehnte der Oppelner Gemeindeausschuss die Errichtung einer Dampfkornmühle in Oberndorf ab, da sie eine eigene Mühle, die einen Weizen-, einen Schäl- und einen anderen Korngang hat, habe. Als 1884 die Landstraße Bülkau – Oppeln gebaut werden sollte, wurde der Abbruch oder ein Versetzen der Auemühle in Erwägung gezogen, da diese im Wege stand. Dieser Plan wurde nicht durchgeführt. Nach Reysens Tod 1895 übernahm **Jürgen Hinrich Kammann** 1896 von der Witwe des Müllers die Mühle als Abtrag für die Schulden, die sie bei ihm hatte. Wie mir der Enkelsohn Jürgen-Heinrich Kammann berichtete, hatte die Frau des Müllers Schulden bei seinem Großvater und um diese abzutragen, die Mühle überschrieben. Das Mehl wurde auch nach Hamburg geliefert. 1918 kaufte **Heinrich Mählmann** die Mühle. Er verkaufte die in der Gemeinde Bülkau stehende Windmühle ohne das in Oppeln liegende Wohnhaus 1919 an den **Müllermeister Artur Freundt, die Brüder Heinrich, Willi und Johann Griemsmann und den Stellbesitzer Max Priester.** Um 1925 wurde von Paul Griemsmann ein Dampfkessel in den Schuppen gebaut, der 2 Mahlgänge antrieb. Damals waren an der Mühle 3 Müllerknechte angestellt, 4 Pferde wurden gehalten. Als die Mühle sich nicht mehr rentierte und Johann Griemsmann 1927 heiratete, wurde sie ganz an **Max Priester** verkauft. Bis zum Jahre 1938 war die Mühle noch in Betrieb, dann wurde sie stillgelegt.

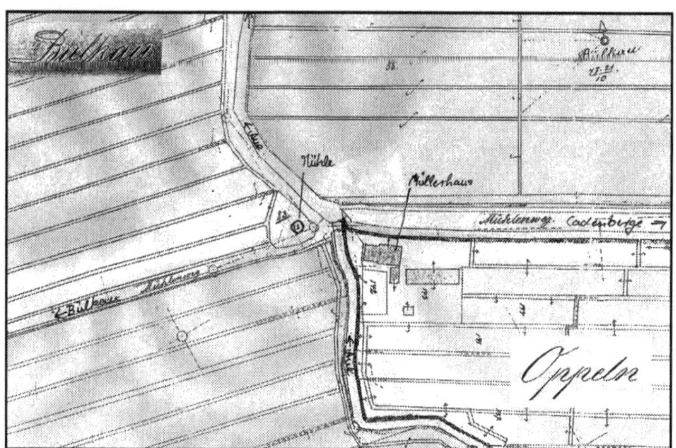

Lage der Auemühle 1873 nach dem Urkataster. Bezeichnungen wurden von der Verfasserin eingefügt (mit frdl. Genehmigung des Katasteramtes Otterndorf).

Später wurde die Mühle unter Denkmalschutz gestellt. Nach dem Krieg waren noch Bestrebungen in Gang, diese Bockwindmühle in Döse auf dem Platz der ehemaligen Mühle aufzustellen. Wegen der großen Kosten gab man diesen Plan auf. Nach einer mindestens etwa fünfhundertjährigen, wenn nicht sogar mehr als siebenhundertjährigen Geschichte wurde die alte Auemühle im Jahre 1951 abgebrochen, und nur der Flurname „Auemühle" in Bülkau erinnert noch an diese Mühle.

Die Herren von Luneberg

Das Siegel des Heinecke von Luneberg (aus dem Hausbuch des Heinecke von Luneberg zu Freschluneberg).

Als am 19. März 1301 der Überlassungsvertrag zwischen dem Bremer Erzbischof Giselbert und den Rittern Erp von Luneberg und Augustin von der Oste, er ist später als Eigentümer nicht mehr nachzuweisen, geschlossen wurde, begann die Luneberger Zeit für Oppeln. In diesem Vertrag überließ der Erzbischof den beiden Rittern unter anderem die Remperburg, den Balksee mit den dazugehörigen Wischen, Weiden und der Heide, das Dorf Westerhamm, eine „Villa", den großen und kleinen Zehnten und das Gericht in Oppelen, die Forst Wingst mit dem großen und kleinen Zehnten und der Nutzung sowie einige andere Güter. Ausgenommen war das hohe Gericht und der Grafenschatz. Als Gegenwert bekam der Erzbischof von den Frauen der beiden Ritter die Güter derer von Barmstedt mit Ausnahme der Güter diesseits der Elbe. Quelle: Hans Sudendorf, Urkundenbuch zur Geschichte der Herzöge von Braunschweig und Lüneburg und ihrer Lande, Band 3, Seite 15. Die Originalurkunde verbrannte im 2. Weltkrieg bei einem Bombenangriff auf Hannover.

Im Gutsarchiv Altluneberg liegt eine Abschrift dieser Urkunde, die wahrscheinlich nach dem Tode von Heineke von Luneberg 1609 geschrieben wurde.

Der betreffende Text lautet: ***Gysebertus von Gottes gnaden, Der Heiligen Kirchen zu Bremen*** *Erzbischoff. .... das wir mit einhelligem Consens Stim und bewilligunge, Der Erwardigen Menner und heren Henrici decani und des ganzen Capittels der Kirchen zu Bremen ubergeben und uberlaßen haben. Erponi van Lunenbergh und Augustino van Osten Rittern und Ihren Erben zu Ewigen Zeitten zu besitzen. Unser Dorff uber dem Bolicksehe belegen so Remp wirdt genennet. mit allen guetern so dazu gehören, Der gueter aber, die wir den obgemelten Rittern ubergeben haben seint diese,*

Der Bolicksehe, gleich wie ehr unser und in Unserm besitz ist gewesen, auch alle Umbliegende Und darzugehorige wischen heide und weide. des gleichen der meier hoff zu wester hamme mit Leuten Zehenden und aller desselbigen nutzungen.

Item der große und Schmahle Zehende zu Oppelem. Das Gerichte und alles was wir in demselbigen hoff In besizt gehabt haben, Ausgenohmen dem Grevenschatt und das hogeste gerichte, ...

... Item zu Kadewisch 25 Scheffel habern Stader maße, Item Uber der holzmarckete den großen und Kleinen Zehenden

Item Zwey heusere in Deffholte und ein hauß in Schäffhausen und die heusere so Neulich gebauwet und noch kunfftigk neugen gebauwet werden.

Item die Winx so die forst wirdt genandt, mit dem großen und Schmahlen Zehenden Und mit aller nutzbarkeit, wie eß In unser possession, besitzt und gerechtigkeitt ist gewesen.

Item Zwey heuser in Verle und ein hauß Im holtbeke. .....

Die Luneberger erhielten vom ganzen Kirchspiel den Kornzehnten und den Schmalen Zehnten (Fleisch- oder Tierzehnt). Nur der Pastor und der Küster waren von dieser Pflicht befreit. Da die Oppeler um 1600 immer mehr Moor brannten und das Land für die Roggenernte nutzten, erhöhten sich auch die Erträge, somit auch der Kornzehnte für die Luneberger, was Heineke v. Luneberg erfreut zur Kenntnis nahm. Seinen freien Hof verpachtete Heineke v. Luneberg. Außer der jährlichen Pacht musste alle 7 Jahre der Weinpfennig bezahlt werden. Der Pächter musste jährlich 6 Tonnen Roggen und 103 Tonnen Hafer nach Hamburger Maße liefern.

Um seine Einnahmen zu erhöhen, fing Heineke v. Luneberg 1594 an, den Zehnten von einem Pfarracker zu fordern, obwohl dieser Acker immer zehntfrei war. Der Pastor und die Juraten beschwerten sich auf Verlangen des Kirchspiels beim Domprobst. Die Beschwerde hatte wohl Erfolg, denn im Güterverzeichnis von 1605 sind Pastor und Küster als zehntfrei angegeben. Am 26. März 1600 lieh sich Heineke v. Luneberg vom Kloster Neuenwalde 600 Reichstaler, um seinen Gläubigern in Bremen 400 Reichstaler zurückzuzahlen. Dafür verpfändete er seinen freien Hof mit sechs Stücken im Auefeld und sieben Stücken im Mittelfeld in Oppeln, den er an Claus Eler verpachtet hatte. Die dazu gehörigen sieben Stücke von der Mohrwettern bis an die Grift mit einem Haus zu Meierrecht bewirtschaftete Johan von Campen. Dieses Haus könnte auf der Lütjen Geest gestanden haben.

Im Pflugschatzregister von 1533 wird ein Bau (ganzer Hof), bewohnt vom Schulten Claus Eler, aufgeführt. Dieser Hof könnte die Villa von 1301 gewesen sein. Dafür spricht, dass er ein ganzer Bauhof war, der an den Schulzen verpachtet wurde und abgabenfrei war.

1605 wurde das Hausbuch des Heineke v. Luneberg erstellt. Darin befindet sich ein Register der Güter, die die Luneberger in Oppeln besaßen:

1 Hof zu Meierrecht mit Haus und 7 durchgehende Acker (Auefeld), 1 Stück und 2 Blöcke Wischland im Aversloh.

1 Block Heuland im Aversloh

1 Hof mit 6 Stücke Land im Auefeld und 7 Stücke im Mittelfeld.

1 Haus zu Meierrecht, das zu dem Hof gehört, auf dem „ ... *Samenden Mohre* (gesamten Moor) ...".

6 Blöcke Heuland im Aversloh und 2 Blöcke Wischland (Aversloh)

2 Süderste Acker mit der Hörne von der Aue bis in den Weg (Auefeld) und 2 Stücke Saatland bei der Geest

2 Stücke Land

1 Kamp Heuland im Aversloh vom Weg bis in die Aue

8 kurze Stücke Wischland achter der Geest (Auefeld)

1 Hof und 7 Stücke Wischland achter der Geest (Auefeld)

4 Stücke Wischland vom Weg bis in die Aue im Aversloh

1 Stück Heuland im Aversloh, westlich des Weges nach der Aue

1 Krummstück Wischland im Aversloh

2 Wordeblöcke Heuland im Aversloh

Diese Güter befanden sich hauptsächlich zwischen Geest und Aue und im Aversloh.

Von diesen Gütern verkaufte Johann v. Luneberg 1625 an Barthold Katt aus Bülkau 2 Stücke Saatland und sein Geestland mit den anstoßenden Wiesen im Auefeld für 2.100 Mark. Den Zehnten dafür behielt er für sich.

Als Heineke von Luneberg am 13. Januar 1609 starb, wurde eine Bestandsaufnahme des Vermögens gemacht. Wahrscheinlich wurde damals auch die Urkunde von 1301 abgeschrieben, die Abschrift liegt im Gutsarchiv in Altluneberg. Sein Sohn Johan wurde am 7. April 1609 als Nachfolger mit dem Amt des Richters der Börde Scharmbeck belehnt. Zu diesem Anlass musste auch Johan Schröder aus Oppeln nach Osterholz reisen, wofür er 3 Schillinge von Johan v. Luneberg erhielt. Nach Beendigung dieser Feierlichkeiten reiste Johann v. Luneberg nach Oppeln, um seine Güter zu inspizieren. Er hielt sich längere Zeit in Oppeln auf, wohl auf seinem Zehnthof. Von hier schickte er Boten aus, die den Leuten mitteilten, dass er in Oppeln weilte und als der Nachfolger seines Vaters die fälligen Schulden und Abgaben kassieren wolle. An den Sonntagen 7. und 14. Mai 1609 wurden im Beisein von Johan von Luneberg die Abträge und Zinsen für ausgeliehenes Kapital sowie die Pacht kassiert. Außer den Schuldnern in Oppeln hatte er auch Schuldner in Bülkau, Kehdingbruch, Osterbruch und Armstorf. Sie alle mussten wohl in Oppeln erscheinen, um das ausstehende Geld zu bezahlen. Ebenso mussten die Armstorfer in Oppeln den Zehnten abliefern. Aus dem Ausgabenbuch ist aber auch zu entnehmen, dass Johann v. Luneberg den Kutscher Jacob nach Belum schickte, um Schollen zu kaufen, die sicher bei einem reichhaltigen Mahl verzehrt wurden. Bei einer Rast „auffen leuchtenerpelse" (Lichtenpils) wurden Getränke für 2 Schillinge verzehrt. Auffallend ist, dass er auch arme Leute unterstützte. Während seines Aufenthaltes erhielten fünf Personen einschließlich des Küsters von Oppeln und eine Person in Bülkau Geld von ihm.

Als Johan von Luneberg 1641 starb, starb auch die Familie Luneberg aus. Damit ging nach 340 Jahren die Luneberger Zeit in Oppeln zu Ende. Nach W. Klenck hatten dann die Issendorfs den Zehnten in Oppeln. Allerdings wird in den Steuerregistern kein Land im Besitz der Issendorfs erwähnt. 1647 besitzt Adolf von Brobergen einen Hof in Oppeln. Die Oppelner müssen den Zehnten, der auf 5.500 Rthlr. geschätzt wurde, gekauft haben. Für diesen Zehnten mussten sie das Rossdienstgeld zahlen, weswegen um 1660 ein jahrelanger Prozess geführt wurde. Das Kirchspiel musste dann noch 149 Rthlr. 10 Sch. und 5 ½ Pf. zahlen, der Abtrag betrug noch 1743 jährlich 6 Pfennig pro Wende (5.215,20 qm).

Außer den Lunebergern besaß auch Benedix Bremer Ländereien in Oppeln, die er um 1577 erworben hatte. Sein Schreiber Joachim Musacke hatte 1640 bei Andreas Hecksteden 1 Kuh in Futter stehen. Bremers Zahlungsmoral war wohl nicht die beste, denn 1581 schuldete er dem Pastor 1 Scheffel (373,82 Ltr.) Hafer und 1582 der Kirche 2 Scheffel (747,64 Ltr.) Hafer aus 13 Jahren.

Weitere adlige Besitzer von Ländereien in Oppeln waren: Junker Christoff Dietrich von der Rettenburch oder Kettenburg (1645), Junker Bischrang oder Gert Dietrich von Bischwang (1647), Johann Otto von der Decken (1647).

Der Oppeler Zollbaum

An der Straße zwischen Wingst und Bülkau stand vor mehr als hundert Jahren der Oppeler Zollbaum. Das Zollhaus befand sich gegenüber der heutigen Adresse Wingst, Krummenbuscher Weg 2. Der Zollbaum war der Übergang vom Kirchspiel Cadenberge zum Kirchspiel Oppeln. Der Straßenname Zollbaum und auch der Name „Am Zollbaum" der Gaststätte Butt erinnert an diese Zollstelle. In den Zolleinnahmen von 1645 wird erwähnt, dass Johann Landtwehr vom Zollgeld aus der Kriegerkuhle 16 Schillinge eingebracht hat. 1653 lieferte er aus dem Zoll von Oppeln 29 Schillinge. Vermutlich waren beide Stellen ein und dieselbe Zollstelle. Oppeln war ebenso wie Sprenge in Bülkau, Spleth an der Aue, Westercadewisch in Cadenberge und Weißenmoor eine Nebenzollstelle des Amtes Neuhaus. Betrachtet man die Situationskarte des Amtes Neuhaus von 1740 und vergleicht alle Angaben, die zur Verfügung stehen[9], dann stellt man fest, dass diese Zollstellen an den wichtigen Straßen, die aus dem Kirchspiel Cadenberge führen, liegen. Das könnte bedeuten, dass das Kirchspiel Cadenberge eigenes Recht oder eigene Gerichtsbarkeit hatte. Die Hauptzollstelle befand sich in Neuhaus.

Im Hausbuch des Heineke von Luneberg von 1605 wird Johan Koster zu Oppeln im Kirchspiel Cadenberge genannt. 1695 sind im Kirchenrechnungsbuch von Oppeln die Haferpflichtigen aufgeführt, unter ihnen der Zöllner Clauß Schröder. Die Vermutung liegt nahe, dass beide Personen Zöllner vom Oppeler Zollbaum waren.

Die Einwohner von Bovenmoor

Über Jahrhunderte gehörte ein Teil Bovenmoors zum Kirchspiel Oppeln. Wahrscheinlich war es der Teil von Bovenmoor, der im Bereich des ehemaligen Großen Dammdeiches, auch Querdeich genannt, und dem Balksee liegt. Wie es zu dessen Zugehörigkeit zu Oppeln kam, lässt sich nur vermuten.

[9] Kreisarchiv Otterndorf: K 98, Situationskarte des Amtes Neuhaus von 1740, Topographischer Atlas des Königreichs Hannover u. Herzogthums Braunschweig 1832 – 1847.
Kurhannoversche Landesaufnahmen Nr. 4, 7, 8 von 1767 und 1768.

Schon im ersten Kirchenbuch, angefangen 1672, ist verzeichnet, dass Bewohner aus Bovenmoor in Oppeln getauft, getraut und beerdigt wurden. In den Oppelner Kirchenbüchern wurde „Bohmohr" und für den Bülkauer Teil „Bohmohr Kirchspiel Bülkau" angegeben. Im Jahre 1754 hat Küster Ralle ein *Verzeichniß wie hiesiges Kirchspiel Oppeln die Wohnhäuser von Norden an ins Süden folgen aufgestellt* (s. Besiedlung). Am Ende der Liste steht Bovemohr mit folgenden Bewohnern: Johann von Brobergen, Johann Brüning Johanns Sohn, Carsten Havemann, Hinrich Brüning Johanns Sohn, Johann Weteke, Claus Tietke.

Bovenmoor liegt südlich der Aue. Um 1550 war die Aue die Grenze zwischen der Börde Lamstedt und dem Amt Neuhaus. Also war Bovenmoor ein Teil der Börde Lamstedt. Durch die weite Entfernung zu Lamstedt entstand für die Siedler des Moores ein rechtsfreier Raum. Daher ist die politische Zugehörigkeit nicht einwandfrei festzustellen. In der Kornzehntliste von 1748 des Amtes Neuhaus wird zum Kirchspiel Bilkau der District Bovenmohr aufgeführt. Abgabepflichtige Bewohner waren Lafrenz Frey, Lüer Griemsmann, Johann Brüning, Claus Tietje, Johann Wetje und Claus Brünings Wittwe. Tietje, Wetje und Johann Brüning sind auch in der Oppelner Häuserliste aufgeführt. Nach den Aussagen der Bovenmoorer mussten sie die Krähen- und Sperlingsköpfe an den Hausvogt in Wingst abgeben. Er überprüfte auch die Feuerschutzgeräte. Im Jahre 1848, 1852 und 1853 ist dieser Teil Bovenmoors im Distrikt Wingst aufgeführt. 1856 waren die Bovenmoorer an den folgenden Lasten in Oppeln anteilmäßig beteiligt: Arme unterhalten, Hebammenunterricht, Botenlohn, Wege und Brücken unterhalten. In der Statistischen Übersicht 1859 wurde Bovenmoor politisch Oppeln zugeordnet und bestand aus 8 Wohnhäusern mit 37 Einwohnern.

Diese unklaren politischen Verhältnisse nutzten die Bovenmoorer aus, wie aus verschiedenen Akten zu entnehmen ist. Immer wieder versuchten sie, den Pflichten und Abgaben zu entgehen. Über lange Zeit wurden verschiedene Streitigkeiten oder Prozesse geführt, die erst mit der Grenzregulierung im Jahre 1861 ihr Ende fanden.

Da war z. B. im Jahre 1757 der Streit um die Unterhaltung des Weißenmoorer Weges. Da dieser Weg ein öffentlich genutzter Weg war, musste jedes Kirchspiel einen bestimmten Teil des Weges ausbessern. Als die Oppelner ihren Anteil des Weges ausbessern mussten, wurden auch die Bovenmoorer zu diesen Arbeiten herangezogen. Diese entzogen sich diesen Pflichten, indem sie angegeben hatten, zur Wingst zu gehören. Vermutlich hatten sie diese Argumente auch angegeben, als es um den Wingster Anteil ging, nur in Bezug auf die Oppelner Zugehörigkeit. Denn wenn es nicht so wäre, hätte man sie für Oppeln nicht einteilen müssen. Die Oppelner wandten sich an das Königliche Konsistorium, um ein Urteil zu erwirken. Der Beschluss aus Stade lautete dann so: Die Beklagten müssen den Weg mit unterhalten und sollen auch bestraft werden. Es steht ihnen aber frei, eine Befreiung von der Unterhaltung des Weges einzuklagen. Wahrscheinlich geschah das aber nicht.

Der andere Streit ging um die Abhaltung der Turmwache. Im Herbst 1759 ordnete die Regierung an, dass Strandwachen gestellt und in den Kirchspielen Turmwachen abgehalten werden müssen. Zu dieser Turmwache wurden auch die Bovenmoorer eingeteilt, da sie die kirchlichen Abgaben in Oppeln entrichteten. Der Bovenmoorer Claus Tietje aber weigerte sich, diese Pflicht für Oppeln durchzuführen. Ebenso weigerte er sich, die Strafe für die Verweigerung zu zahlen. Als Grund gaben die Bovenmoorer an, dass sie ja die Krähen- und Sperlingsköpfe beim Wingster Hausvogt abgeben müssen, auch würde dieser die Feuerlöschgeräte überprüfen. Auch dieser Streit musste vom Konsistorium beendet werden. Mit welchem Ergebnis, ist unbekannt.

Im Zuge der Grenzregulierungen um 1860 wurden auch die Grenzverhältnisse zwischen den Gemeinden Bülkau und Oppeln überprüft. Es sollten feste Grenzen hergestellt werden, da die Grenzverhältnisse unklar waren. Unter Mitwirkung der Gemeindevorsteher aus Oppeln und Bülkau sowie dem Amtmann aus Neuhaus und den Bewohnern Bovenmoors wurden dann die Verhandlungen über die neuen Grenzen geführt. Jeder Bewohner konnte sich entscheiden, zu welcher Gemeinde er gehören wolle. Die Bewohner, die kirchlich und schulisch zu Oppeln gehörten, entschieden sich auch für eine politische Zugehörigkeit zu Oppeln. In der Gemeindeversammlung in Oppeln vom 14. Juli 1860 wurde dann beschlossen, dass alles was westseits des Balksees, südseits der Aue und ostseits des großen Dammdeiches gelegen ist, an die politische oder bürgerliche Gemeinde Oppeln verlegt werden solle. Aber unter dem Vorbehalt, dass die kirchliche und schulische Angehörigkeit bestehen bleibt.

Der endgültige Beschluss der entsprechenden Behörde muss dann so gelautet haben: Alles was am linken Ufer der Aue vom Balksee bis zur Oppeler Windmühle liegt, wird zur politischen Gemeinde Bülkau gelegt. Von der Grenzregulierung 1861 waren betroffen: Hinrich Nicolaus Brüning, Johann Frey, Hinrich Frey, Arend Tiedemann, Christian Schriever, Carsten Andreas Rieper, Johann Jacob Brüning und Jacob von Thaden.

Trotz der politischen Trennung war dieser Teil Bovenmoors kirchlich noch immer ein Teil Oppelns. Nach dem zweiten Weltkrieg beantragten die Bewohner der Häuser Nr. 307, 308, 309, 310, 311 und 314 des Ortsteils Bovenmoor in Bülkau auf Betreiben von Pastor Fischer die Umpfarrung in die Kirchengemeinde Bülkau. Diesen Antrag bewilligte der Oppelner und Bülkauer Kirchenvorstand. Am 1.4.1951 wurden die oben angeführten Bovenmoorer Einwohner von der Kirchengemeinde Oppeln in die Kirchengemeinde Bülkau umgepfarrt. Somit fand der Oppelner Teil der Bovenmoorer Geschichte nach mehr als 300 Jahren sein Ende.

Militär und Kriege

Um sich gegen feindliche Einfälle zu schützen, schlossen die Einwohner der Kirchspiele Bülkau, Oppeln, Belum und Bülsdorf am 1. August 1423 einen Vertrag mit dem Lande Kehdingen. Im Falle eines Krieges wollten sie sich gegenseitig schützen, in dem sie 100 Schützen an die neue Ostefähre schicken wollten. Übeltäter und Totschläger sollten gegenseitig ausgeliefert und bestraft werden. Außerdem sollte einmal im Jahr zwischen dem 24. Juni und 24. Juli ein Schiedsgericht auf der neuen Fähre zusammenkommen. Dieser Vertrag wurde wohl ohne Genehmigung des Erzbischofes als Landesherr geschlossen, was auf gewisse Freiheiten der Kirchspiele deuten könnte.

Weil die Kirchspiele Bülkau, Oppeln, Belum und Kehdingbruch sich wohl dem Land Hadeln unter Herzog von Sachsen-Lauenburg anschließen wollten (vielleicht wegen der Nähe zu Hadeln), schworen sie dem Herzog einen Treueeid. Sie weigerten sich, die jährlichen Abgaben an den Erzbischof zu zahlen. Es kam zu kriegerischen Auseinandersetzungen. Im Winter 1512 überfiel Erzbischof Christoph das Kirchspiel Bülkau. Im August entweihte Jürgen Eyßen mit dem Knecht Bertold Oissen, sowie Johann Bullen und Otto Negelmann am Tage vor dem Fest des hl. Magnus (19.8.) den Friedhof in Belum. Die Entweihung endete mit einer anschließenden Schlägerei. 1513 mussten in Bülkau entstandene Streitigkeiten von Vetretern des Erzbischofs und des Herzogs verhandelt und entschieden werden. Diese Streitigkeiten wurden im Januar 1514 mit Hilfe der Bremischen Stände geschlichtet. Nach längeren Verhandlungen schloss Erzbischof Christoph 1516 mit den Schulzen, Schöffen, Richtern, Geschworenen und Einwohnern der Kirchspiele Bülkau, Belum, Oppeln und Kehdingbruch einen Vergleich, in dem diese sich verpflichteten, die seit zwei Jahren nicht geleisteten Abgaben wie Pflugschatz und Sackzehnthafer nachzuleisten und künftig die Abgaben zum Neuenhaus zu bringen. Die Oppelner verpflichteten sich, jährlich 20 Mark zu Pfingsten und 20 Scheffel (74,76 Hektoliter.) Hafer zu Mittfasten (4. Donnerstag vor Ostern) zu liefern. Diese Abgaben erhielt später das Amt Neuhaus. Die Menge der Abgaben hatte sich bis zur Ablösung nicht verändert. Der Sackzehnthafer wurde 1873 und der Pfingstschatz 1861 abgelöst. In peinlichen Fällen mussten die Einwohner zweimal im Jahr beim Landgericht in Neuhaus erscheinen. Fälle, die sonst vor das Sendgericht gehörten, wurden nun auch vor dem Landgericht verhandelt. Außerdem mussten sie ein- bis zweimal im Jahr nach Vörde oder Neuhaus zum Dienst kommen, es sei denn, sie würden durch Sä- oder Deicharbeit daran gehindert. Diese Dienstpflicht wurde um 1693 in Geld geleistet. Für die Feuerung wurde das Moor an der Moorwetterringe angewiesen. Aufgrund dieses Vertrages erklärte sich der Herzog von Sachsen-Lauenburg 1518 wohl bereit, die Einwohner dieser vier Kirchspiele beim Varlstein vom Treueeid zu entbinden.

Unter den Folgen der Kriege hatte Oppeln oft zu leiden, ist jedoch wegen seiner Lage wohl vom direkten Kriegsgeschehen wie Schlachten verschont geblieben. Immer wieder mussten die Untertanen Kriegsdienste leisten. Teils als Naturaldienste in Form von Lieferungen und Fuhrdiensten, teils als Gelddienste in Form von Steuern und anderen Abgaben.

Als 1645 während des Dreißigjährigen Krieges Plünderer durch unser Land zogen, mussten sich die Einwohner zur Wehr setzen. Die Oppelner und Bülkauer gruben den Großen Damm zu beiden Seiten der Stöpe durch und setzten das Land unter Wasser. Ob diese Maßnahme erfolgreich war, ist unbekannt.

Während der Besetzung durch die Truppen des Bischofs von Münster 1677 musste Schulze Claus Kanne sein Haus räumen und sich 9 Wochen lang mit seiner Familie im Lande Hadeln aufhalten.

Bei der dänischen Besetzung 1712 mussten die Untertanen Hafer, Roggen, Heu und Torf nach Stade und Agathenburg liefern, außerdem Stroh für die Schwedischen Dragoner auf der Belumer Schanze. Reichten die eigenen Mengen nicht aus, wurde in anderen Orten (z. B. in Burgweg) Hafer gekauft. Am 28. September reiste der Einnehmer Carsten Ralle nach Blankenese und Altona, um dort Hechsel zum Verfuttern der Pferde abzuliefern.

Diese Reise dauerte 11 Tage. Außerdem mussten Kriegerwagenfuhren geleistet werden, u. a. nach Lamstedt und nach Bremervörde. 2 Wagen mit Lanzen und Degen mussten die Oppeler nach Bremen zum Hauptquartier fahren. Große Summen mussten für die Contribution, eine Steuer, aufgebracht werden. Allein von Mitte August bis Dezember 1712 mussten die Oppelner 447 Rthlr. 8 Sch. 8 Pf. zahlen. 1713 mussten 1.475 Rthlr. 21 Sch. und 7 Pf. vom Kirchspiel bezahlt werden.

1795 wurde für Fuhrdienste der Wert der Pferde geschätzt. Dieser Betrag wurde den Fuhrleuten bei der Kostenaufstellung des Kirchspiels dann angerechnet. Ebenso die Vorschüsse, die einige Einwohner für die Reisekosten geleistet hatten.

Zur Demolition (Zerstörung) der Batterie in Cuxhaven 1814 musste das Amt Neuhaus 100 Mann stellen, Oppeln davon für 21 Tage Arbeit 5 Mann. Für die Entschädigung des Unteraufsehers Simon Mügge aus Bülkau war der Anteil von 2 Mark und 6 Schillingen aufzubringen.

Immer wieder forderten die Kriege ihre Opfer. Teilweise sind deren Namen noch bekannt. Aus dem russischen Feldzug von 1812 unter Napoleon kehrten Heinrich und Matthias Brüning nicht zurück. Beide dienten im 127. Französischen Regiment. Heinrich starb auf dem Marsch im Gouvernement Kaluga, Matthias im Hospital zu Mosaisk. Johann und Jacob Helmcke und Claus Brüning, die in der französischen Armee dienten, gelten als verschollen. Am 13.10.1815 starb Johann Heinrich Kröncke im Hospital in Boulogne. Er diente in der Königlichen Hannoverschen Truppe. Am 27.6.1866 fiel Peter Reyelt, 23 J., in der Schlacht von Langensalza. Musketier Claus Hinrich Rohde starb am 21.1.1871 in Orleans an den Folgen von Typhus.

LEBEN IN DER GEMEINDE IM 1. WELTKRIEG

Als durch die Ermordung des österreichischen Erzherzogs Franz Ferdinand und seiner Frau am 28.6.1914 in Sarajewo der erste Weltkrieg ausbrach, rief der Kaiser zur Mobilmachung auf. Am 19. August 1914 hatten sich alle Landsturmpflichtigen bis zum 45. Lebensjahr aus den Orten Cadenberge, Oberndorf, Oppeln, Voigtding, Wingst, Belum, Bülkau, Geversdorf, Kehdingbruch und Neuhaus auf dem Cadenberger Markplatz zur Landsturm-Kontrollversammlung einzufinden.

Schon in den ersten Monaten des Krieges musste Oppeln Flüchtlinge aus dem von Russen besetzten Ostpreußen aufnehmen. Die 23 Flüchtlinge trafen am 14. Dezember 1914 in Oppeln ein und blieben bis Ostern 1915. Zu den Folgen des Krieges gehörten u. a. die Rationierung von Fleisch, Kartoffeln und Milchprodukten sowie die Einführung von Zucker- und Seifenmarken, Brot- und Mehlkarten. Da in Oppeln Selbstversorger lebten, machte sich die Nahrungsmittelknappheit nicht so bemerkbar wie in den Städten. Man besann sich wieder auf die für Oppeln berühmte Hafergrütze, die in Milch gekocht oder in der Grützwurst gegessen wurde. Bis zum Krieg war nur eine Grützmühle in Betrieb, nun wurden zwei weitere wieder in Betrieb gesetzt. Die Mühlen hatten viel zu tun, denn jetzt war die Grütze ein begehrter Artikel. Eine der Mühlen wurde 1917 wieder geschlossen, da der Betreiber, so wie es in dem Gewerbe üblich war, als Mahllohn Mahlabfall behalten hatte. Dies war aber verboten. Außerdem hielt man sich wieder vermehrt Kaninchen, die sogenannten Kriegsschweine, 10 bis 20 Stück pro Haushalt. Zur Finanzierung dieses Krieges mussten Kriegsanleihen von den Gemeinden aufgenommen werden. Im April 1918 waren es 20.000 Mark und im Oktober 1918 waren es 10.000 Mark.

Aus dem 1. Weltkrieg kehrten 29 Männer in ihre Heimat nicht zurück. Ihre Namen habe ich aus der Schulchronik, den Kirchenbüchern und vom Gedenkstein zusammengetragen. Nähere Angaben sind im Anhang „Häusergeschichten" zu finden. In Klammern sind die alten Hausnummern der Häuser angegeben.

Peter von Bargen (Nr. 92), August und Peter Bartels (Nr. 2), Johann Becker (Nr. 64), Johann Brüning (Nr. 37), Hermann Buck (Nr. 15), Hinrich Dittmer (Nr. 69), Hinrich Fastert (Nr. 50), Wilhelm Gerdts (Nr. 16), Hinrich Griemsmann (Nr. 36), Klaus und Wilhelm Griemsmann (Nr. 111), August Grupe (Nr. 21), Heinrich und Wilhelm Grönwoldt (Nr. 4), Andreas Jungclaus (Nr. 81), Ernst und Johann Junge (Nr. 84), Martin Kruse (Nr. 8), Hermann Küver (Nr. 11), Heinrich Lange (Nr. 1), Peter Meyer (Nr. 107), Johann Schade (Nr. 114), Wilhelm Strunck (Nr. 56), Albert Twachtmann (Nr. 50), Heinrich Uhlmann (Nr. 35), Heinrich Vagts (Nr. 51), Hinrich Wolter (Nr. 35).

Lehrer Hermann Wiebusch wurde vermisst. Er wurde später auf Antrag der Schulgemeinde für tot erklärt. Der auf dem Gedenkstein stehende Ernst Wolter ist nach Angaben der Schulchronik gesund zurückgekehrt.

Da es nach dem Krieg allgemein üblich war, ein Denkmal für die gefallenen Soldaten des 1. Weltkrieges zu errichten, stellte der Kamerad P. Junge beim Kriegerverein den Antrag, auch in Oppeln ein Denkmal aufzustellen. Nach einigen Verhandlungen stellte die Kirchengemeinde ein Stück des Organistenlandes, zu deren Eigentum es auch heute noch gehört, zur Verfügung. Der Gemeinderat beschloss am 28.1.1922 das Denkmal bei Carl Honig in Otterndorf in Auftrag zu geben, zu dessen Kosten der Kriegerverein einen Zuschuss von 1.000 RM leistete. Am 8. Juli 1923 wurde das Oppelner Kriegerdenkmal feierlich eingeweiht.

DIE NATIONALSOZIALISTISCHE ZEIT

Auch wenn sich in Oppeln das Hitlerregime nicht so bemerkbar machte wie anderswo, z. B. durch Judenverfolgung, Verschleppen ins Konzentrationslager usw., so muss doch über eine Begebenheit im Jahre 1940 berichtet werden, die ihre Spuren hinterlassen hat.

Nach der Besetzung Polens durch Hitler wurden Polen als Zwangsarbeiter in Deutschland eingesetzt. Sie hatten bestimmte Auflagen zu beachten. U. a. war es Polen nicht erlaubt, intime Beziehungen zu Deutschen aufzunehmen. In Bülkau wurden etwa 60 - 70 Polen eingesetzt, unter anderem auch auf dem Hof Rohde. Auf diesem Hof stand ein Oppelner Mädchen in Diensten, dass sich in einen der Polen verliebte. Der Arbeitgeber erfuhr von dieser verbotenen Beziehung und zeigte die beiden an. Darauf wurde der Pole von der Gestapo in das Gefängnis nach Cuxhaven gebracht. Später kam er in das Bremerhavener Gefängnis. Dem jungen Mädchen wurde am 17.9.40 vor dem Bülkauer Hof zur Strafe in aller Öffentlichkeit der Kopf kahlgeschoren. Noch am gleichen Tag wurde das Mädchen in ein Konzentrationslager nach Österreich gebracht, wo sie Steine schleppen musste. Erst am Abend wurde der Familie Mitteilung von diesem Fall gemacht. Um aus dem Lager herauszukommen, meldete sich das junge Mädchen freiwillig als Flugabwehrkanonen-Helferin. Nach dem Krieg kam sie in amerikanische Gefangenschaft. Obwohl ihr eine Entschädigung als Verfolgte des Hitlerregimes zustand, verzichtete sie auf dieses Geld, um nicht immer daran erinnert zu werden. Der Pole wurde am 26. März 1941 von der Sturmstaffel nach Bülkau gebracht und auf dem Hof Bullwinkel gegen 8.00 Uhr erhängt. Die Hinrichtung, der 400 Polen aus den umliegenden Dörfern beiwohnen mussten, wurde von Polen durchgeführt.

Eine Radfahrerin aus Oppeln wurde im Mai 1942 von dem Landarbeiter Kasprzak, der in Geversdorf beschäftigt war, in der Wingst überfallen. Sie wurde um 64 RM beraubt und anschließend vergewaltigt. Kasprzak wurde zum Tode verurteilt. Der zur Tatzeit anwesende Begleiter wurde freigesprochen, da er an der Tat nicht beteiligt war.

DAS LEBEN IM 2. WELTKRIEG

Im September 1939 begann der 2. Weltkrieg. Er forderte noch mehr Todesopfer als der erste. Im Laufe des Krieges wurden die Männer nach und nach eingezogen, so dass am Anfang des 5. Kriegsjahres 80 von ihnen an der Front standen. Sie litten oft unter Heimweh. Männer, die nicht an der Front waren, mussten im Volkssturm jeden Sonntag für die Dorfverteidigung üben, wie z. B. Panzersperre bei „Oppeln an de Eck" errichten, Schützengräben ausheben usw. Wer (z. B. Klaus Schlichting) sich weigerte, wurde von den Nationalsozialisten beobachtet, ob er unerlaubte Dinge tat oder sagte.

Mitte Mai 1940 wurde unsere Gegend nachts häufig von feindlichen Flugzeugen überflogen, die von den Flieger-Abwehr-Kanonen beschossen wurden. Der Beschuss der Belumer Flak (Flugabwehrkanone) war so heftig, dass in Oppeln die Fenster und Türen klapperten. Meine Mutter erzählte, dass man nach der Bombardierung Hamburgs durch die feindlichen Flugzeuge den Feuerschein sogar in Oppeln sehen konnte. Beim Anflug von feindlichen Bombern wurde telefonisch Fliegeralarm gegeben, und die Schulen mussten sofort schließen. Wenn man unterwegs war, musste man sofort Deckung suchen. Die Angst war ein ständiger Begleiter auf dem Weg zur Arbeit, zur Schule usw. Mehrere Bomben schlugen in Oppeln ein und hinterließen Trichter:

Bombentrichter hinter Oltmanns Haus etwa 1943, davor Klaus Buck (Archiv Herbert Buck).

Bei von der Fecht, bei Oltmann hinter der Geest. Am Bahlkedeich schlug eine Brandbombe ein. Auf einer Weide hinter Stellings Haus auf der Geest ging eine Brandbombe durch eine Kuh. Gebäudeschäden hatte Oppeln nicht zu vermelden. Nach einem Fliegerangriff wurden die Dächer nach Brandplätzchen abgesucht.

Für die Jungen war es ein gefährliches Spielzeug. Sie warfen die Phosphor-Brandbomben über ein Heck, die dann in Brand gerieten und explodierten, worauf es im Umkreis von 20 m brannte. Wieder hatte die Bevölkerung unter der Nahrungsmittelknappheit zu leiden. Die Kinder mussten für die Schweine Eicheln sammeln und für die Hühner Getreideähren, die auf dem Feld liegengeblieben waren.

Um Munition herstellen zu können, wurde Metall gebraucht. Dafür wurden historisch weniger wertvolle Kirchenglocken zum Einschmelzen gesammelt. Auch die Oppelner Glocke von 1842 wurde abgeliefert. 1944 mussten Soldaten wegen Kupfermangel die Kupferdrähte der Lichtleitungen abnehmen und durch andere Drähte ersetzen.

In den letzten Kriegstagen sollten die 15-jährigen Jungen nach Dänemark verschifft werden, um Deutschland noch zu retten. Mit dem Zug wurden sie nach Cuxhaven gebracht. Das war am 8. Mai 1945, dem Tag der Kapitulation. Die Jungen flüchteten dann von Cuxhaven aus nach Hause.

Zu den Unannehmlichkeiten, die der Krieg mit sich brachte, trat ein neues Problem auf. Ganze Trecks von Flüchtlingen, die vor den Kampfhandlungen in den Ostprovinzen flüchteten, kamen nach Westdeutschland. Ende Februar 1945 kamen 106 Flüchtlinge nach Oppeln. Es waren Frauen mit ihren Kindern, auch einige ältere Männer. Sie waren die ersten Flüchtlinge, ihnen sollten später noch mehr Flüchtlinge und Vertriebene folgen. Sie alle mussten untergebracht werden, und so wurde ihnen Wohnraum zugewiesen. Die Einheimischen und Flüchtlinge mussten auf engstem Raum zusammenleben. Dies führte auf Dauer zu Streitigkeiten, die teilweise vor dem Gericht endeten. Da auch das Pastorenhaus von Flüchtlingen bewohnt wurde und diese nicht ausziehen wollten, konnte der neu ernannte Pastor Schuster nicht nach Oppeln ziehen. Seine Ernennung wurde dann auch aus diesem Grund zurückgezogen. Am 30.10.1945 lebten in 93 Wohnungen mit 1.963 qm Wohnraum 380 Einwohner, 120 Flüchtlinge und 30 einquartierte Soldaten. Am 1. November 1946 waren es 231 Flüchtlinge, die in Oppeln untergebracht werden mussten. Viele der Flüchtlinge zogen später weg, aber einige blieben hier. In Oppeln blieben z. B. die Familien Bechstedt, Geisler, Kleemann, Rüger, Westphal. Zwischen Einheimischen und Flüchtlingen wurden auch Ehen geschlossen, wie z.B. zwischen Konrad Gründel und Helga Tiedemann, Herbert Buck und Elsa Howe, Richard Haack und Käthe Rüger, Johann Loockhoff und Frieda Kreschinski, Werner Grönwoldt und Berta Knorr, Willi Müller und Eleonore Potyka usw.

Bis 1948 kehrten 19 Kriegsverletzte heim. Von den Oppelnern fielen oder starben 44 Männer an der Front. Ihre Namen habe ich aus der Schulchronik, Kirchenbüchern, Todesanzeigen, durch Befragungen und von den Gedenksteinen zusammengetragen. Folgende Männer sind gefallen, vermisst oder verstorben:

Willi Adami (Nr. 59), August Bahlke (Nr. 104), Hans von Bargen (Nr. 20), Hinrich Brüning (Nr. 95), Hinrich Buck (Nr. 89), Paul Conrad (Nr. 127), Andreas Dittmer (Nr. 69), Richard Domain (Nr. 116), Johannes Drewes (Nr. 61), Ernst Fastert (Nr. 50), Johann von der Fecht (Nr. 63), Arnold Gooss (Nr. 54), Simon Haack (Nr. 1), Günter Hartmann (Nr. 71), Rudolf Henning (Nr. 102), Wilhelm Hillmann (Nr. 49), Herbert Hinsch (Nr. 52), August und Willi Holstenkamp (Nr. 5), Herbert Jungclaus (Nr. 30), Willy Jungclaus (Nr. 81), Klaus Junge (Nr. 80), Willi Junge (Nr. 85), Peter Krüdener (Nr. 107), Heinrich Küver (Nr. 11), Johann Meyer (Nr. 57),

Hermann und Johannes Müller (Nr. 111), Wilhelm Oltmann (Nr. 109), Georg Reyelt (Nr. 84), Heinrich Reyelt (Nr. 53), Hermann Reyelt (Nr. 108), Johann und Richard Reyelt (Nr. 34), Alfred Schade (Nr. 75), Ernst und Otto Schlichting (Nr. 10), Willi Schröder (Nr. 45), Klaus Stelling (Nr. 100), Heinrich von Thaden (Nr. 110), Heinrich Tiedemann (Nr. 26), Hinrich Tiedemann (Nr. 106), Klaus Tiedemann (Nr. 116), Adelbert Timm (Nr. 75).

Ausführlichere Angaben sind im Anhang „Häusergeschichten" zu finden. In Klammern sind die alten Nummern der Häuser angegeben.

Angehörige von Flüchtlingen und Vertriebenen, die im Krieg gefallen sind, waren: Emil Bast, Otto David, Albert Eppler, Otto Eppler, Rudolf Gaske, Erich Hasler, Adolf Kleemann, Emil Kremer, Jakob Kuhn, Kurt Mazielke, Kurt Müller, Wilhelm Müller, Herbert Rösler, Emil Sauder, Herbert Scholz, Johannes Seefried, Joseph Vutke, Artur Wigratz, Herbert Winter.

Zu Ehren der gefallenen, vermissten und verstorbenen Soldaten wurden am 25.11.1951 zwei Gedenksteine aufgestellt. Dazu wurden die überschüssigen Steine aus dem Straßenbau des Osterweges genommen, die dann in Hand- und Spanndienst aufgebaut wurden. Die Gedenktafeln wurden von Carl Honig geliefert.

Das Kriegerdenkmal um 1955 (Foto: Heini Küver).

Noch 40 Jahre nach Kriegsende wurden Bomben gefunden. Im Sommer 1985 konnte eine Bergungsfirma zwei unbeschädigte Seeminen bergen, die an der Kreisstraße nach Bülkau lagen.

Wirtschaft

LANDWIRTSCHAFT UND TORFABBAU

Es wird wohl vornehmlich Hafer angebaut worden sein, da Oppeln 1516 nach der Unterwerfung durch Erzbischof Christoph als Abgabe u. a. 20 Scheffel Hafer zu liefern hatte. Auch an Kirche und Pfarre hatten die Einwohner Hafer zu liefern. Eine weitere Einnahmequelle war der Roggen, der durch die Urbarmachung des Hochmoores gewonnen wurde. 1603 erwähnt Heineke v. Luneberg in seinem Hausbuch, dass die Oppeler jedes Jahr mehr Moor abbrennen und zu Roggenland machen. Dies führte auch zu Streitigkeiten, wie z. B. 1597 zwischen Heinrich Blume, vermutlich ein Oppelner, und Hermann Hundt aus Kehdingbruch. Blume hatte Hundt beschuldigt, dass der seine Torfbuschen (Torfsträucher) gestochen und dann gestohlen hätte, was Hundt wiederum von Blume sagte.

Die Torfgräber bewohnten zuerst Erdkaten, die nur aus einem Raum mit Dach bestanden. Sie waren an den Rand des Moores gebaut, das die Rückwand bildete. Das Dach war mit Torf- oder Grassoden abgedeckt. Einfache Schlafstellen waren die einzige Einrichtung des kleinen Raumes. 1640 sind 13 Erdkaten in einem Register aufgeführt. Außerdem gab es damals 27 Katen, die *ohne Fach darunter und ohne Land* waren.

Vermutlich wurde der Torf in der Art gestochen, wie früher auf dem Bovenmoor. Nach den Erzählungen von Wilhelm Woltmann aus Bovenmoor wurde in den Monaten April und Mai gestochen. Morgens um 3 Uhr ging es ins Moor. Mittags, wenn die Sonne hoch stand und es heiß wurde, ging es wieder nach Hause. Mit dem Abbussen (Abstechen) des Weißtorfes, der nicht so gut war, wurde begonnen. Dann wurde der Schwarztorf, der die bessere Brennqualität hatte, abgebaut. Um eine Bank zu erhalten, wurde zuerst eine Kuhle gegraben. Die Bank wurde mit dem Stecher alle 10 cm geschnitten. Mit dem Torfspaten wurde jeweils 1 Klick (4 Soden: 2 Soden hoch und 2 Soden breit) gestochen und nach vorne auf das Bankenbrett gelegt. Die beiden untersten Gänge wurden mit dem Raweier, einem Torfspaten mit langem Stiel, gestochen. Dann stieß man auf Darg, von Schilf durchsetztem Torf. Wurde eine Quelle angeschnitten, ließ man eine Torfwand stehen und fing ein Stück weiter eine neue Bank an. Auf Bohlen wurde der Torf mit der Heckkarre weggefahren und in einer Reihe abgesetzt. Meist arbeiteten 2 Mann an einer Bank. Sie schafften etwa 7 Bänke am Tag, was etwa einem Faden entsprach. Nach 14 Tagen wurde der Torf in einzelne Soden umgelegt. Waren die ersten Soden etwas trocken, wurden sie geringelt, 1 Ringel zu 12 Soden und 6 Soden hoch. Wenn die Soden fast trocken waren, wurden sie geschauft (geschobert), d. h. sie wurden zu einem Schober aufgelegt, der 12 Soden hoch war und mit einem kleinen Dach abgeschlossen wurde. Im Oktober/November wurden die getrockneten Soden mit dem Kahn nach Hause gefahren.

1 Soden war 30 cm lang, 10 cm breit und 10 cm hoch. Eine Bank war 12 Fuß breit, 1 Fuß lang (die Länge eines Sodens) und etwa 1,20 m - 1,40 m hoch. Eine Bank war 6 Gänge hoch, je Gang ergab 18 Klick.

Im Einnahmeregister des Erzstiftes von 1643 wurden Oppelner Einwohner mit Torfgeld für 1.761 Faden belastet. Vielleicht war es die Menge, die in Oppeln gestochen wurde. Pro

Faden musste 9 Pfennig gezahlt werden. Wurde der Torf ausgeführt, waren es 12 Pfennig pro Faden. Einige Torfgräber siedelten sich in Oppeln an, einige zogen weiter. Dieses belegen eventuell alte Steuerregister, in denen auch die Häuser aufgeführt sind.

Auf der Karte von Moses (Henry Calverley) von 1680 ist das „Oppeln Moer" eingezeichnet. J. H. Pratje berichtete um 1750, dass die Kirchspiele Oppeln, Oberndorf, Bülkau und Cadenberge mit Moor versehen sind, in dem die Einwohner ihren Torf graben können. Nach der Karte von 1768 der Kurhannoverschen Landesaufnahme muss der größte Teil des Moores schon abgegraben worden sein, da das Moor nicht mehr eingezeichnet ist. Wann der Torfabbau abgeschlossen war, konnte bisher nicht festgestellt werden. Um 1920 wurde an der Grift noch Backtorf gegraben, wie Gerhard Oltmann erzählte. Der Torf wurde gestochen, auf dem Land ausgebreitet, mit Holzschuhstiefeln festgetreten und dann in Stücke geschnitten. Dann wurde der Torf getrocknet. Christoph Bahlke war noch persönlich dabei und hat darüber berichtet. Danach stachen die Oppelner im Eichhofsberger Moor Torf. 1946 hatten dort 9 Oppelner Einwohner eigenes Moor und 21 Einwohner stachen selbst Torf.

1645 wurde bei einer Landvermessung folgendes ermittelt:

	Wenden	**Ruten**	**Fuß**	**=**	**ha**	**a**	**qm**
Haferland	282	33	6 ½	=	147	14	4,08
geringes Haferland	199	32	13 ½	=	103	85	21,38
Moorland	248	35	13 ⅔	=	129	41	31,38
geringes Moorland	167	35	13 ¾	=	87	17	00,19
Wischland	97	1 ½	8 ½	=	50	59	07,76
Geestland	29	45	4	=	15	23	10,01
Gesamt	**1.025**	**17**	**11 ¾**	**=**	**533**	**39**	**74,8**

1 Wende	-	240 Quadratruten	-	5.215,20 qm
1 Quadratrute	-			21,73 qm
1 Quadratfuß	-			0,09 qm

Ca. 534 ha landwirtschaftlich genutztes Land wurde 1645 in Oppeln gemessen. Bei dieser Vermessung wurden die Hofstellen, Kohl- und Baumhöfe sowie Triften und Wege nicht berücksichtigt. Setzt man etwa 10 ha für 19 größere Hofstellen, die Triften dazu und 30 kleinere Hofstellen an, so könnten ca. 200 – 250 ha noch unbewirtschaftetes Moorland gewesen sein, also der mittlere Teil des Griftfeldes. Wahrscheinlich war das Griftfeld noch nicht besiedelt. Das Geestland wurde bei der Besteuerung so gering wie das Moorland berechnet. 1873 betrug die Gesamtfläche der Oppelner Gemarkung 818 ha.

Die Bauern nennen das Land in Oppeln so: die Ländereien im Auefeld sind de „Ackersch", die Äcker. Das Mittelfeld besteht aus den „Klei-In´n", de „Höcht" und de „Leiden". Also den Kleienden, dem höheren Land und dem niedrigen Land. Die Ländereien im Süden Oppelns im Aversloh werden Wischen genannt, das sind Weiden, die zur Heuernte genutzt wurden und noch werden.

Nachdem der Boden durch die Bewirtschaftung ausgelaugt war, düngte man den Boden durch Kuhlen und Kleigraben. Das Kuhlen war ein Aufbringen unverbrauchter kalkhaltiger Marscherde an die Oberfläche und wurde nach einem Bericht von Werner Junge so durchgeführt: Es wurde ein kegelförmiges Loch bis 2 m Tiefe ausgehoben, um an den kalkhaltigen, fruchtbaren Klei zu gelangen. Die Arbeiten wurden mit einem hölzernen Spaten, der mit einer Eisenspitze versehen war, ausgeführt. Am Holzspaten klebte die Erde nicht so stark wie an einem Eisenspaten. Es wurde immer zu zweit gegraben. Der untere Arbeiter warf die Erde auf die Schaufel des über ihm stehenden, der sie dann auf eine Karre warf. Während der Arbeiten wurde ständig gesprochen, um zu hören, ob es im ausgegrabenen Kegel hallt. Sobald das Hallen nicht mehr auftrat, wurden die Arbeiten sofort abgebrochen, da nun ein Einsturz des Kegels drohte. Die in der Kleierde vielfach vorkommenden Muscheln, die den Kalkgehalt hervorrufen, zersetzten sich nach dem Verteilen der Kleierde auf den Äckern. Der besseren Wirtschaftlichkeit wegen wurde der Kuhlverband Neuhaus gegründet, dem auch Oppeln angehörte. Bis ca. 1950 wurde in Oppeln noch gekuhlt. Eine weitere Aufwertung des Bodens war das Kleigraben. Dieses geschah durch das Säubern der Gräben. Die Ufer wurden abgestochen und die Erde mit den Pflanzenresten ebenfalls auf dem Land verteilt. Nach der Beschreibungsrolle von 1803 lebten in Oppeln 24 Einwohner vom Kleigraben bei insgesamt 91 Haushaltsvorständen.

Pastor Ehlers fertigte ein Verzeichnis über die Bestellung der Pfarrländereien für die Jahre 1800 bis 1805 an. Aus diesem ist zu ersehen, dass 1801 im Moorland neben der Kirchentrift ein Stück mit Kartoffeln bepflanzt wurde.

Haupterzeugnis in Oppeln war der Hafer. An der Grift wurde vor allem schwarzer Hafer angebaut. Den Hafer verkauften die Einwohner nach Bremen und Hamburg auf dem Wasserweg. Um 1700 wurde der Hafer zu Grütze verarbeitet und dann nach Bremen verkauft. Auch in Oppelns weiterer Umgebung war die Hafergrütze bekannt und begehrt. Hierfür wurden mehrere Grützmühlen betrieben. Schon um 1750 sind sie in Oppeln bezeugt, als der Müller der Auemühle sich über die schlechten Mahlgäste äußert, die in teuren Zeiten sich mit ihren Grütz-Queren zu behelfen wissen.

1560 erhielten die Oppeler für den Verkauf einer Kuh 19 Mark 6 Schillinge. Im Oktober 1923 kostete eine Kuh dreihundert- bis vierhundert Billionen Papiermark. 1999 brachte eine Schlachtkuh etwa 1.000 – 1.200 DM (511,29 Euro - 613,55 Euro) ein.

Um 1950 wurde die eine Hälfte Oppelns mit Ackerbau bewirtschaftet, während die andere Hälfte durch Viehzucht genutzt wurde. Heute ist Viehzucht und Gras-Silage die Hauptnutzung. Der noch vorhandene Ackerbau wird vorwiegend durch Maisanbau bestimmt. Durch die Grünlandwirtschaft können die Störche noch ausreichend Nahrung in

Oppeln finden. Zurzeit befinden sich Storchennester auf den Höfen „Oppeln 30“ und „Am Balksee 6", die beide auf Telegrafenmasten angelegt sind. 1934 waren die Storchennester auf dem Pfarrhaus und bei Friedrich Junge (Nr. 80) belegt.

1969 standen 92 Wohnhäuser in Oppeln, die alle an die Stromversorgung angeschlossen waren, während es bei der Wasserversorgung nur 99 % waren. Von den 115 Haushalten waren 41 hauptberuflich Landwirte, 31 Arbeiterhaushalte, 28 Rentnerhaushalte, 5 Gewerbetreibende und 5 Angestelltenhaushalte. Davon waren 69 Rindviehhalter, 46 Schweinehalter und 63 Legehennenhalter.

Während noch nach dem 2. Weltkrieg fast in jedem Haus etwas Vieh gehalten wurde und die meisten Familien nur von der Landwirtschaft lebten, hat sich dieses grundlegend geändert. 1 Hof lebt heute ausschließlich von der Landwirtschaft. Auf 9 Höfen wird die Landwirtschaft neben dem Beruf betrieben oder die Frau arbeitet mit. Heute arbeitet der größte Teil der Bevölkerung Oppelns in Stade, Cuxhaven, Otterndorf und Hemmoor.

Bis kurz nach dem Krieg wurden die landwirtschaftlichen Geräte von Pferden gezogen, ebenso der Milchwagen. Der Einzug des Treckers und des Kunstdüngers veränderte die Landwirtschaft rasant.

Der größte Teil der besseren Ländereien in Oppeln wird von Auswärtigen, sogenannten Ausmärkern, bewirtschaftet. 1873 war es etwa die Hälfte des Landes, wovon der meiste Teil im Norden im Auefeld und im Mittelfeld liegt, sowie der größte Teil der Wischen im Aversloh. Das hat sich bis heute kaum geändert. Heute sind es 23,5 % der Fläche, die im Eigentum von Bülkauern und Wingstern sind. Ein großer Teil des Landes wird von den Einheimischen verpachtet.

Heute wird überwiegend Milchwirtschaft betrieben. In Milchtankwagen wird die Milch zur Molkerei nach Otterndorf oder Zeven geliefert. Das war von ca. 1893 bis ca. 1970 noch anders. 1893 wurde in Bülkau eine Molkerei gegründet, in deren Vorstand auch Oppelner Landwirte saßen. Die Milch wurde in Milchkannen gefüllt und zum Abholen an die Straße gestellt. Dies geschah um 1900 durch ein Pferdegespann mit Wagen, das nach dem 2. Weltkrieg von Trecker und Wagen abgelöst wurde.

Schon um 1860 gab es einen Viehversicherungsverein, um die Bauern gegen finanzielle Verluste bei Tod eines Stück Viehs zu schützen. Er zählte 68 Mitglieder mit einer Versicherungssumme von 3.799 Rthlr. Die gleiche Aufgabe hatte der **Rindvieh-Versicherungs-Verein für Oppeln, Westerhamm und Grift.** Alle Landeigentümer mit Land über 1 ha sind in der **Jagdgenossenschaft Oppeln** zusammen geschlossen. Aus den Pachteinnahmen der Jagdpächter wird den Mitgliedern das Jagdgeld ausgezahlt. Der derzeitige Vorsitzende ist Hans-Otto Griemsmann.

1987 wurde in Oppeln ein Flurzusammenlegungsverfahren beendet. Durch Erbteilungen und Verkäufe im Laufe der Jahrhunderte lagen die Weiden und Äcker der Bauern zerstreut und weit auseinander. Das war unwirtschaftlich, da die Bauern zur Bewirtschaftung ihres Landes weite Wege in Kauf nehmen mussten. So besaß z. B. Claus Brüning vor dem Verfahren 10 einzelne kleine Stücke. Nach dem Verfahren waren es nur noch drei größere Stücke.

DIE POST

Postalisch gehörte Oppeln 1868 zur Postexpedition Neuhaus. Damals wurden dort Landbriefträger angestellt, die die Post täglich in die einzelnen Orte trugen. Die Landbriefträger der Postexpedition Cadenberge benutzten gerne den kürzeren Weg durch Oppeln über den Triftacker, um nach Lichtenpils zu kommen und ihre Post abzuliefern. Der Triftacker war eine gemeindeeigene Weide mit einem Steg über die Wettern. Weil die Gemeinde keinen Weg für die Cadenberger Briefträger instand halten wollte, entfernte sie den Steg. Um über die Wettern zu kommen, benutzten die Briefträger dann die Springstange eines Anwohners, der sie aber bald nicht mehr zur Verfügung stellte. Nun blieb den Briefträgern nur noch der 1 $^{1}/_{2}$ Stunden längere Weg über Bovenmoor. Auf eine Beschwerde der Kaiserlichen Post-Expedition Cadenberge wies die Gemeinde Oppeln dann einen *gangbaren Fußpfad über die Oppeler Geest* für die Landbriefträger an.

1889 wurde Lehrer Gathmann vom Kaiserlichen Postamt gebeten, die „Posthülfsstelle“ in Oppeln zu übernehmen, da er als geeignet für dieses Amt schien. Gathmann beantragte beim Königlichen Konsistorium die Genehmigung, diese Arbeit neben seiner Tätigkeit als Lehrer und Organist verrichten zu dürfen. Dem Antrag wurde stattgegeben.

1934 war Oppeln eine Landpoststelle der Postagenturstelle Warstade über Basbeck. Der Stempel „24a Oppeln“ wurde ab 1947 benutzt. Der Poststempel „2171 Oppeln“ hatte vom 11.11.1963 bis 1.7.1971 seine Gültigkeit[10].

Die letzte Poststelle wurde von Wilhelm Strunck geführt (Nr. 56). Nachdem das Postwesen neu geordnet wurde, wurde Oppeln 1973 eine Nebenstelle der Poststelle Wingst als „Wingst 3". Wilhelm Strunck wurde Briefträger in der Wingst. Seine Frau Marie übernahm die Stelle und führte diese bis zu ihrem Eintritt in den Ruhestand am 30.7.1988 weiter. Dann wurde die Stelle wegen der sehr geringen Kundennachfrage geschlossen.

Poststempel 1955.

Poststempel 1970 (Original im Museum für Post und Kommunikation Hamburg).

[10] Museum für Post und Kommunikation Hamburg, Brief vom 29.9.1998

Oppelns Kampf mit dem Wasser

DER BALKSEE

Der Balksee ist ein Moorsee und liegt südöstlich von Oppeln. Er ist das Auffangbecken für das Geestwasser aus der Wingst und dem Westerberg sowie das Moorwasser aus den umliegenden Mooren. An seinem Ufer oder zumindest in seiner Nähe soll um 1300 die Remperburg gestanden haben. 1748 war der Balksee 362 Wenden groß[11]. Über die Aue fließt das Wasser in die Oste. In früheren Zeiten war die Aue zwischen dem Balksee und dem Großen Damm *ein Arm des Balksees, der Enge See genannt*[12] wurde und reichlich 9 Fuß (ca. 2,70 m) breit war. So grenzte Oppelns Südostspitze an den See, wie der alte Flurname „Am See" für das Haus „Am Balksee 10" bezeugt. Gleich hinter dem Großen Damm war die Aue ca. 10 Fuß weit und wurde Große Damms-Kuhle genannt. Erst hinter dem Freyen-Stöpen hatte die Aue ihre normale Breite. Ein weiterer Wasserabfluss ist die Grift, die das Wasser beim ehemaligen Müllerhaus im Auefeld in die Aue führt. Für die Oppeler hatte der Balksee eine große Bedeutung. In ihm fischten sie, er war der Transportweg zum Eichhofsberger Moor, Nordahn, Varrel und anderen Orten. Allerdings konnte der Balksee für Oppeln auch viel Unheil bringen. Konnte sein Wasser bei tagelangen Regenfällen oder bei Sturmfluten nicht abfließen, trat es über die Deiche und überschwemmte das ganze Sietland. Tage- und wochenlang stand das Wasser auf den Feldern und verdarb die Saat. Aue und Grift und die bei der Kolonisation angelegten Gräben konnten das Wasser nicht mehr ableiten. Nach der Weihnachtsflut von 1717, als große Gebiete überschwemmt wurden, wurde der Balksee durch das Elbwasser so versalzen, dass alle Fische tot waren und der Bestand sich erst Jahre später erholte.

Hochwasser 1931 (Archiv Engelhard).

[11] Staatsarchiv Stade: 41i/50, Situationsplan des Balksees, 1748
[12] Kreisarchiv Otterndorf: Nachlaß H. Gerdts, Nr. 5, Plan der Balcksee .... 1764, in der Legende J

DAS WASSER, EIN URALTES PROBLEM IN OPPELN

Als die ersten Menschen sich in Oppeln ansiedelten, hatten sie mit dem auflaufenden Seewasser der Tiden zu kämpfen sowie mit dem Moorwasser, das aus dem Hochmoor kam. Um sich vor dem Seewasser zu schützen, errichteten sie für ihre Häuser Wurten, und legten Deiche zum Schutz der Äcker an. Diese Deiche waren nicht so hoch wie wir das heute kennen, sondern nur etwa einen halben Meter hoch, wie man im Natureum Balje gut sehen kann. Sichtbar ist noch der Deich im Norderende an der alten Ortsgrenze und der Griftdeich in Oppeln sowie ein Stück des Reyeltsdeiches nördlich des Hauses „Am Balksee 8".

Als Oppeln kolonisiert wurde, legte man Gräben an, die ganz Oppeln in großer Zahl durchziehen, abgesehen von der Geest. Die Wettern laufen in Süd-Nord-Richtung entlang den alten Deichen und entwässern in die Auswettern und dann in die Aue. Die Gräben sind in Ost-West-Richtung gebaut und entwässern in Richtung Westen in die Wettern und Aue.

In Abständen wurde von der Gemeinde das Wetternschaufeln vorgenommen. Kurz nach dem 2. Weltkrieg fand die letzte Schaufelung der Osterwettern statt.

Die Wettern musste schlammrein und auf eine bestimmte Tiefe geschaufelt werden. Den Bericht dazu von Otto Griemsmann aus Oppeln gebe ich in verkürzter Form weiter: Der Deichgeschworene beaufsichtigte diese Arbeit. Alle Landbesitzer waren verpflichtet, im Hand- und Spanndienst an der Schaufelung teilzunehmen. Ebenfalls mussten sie ihre Gräben zur Wettern abdämmen. In Teilabschnitten von 100 m wurde die Wettern durch Spundwände abgedämmt, das Wasser abgelassen, dann wurde von etwa 20 Männern der Schlamm auf das Ufer geschaufelt. Die Schaufelung des Osterweges dauerte etwa 2 bis 3 Wochen. Am Norderende des Westerweges wurde von Adolf Meyer eine Wasserschnecke eingesetzt, die mit einem Göpel betrieben wurde.

Heute wird das Reinigen durch einen Bagger erledigt, wie es im Herbst 1999 am Westerweg geschah. Der erste Saugbagger wurde kurz nach dem 2. Weltkrieg an der Auswettern eingesetzt.

Ein weiteres Problem waren die Quellen unter dem Griftdeich, auch Börmen genannt. Sie befinden sich an drei Stellen. Um ihren Zufluss zu stoppen, wurden sie mit Dämmwänden und Auffüllen von Erde an der Oppelner Seite abgedichtet.

Durch den Torfabbau liegt das Moorland so niedrig, dass es bei langanhaltenden Regenfällen oft überschwemmt wurde. Die Aue konnte das Wasser nicht mehr abführen, der Balksee trat über die Ufer.

Aus dieser Not heraus schlossen sich die Leute in Verbänden zusammen, um durch eine größere Anzahl von Mitgliedern die Kosten für den einzelnen zu senken. Oppeln gehört zum Neuhäuser Deich- und Schleusenverband, der sich heute Wasser- und Bodenverband Neuhaus-Bülkau nennt. Der Kampf mit dem Wasser brachte häufig Streitigkeiten mit sich und ließ den Wunsch nach einem Entwässerungskanal entstehen. Schon 1764 musste der Ingenieurcapitän Isenbart den Balksee mit den Zuflüssen und der Abwässerung vermessen und eine Karte davon erstellen. Immer wieder machten die Sietländer den Versuch, einen Kanal zu bekommen. Der Oppelner Pastor Cooper versuchte, Geldmittel zur Finanzierung des Kanals zu erhalten und so den Beginn des Kanalbaus voranzutreiben. Nach jahrzehntelangen Versuchen wurde dann am 2. Juni 1852 im Garten des Amtmanns Schmidtmann mit dem Bau des Kanals begonnen. 80 Arbeiter waren daran beteiligt. Der Bau dauerte bis Dezember 1853, wurde aber erst im April 1854 dem Verband übergeben.

Pastor Carl Ferdinand Cooper (Archiv Kirchengemeinde Borstel).

Die Mitgliedschaft im Deich- und Schleusenverband brachte natürlich auch Pflichten mit sich. Um einen besseren Abfluss des Wassers zu gewährleisten, mussten regelmäßig Aue, Grift und die Gräben entschlammt werden, das sogenannte Kleigraben. Die Deiche mussten gepflegt, Brücken, Siele, Schüttels und Stöpe instand gehalten werden. Zur Überwachung dieser Pflichten wurden für jedes Kirchspiel Geschworene gewählt, und zwar ein Deich-, ein Schleusen- und ein Weggeschworener. Sie führten die Deich- und Wegeschauen durch, aber nicht immer zur Zufriedenheit der Obrigkeit. 1830 teilte das Königliche Amt dem Deichgräfen Segelcke mit, dass die Deichgeschworenen Christian Hinck zu Kehdingbruch und Peter Bartels zu Oppeln wegen Vernachlässigung ihrer Dienstpflicht eine harte Bestrafung und Absetzung von der Dienstpflicht zu erwarten hätten. Segelcke wurde angewiesen, die beiden sorgfältig zu beobachten. Um die Unterhaltung und Pflege finanzieren zu können, mussten Beiträge erhoben werden, die meist nach der Größe des Landes und nach der Schutzbedürftigkeit berechnet wurden. Über die Art der Berechnung des Beitragsfußes wurden öfter Streitigkeiten geführt. Heute ist für die Unterhaltung der Gewässer der II. Ordnung der Unterhaltungsverband Untere Oste zuständig. Die Gewässer der III. Ordnung unterhält der Wasser- und Bodenverband Neuhaus-Bülkau, Abteilung Oppeln. Durch ein Vorstandsmitglied und 3 Ausschussmitglieder wird die Abteilung Oppeln, die einen eigenen Haushalt hat, im Verband vertreten. Derzeitiges Vorstandsmitglied ist Hans-Otto Griemsmann.

Wichtig war die Pflege auch deshalb, weil der Verkehr zum größten Teil auf dem Wasser stattfand. Das wichtigste Verkehrsmittel waren die Flöten, flache Kähne. Auf ihnen wurde das Getreide, der Torf, die Fische, Baumaterialien und andere Waren transportiert. Das Getreide konnte auf der Aue zur Mühle gefahren werden. Ebenso fuhr man mit den Flöten zur Kirche zu den Gottesdiensten, den Taufen und mit den Leichen zu Beerdigungen. Bei „Land unter" wurden die Milchkannen mit den Flöten von der Straße geholt. Auch die Fahrt zur Abendvisite fand dann auf diese Weise statt.

Das ging natürlich nicht immer problemlos vor sich. Es konnte passieren, dass ein Kahn umkippte und der Führer ertrank. Das berichtet auch das Kirchenbuch von Oppeln. Dort ist zu lesen von dem 47-jährigen Tewes Ahrend aus Bovenmoor (Kirchspiel Oppeln), der am 6. Februar 1783 mit seiner Flöte Torf nach Neuhaus bringen wollte. Er verunglückte mit der Flöte und ertrank in der Aue. Der 20-jährige Johann Schade war am 12. Oktober 1785 mit seiner Flöte auf dem Balksee unterwegs, um Torf vom Eichhofsberger Moor zu holen. Unter welchen Umständen er verunglückte und ertrank, ist nicht bekannt. Seine verweste Leiche wurde 14 Tage später gefunden.

Als 1931 noch vor der Heuernte starkes Regenwetter einsetzte und die Wiesen bis September unter Wasser setzte, verlangten Oppelner Einwohner den Bau eines Schöpfwerkes. Aber die Hochländer waren dagegen. Sie hatten ja keinen Nutzen davon, sondern nur höhere Kosten. Daraufhin entwarfen 1935 Gemeindeschulze Engelhard, Ortsbauernführer Buck, Gemeinderat Hinrich Küver und Lehrer Tiedemann eine Denkschrift, die sie den Behörden vorlegten. In dieser Denkschrift wurde versucht, die Schäden in Zahlen darzustellen und so den Bau eines Schöpfwerkes voranzutreiben. Auch im Winter 1936 standen Oppelns Ländereien unter Wasser. Da die Hochländer durch Stimmenmehrheit den Bau des Schöpfwerkes verhinderten, wurden einige vom Wasser umgebende Höfe fotografiert und mit einer weiteren Denkschrift an die Behörden weitergeleitet. Auch von Reyelt aus Grift wurde ein ähnlicher Versuch unternommen. So wurde dann das Schöpfwerk gebaut. Zur schnelleren Entwässerung wurde 1937 durch den Schleusenverband eine 3. Wettern vom Reicharbeitsdienst gegraben. Die Triftackerwettern verläuft vom Süderende bis zum Schwarzen Weg westlich des Osterweges und dann am Schwarzen Weg entlang in die Aue.

Zwar ist Oppeln durch das Schöpfwerk weitgehend trocken, das aber zieht wieder andere Probleme nach sich. Durch die Senkung des Grundwasserspiegels stehen die Pfähle, die für den Hausbau ins Erdreich gerammt sind, nicht mehr im Grundwasser und werden morsch. Das hat zur Folge, dass sie brechen und die Häuser nachsacken. Deshalb reißen an vielen Häusern die Wände.

Hochwasser im Norderende nach langanhaltenden Regenfällen im Oktober 1998.

1998 war ein regenreiches Jahr. Der Boden war mit Wasser vollgesaugt. Im Oktober fielen dann außerordentlich große Mengen Regen, so dass der Boden das Wasser nicht mehr aufnehmen konnte. Überall stand das Wasser auf den Weiden und Äckern. Der Mais konnte nicht geerntet werden. In den Schöpfwerken stieg der Stromverbrauch rasant in die Höhe, um die Wassermassen aus dem Sietland in die Elbe zu pumpen. Zeitweilig sah es so aus, als ob das Balkseewasser über die Deiche schwappen und ihn an zwei Stellen brechen lassen würde. Am 31. Oktober war die Situation so kritisch, dass Feuerwehrleute und zahlreiche freiwillige Helfer den Deich mit Sandsäcken sichern mussten. Erst mit Beginn des ersten Frostes war das Wasser einigermaßen abgepumpt.

STURMFLUTEN IN OPPELN UND IHRE ZERSTÖRUNGEN

Die Weihnachtsflut 1717

Viele große Sturmfluten haben in unserer Heimat Schaden angerichtet. Aber erstmals schriftliche Nachrichten für Oppeln gibt es von der Weihnachtsflut im Jahre 1717.

In der Nacht vom 24. auf den 25. Dezember brach ein ungeheurer Sturm los, der das Wasser der Nordsee in die Mündung von Elbe und Weser drückte. Am frühen Morgen des 1. Weihnachtstages war der Sturm so stark, dass er das Wasser gegen die Deiche drückte und sie brechen ließ. Auch am Ostedeich entstanden zahlreiche Brüche. Die Menschen wurden während des Schlafes von dem hereinbrechenden Wasser überrascht.

Am 27. Dezember machte sich dann der Amtmann von Neuhaus in Begleitung eines Studenten zu einer Fahrt mit einem Boot auf, um sich über die Schäden im Amt zu informieren. In einem Bericht an einen Herrn Ergytrophel und einen Abt berichtete der Student über seine Erlebnisse während dieser Fahrt, die ich nachfolgend mit verwertet habe[13].

Das ganze Land war eine einzige Wasserwüste, aus der nur die Wingst herausragte. Überall in den Dörfern ragten nur die Dächer aus dem Wasser, in dem tote Menschen, Möbel und sogar alte Särge trieben. Die Menschen saßen auf den Böden der Häuser, oft nur mit einem Hemd bekleidet, streckten weiße Kerzen aus und schrien jämmerlich um Rettung. Der Amtmann und der Student versuchten so viel Menschen wie möglich zu retten und gaben ihnen Brot, Bier und Branntwein. Einige Menschen stillten ihren Durst, indem sie ihren eigenen Urin tranken, andere versuchten Regenwasser aufzufangen, das sie mit Fingerhüten unter sich aufteilten. In Neuhaus saß ein Mann in einem überfluteten Haus fest, das keine Öffnung mehr hatte. Da er nichts hatte, womit er ein Loch in das Dach machen konnte, nagte er solange mit den Zähnen an einer Latte, bis sie so brüchig war, dass er sie durchbrechen konnte. Den Bauern war die Rettung des Viehs oft wichtiger als die der eigenen Kinder. Als z. B. ein Junge auf einem Pferd an seinem Vater vorbei schwamm, bat der Vater zuerst um die Rettung seiner Kühe und dann um die des Sohnes. Wahrscheinlich, weil der Verlust des Viehs ein finanzieller war, während Kinder unterhalten werden müssen und so Geld kosten. Hatten sich die Leute dann auf die Geest retten können, wurden sie von Plünderern überfallen und ausgeraubt. Die Plünderer waren auch mit Booten unterwegs, um die Häuser auszurauben. Darüber schreibt der Student: *„...ja ein Prediger zu Oppeln hat in seinem hauße zusehen müßen, daß man seine Cuffer auff geschlagen und biß 1000 Rthlr. heraußgenommen..."*

In einer Bittschrift schreibt der Oberndorfer Pastor, dass das ganze Amt 8 Fuß unter Wasser stehe und Häuser, Menschen und Vieh weggetrieben sind, sonderlich aber Oppeln und Bülkau (vermutlich Bülkau Süderende) auf das äußerste ruiniert seien. Das bestätigt auch

[13] Niedersächsisches Hauptstaatsarchiv Hannover: Hann. 91, Nr. 66 - von Hattorf, Bl. 8 - 11

eine Schilderung in den Wassermühler Schulakten, die aussagt, dass das Dorf Oppeln fast völlig vernichtet ist.

Wie mag es damals in Oppeln ausgesehen haben? Die Wucht und das Steigen des Wassers ließen 90 Wohnhäuser und 2 Nebengebäude wegtreiben. Dies konnte durch die Bauweise geschehen. Da die Häuser früher aus einem Holzgerüst in Ständerbauweise mit Fachwerk bestanden, die auf Feldsteinen ruhten, bekamen sie beim Steigen des Wassers Auftrieb und trieben weg. Strömte das Wasser herein, riss es die Lehm-Füllung aus dem Gefache heraus. Alles, was nicht fest war, nahm das Wasser mit. Wobei dann oft auch das Vieh verloren ging. Baufällige Häuser wurden wohl ganz zerstört.

13 Menschen waren ertrunken, ein 3-jähriger Junge verdurstete. Besonders betroffen war die Familie von Claus Küver. Seine Frau Margreth und 4 Kinder ertranken. Die Sterblichkeitsrate erhöhte sich nach der Katastrophe, da einige Menschen später an den Folgen starben. Da der Kirchhof in Oppeln unter Wasser stand, wurden die Toten in Cadenberge beerdigt. Nach einem Vergleich mit den Sammelregistern von 1717, 1721 und der Feuerstättenzählung von 1721 müssen die Ertrunkenen vorwiegend im Norden gewohnt haben. Unvorstellbar muss die Not in Oppeln gewesen sein. Das Wasser stand in den Häusern je nach Lage etwa 1 - 2,5 m hoch. Nach mündlicher Überlieferung soll das Wasser sogar auf der Oppelner Geest gestanden haben. Im Haus Oppelner Geest 4 bis zum Ofenloch, im Haus Oppelner Geest 6 bis zum Feuerloch.

Die Menschen, die schon immer mit dieser Gefahr leben mussten, waren vermutlich auf so eine Katastrophe eingerichtet. Sie retteten sich auf den trockenen Boden und warteten dort auf Hilfe oder verbrachten dort ihre Zeit, bis das Wasser gesunken war. Als es dann gesunken war und die Häuser sich auf Land gesetzt hatten, konnten die Bewohner ihre Häuser auseinandernehmen und entweder an der alten Stelle oder einer anderen Stelle wieder aufbauen. Für den Wiederaufbau von Fachwerkhäusern und das Ausmauern der Gefache brauchte man nicht soviel Zeit wie heute bei der Reparatur eines zerstörten Massivbaues.

Der größte Schaden bestand in Oppeln sicherlich im Verlust des Viehs und der Versalzung des Ackerbodens. Erst nach 2 Jahren soll der Balksee salzfrei gewesen sein.

Der Müller Hinrich Katt bat bei der Königlichen Kammer um Erlassung seiner Pacht, da er sein Wohnhaus mit Hausrat und allem Vieh verloren hatte.

Auch in der Kirche hat die Sturmflut ihre Spuren hinterlassen: Laut Kirchen-Rechnungsbuch musste für den Klingelbeutel neuer Samt angeschafft werden, da dieser ganz vernichtet war. Das Tuch auf dem Taufbecken war vom Wasser weggeschwemmt worden und musste wieder ersetzt werden. Sicherlich hat die Sturmflut auch zur erhöhten Baufälligkeit der Kirche beigetragen. Die zerstörten Eichenbäume vom Friedhof kaufte Pastor Mohr. Von dem Holz für den neuen Kirchturm, dass man im Graben gelagert hatte, ging nur ein Balken verloren. Den Kirchenmeiern wurde die Pacht für ein Jahr erlassen.

Pastor Bergstedt und seine Amtskollegen mussten einen Schadensbericht abliefern. Seine Schadensmeldung sah folgendermaßen aus:

	Rthlr.	**Sch.**
An Horn-Vieh 5 Kühe, rechnet oder schätzt sie auf	90	
3 junge Grasrinder	18	
2 fette und 1 mageres Schwein	32	
1 Pferd	40	
An Korn:		
24 Himpten Roggen	16	
12 Himpten Weizen und 8 Himpten Malz	13	
6 Diemen Weizen verdorben	12	
12 Diemen Habern verdorben	12	
An Kuffern und Laden		
1 Kuffer, darinnen der Frauen gantze Aussteuer	200	
1 Kuffer, worin 1 guter Ehr- und Nothpfennig, 1 Lade Leinenzeug	50	
1 groß und klein Kleiderschap	30	
1 ruhbank und zween tische	12	
zween lederne stühle	4	
an nöthigem Hausgeräth	50	
An Kleidern: Meine zween Röcke und das Frauenkleid	100	
An Gebäuden: An der eigenen Scheune, so ruinirt	20	
an Torff 24 Fuder	12	
seine besten Bücher	150	
die besten und auch geringere Bett-Gardinen		22-32
Speck und Fleisch, so ihn gestohlen	12	
Summa	**907**	**32**

Bergstedt wurde wegen der erlittenen Schäden 1720 nach Trupe-Lilienthal versetzt. Wegen der Kühe gab es dann Streit mit der Kirchengemeinde und dem Nachfolger Pastor Mohr. Pastor Bergstedt hatte 1717 zwei Kühe geschlachtet. Bei der Weihnachtsflut 1717 sind alle Kühe umgekommen. Er war aber der Ansicht, dass die geschlachteten Kühe aus seinem Bestand stammten. Sein Nachfolger Pastor Mohr war dagegen der Meinung, dass die strittigen Kühe die ihm zustehenden „Eisernen Kühe" waren. Es kam zu einem Prozess beim Königlichen Konsistorium. Pastor Bergstedt wurde verurteilt, seinem Nachfolger die strittigen Kühe zu liefern. Es sei denn, er könne innerhalb der nächsten 6 Wochen beweisen, dass er statt der geschlachteten Kühe zwei neue beschafft hätte, und diese dann bei der Wasserflut umgekommen wären.

Auch Küster Hinrich Ralle hatte eine Schadensmeldung aufgestellt. Diese lautete so:

	Rthlr.	Sch.
1 Kasten, 3 eichene Fußbänke, 2 kleine Kuffer, 2 kleine eichene Laden, 1 eichen Lade, noch 2 kleine Ruhebänke, 1 schap, 3 bettstädten, 3 tische, 1 Hand-Haspel, 1 Kupfer Grapen, 1 Malzdarre, noch Hausgereht, aestimat (geschätzt)	194	
Eine Scheune von 4 Fachen, 1 Grützmühle, 1 Thüre, 24 Fuder Torff	131	
Schweine Kasen, 2 Graßrind und 2 Kälber, 1 Fettschwein, 2 Magerschweine, 4 alte Schafe, 1 jung Schaf, 6 Hüner. Summa	314	8
20 Diemen Haber, 3 Himpten Roggen	66	
Summa	**732**	**8**

Die Februarflut 1825

Von der Sturmflut am 3. und 4. Februar 1825 hat Oppeln keine direkten Schäden erlitten. Das Seewasser stand zwar in der Aue, lief aber nicht über die Deiche. Da kein Wasser abfließen konnte, staute sich das Wasser des Balksees und der Geest im tiefliegenden Oppeln so hoch, dass die höchsten Teile der Ländereien erst nach 8 Wochen wieder sichtbar wurden. Dadurch war die Wintersaat verdorben. Im Jahr darauf wurde unser Dorf vom hitzigen Gallenfieber (Typhus) heimgesucht.

Erinnerungen an die Sturmflut 1962

Bei der Sturmflut in der Nacht vom 16. auf den 17. Februar 1962 hat es in Oppeln keine Überschwemmungen gegeben. Trotzdem möchte ich meine eigenen Erinnerungen, damals war ich acht Jahre alt, dazu aufschreiben.

Irgendwann am späten Abend des 16. Februar klopfte unser Nachbar Heini Reyelt bei meinen Eltern an das Schlafzimmerfenster und rief: „Dat Woter kummt!“ Eilig wurden wir größeren Kinder (Dieter, Käte, Christa, Frieda, Renate und ich) aufgeweckt. Zuerst mussten wir uns anziehen, um im Ernstfall zu meiner Tante Anni Buck zu gehen, die in Altkehdingen wohnt, also auf der Geest und somit höhergelegen. Das Anziehen geschah in der Weise, was man heute den „Zwiebellook“ nennt. Wir mussten nämlich soviel Kleider, Röcke und Pullover usw. übereinander anziehen, wie nur möglich war, damit im Fall einer Überschwemmung so wenig Zeug wie möglich beschädigt wurde. Dabei erinnere ich mich an einen Rock, der sehr viel kleine Knöpfe hatte, und die ich alle zuknöpfen musste. Auch die beiden Kleinsten, Gisela und Heino, wurden so angezogen. Da Heino noch ein Baby war, wurde der Kinderwagen als Transportmittel in Betracht gezogen. Ich erinnere mich noch, welche Angst ich hatte bei dem Gedanken, zu Fuß zu meiner Tante (ca. 2 km) gehen zu müssen und das Wasser käme schon. Dann wurden alle wichtigen Dinge nach oben gebracht. Ich erinnere mich hauptsächlich an die Einmachgläser.

Die Nacht hat die ganze Familie in der Stube verbracht. Und zwar fertig angezogen, damit wir jederzeit losgehen konnten. Matratzen wurden auf den Fußboden gelegt, damit wir etwas schlafen konnten. Es war schon ganz unheimlich, wie der Sturm um das Haus heulte und dann die Angst vor dem Wasser. Am nächsten Morgen brauchten wir dann nicht zur Schule gehen. Der einzige, der sich auf den Weg gemacht hatte, war Erich Butt, wie wir von unserem Küchenfenster aus sehen konnten.

Die Schule

DAS SCHULLEBEN VOR 1900

Nach den Schulakten der Kirchengemeinde Oppeln im Kirchenarchiv Bülkau

Schulkinder um 1897 (Archiv I. Borchers).

Nach dem Visitationsbericht von 1588 war noch keine Schule in Oppeln vorhanden. Zum erstenmal wird 1592 ein Schulmeister Johannes Schomacher genannt. Er wird dieses Amt aber nicht so ausgeführt haben, wie wir es heute kennen. Da die Schule unter Aufsicht der Kirche war, wurde auch dementsprechend unterrichtet. Der Schulmeister hatte den Kindern den Katechismus und das Singen der kirchlichen Lieder beizubringen. Dafür bekam er wöchentlich von jedem Kind einen Schilling. Des öfteren wurde bei den Visitationen um 1700 angemahnt, dass die Kinder den Katechismus üben, deutlich sprechen und regelmäßig zur Schule kommen sollten. Die Hauptschulzeit war im Winter, da die Kinder im Sommer bei ihren Eltern als Hilfe für die Bestellung der Felder und die Ernte unentbehrlich waren. Da die Wege bei starkem Regen oft überflutet oder schlecht begehbar waren, hatte man im Süderende eine Nebenschule eingerichtet, die im Winter von den Kindern des Süderteiles und Bovenmoor (Kirchspiel Oppeln) besucht wurde. Sie wurde 1704 zum ersten Mal genannt. War das Land überflutet, fuhren die Kinder mit den Flöten zur Schule. Wenn aber die überfluteten Flächen gefroren waren und das Eis hielt, liefen die Kinder auf Schörken (Schlittschuhen) zur Schule. In der Sommerzeit fand die Schule nur zweimal wöchentlich statt. Kamen die Kinder nicht regelmäßig zur Schule, weil sie den Eltern im Hause helfen mussten oder aus Geldmangel das Schulgeld nicht entrichtet werden konnte, wurden die Eltern vom Königlichen Landgericht bestraft.

Wie in vielen Dorfschulen üblich, waren alle Kinder in einem Klassenraum untergebracht. Sie waren in drei Klassen unterteilt. Die Schule wurde einmal jährlich vom Pastor als Lokalschulinspektor visitiert. Dazu hatte er sich vorher beim Lehrer anzumelden und den Kirchenvorstand einzuladen. Der Pastor musste sich über den Zustand des Hauses und des Unterrichtsraumes sowie dessen Einrichtung einen Eindruck verschaffen. Danach wurden die Kinder und der Lehrer beim Unterricht beobachtet.

Bei der Visitation 1876 tadelte Pastor Werbe die Aborte. Für die 70 Schulkinder war nur ein Abort vorhanden, der auch noch von Jungen und Mädchen gemeinschaftlich benutzt wurde. Es müssten daher getrennte Aborte geschaffen werden. Ebenso müsse ein Pissoir eingerichtet werden, denn die Jungen stellten sich überall hin und suchten noch nicht einmal Deckung für ihre Notdurft. Dann tadelte er die Höhe der Schulbänke und Tische. Dazu schreibt er folgendes: *Dieselben sind hinreichend vorhanden, nur sind dieselben für die jüngeren Kinder zu hoch. Die Beine schweben in der Luft, die Holzschuhe fallen daher oft mit großem Geräusch zur Erde, wodurch eine Störung im Unterricht entsteht. Das Übel wäre leicht dadurch zu ändern, dass bei den Bänken der kleinen Schulkinder eine Leiste befestigt würde, die als Fußschemel dient.*

Der landesweite Katechismusstreit in den Jahren 1862/63 wurde auch in Oppeln durchgeführt. Gegen die Einführung eines neuen Katechismus wehrten sich die Eltern, da dieser ihrer Meinung nach ungesetzlich und überflüssig sei und nur unnötige Kosten bedeuten würde.

1869 gab es zwischen dem Lehrer Büggeln und Pastor Koch Unstimmigkeiten. Koch hatte einen anonymen Brief erhalten, in dem er verleumdet wurde. Der Kirchenvorstand vermutete als Verfasser Lehrer Büggeln und ersuchte um Entlassung des Lehrers. Man warf ihm Misshandlung der Schüler und Gebrauch von unflätigen Worten vor. Außerdem soll sein Lebenswandel nicht der beste gewesen sein. Dieser Streit dauerte einige Jahre, in dem der Kirchenvorstand auch die Versetzung von Lehrer Büggeln beantragt hatte, aber später wieder zurückzog. Pastor Koch wurde 1870 versetzt, vielleicht auch auf eigenen Wunsch.

Der Lehrer wurde durch den Kirchenvorstand gewählt und vom Konsistorium bestätigt. Nachdem Lehrer Büggeln verstorben war, war die Stelle neu zu besetzen. Am 6. Mai 1875 waren einige Einwohner im Pfarrhaus erschienen, um Pastor Werbe den Wunsch vorzutragen, dass Lehrer Tecklenburg aus Dobrock diese Stelle bekommen solle. Daraufhin wurden die Zeugnisse eingefordert und auf der nächsten Kirchenvorstandssitzung verlesen. Der Kirchenvorstand kam zu dem Schluss, von einer Empfehlung von Seiten des Schulvorstandes abzusehen, *„ ... da es schwer zu beurtheilen sei, ob der Lehrer Tecklenborg zu Dobrock geeignet sei, dem hiesigen Schulwesen als erster Lehrer vorzustehen, wenngleich seine Leistungen als Organist den Ansprüchen der Gemeinde wohl genügen würden"*. Auch bei der Schulvorstandswahl 1887 in Dobrock fiel für Tecklenburg das Urteil nicht gut aus, da man ihn nicht als Mitglied haben wollte „weil er kein Mann und Lehrer ist", obwohl er erster Lehrer war. Der 1. Vorsitzende Pastor Werbe, Cadenberge, sagte dazu: „Obwohl das Urteil nicht falsch ist, kann das kein Grund sein, für alle Zeiten den zweiten, den jüngeren Lehrer zum Schulvorsteher zu machen". Jahre später stellte Tecklenburg einen Antrag zur nebenamtlichen Übernahme des Rendantenamtes der Spar- und Darlehnskasse. Wegen immer geringer werdender Schulleistungen wurde dem Antrag nicht stattgegeben. Als Lehrer war er wohl nicht sehr gut. 1877 betrug die Schülerzahl 120 Kinder, davon 60 Mädchen und 60 Jungen. Um die verschiedenen Dialekte für einen Deutschen Sprachatlas aufzunehmen, wurden die Schulen im Winter 1879/80 vom Sprachforscher Dr. Georg Wenker angeschrieben. 40 vorgegebene Sätze sollten in die ortsübliche Sprache übersetzt werden. Diese Forschung wurde um 1938 wiederholt. 1940 erarbeitete Lehrer Diercks mit den Schülern 200 Wörter und übertrug sie ins Plattdeutsche[14].

Die Schule 1898 (Original im Staatsarchiv Stade).

DIE NEBENSCHULE ODER SÜDERSCHULE

Die Nebenschule war für die Kinder des Süderendes eingerichtet worden, die die Schule im Winter besuchten, denn die Fußdeiche waren im Winter oft überschwemmt oder ganz matschig, so dass man knöcheltief im Morast versank. Die Schule ist zum erstenmal 1704 erwähnt, denn es konnte damals noch kein Nebenschulmeister für den Sommer eingestellt werden. Deshalb mussten die Kinder noch 2-mal wöchentlich zur Kirchspiels-Schule gehen. Der Nebenschullehrer wurde von der Schulgemeinde gewählt und vom Pastor geprüft und bestätigt.

Im Kirchenlagerbuch wird berichtet, dass der Nebenschulmeister die Schulstube selbst mieten musste. Wahrscheinlich war sie irgendwo auf einer Diele oder in einem größeren

[14] Deutscher Sprachatlas, Universität Marburg, Fragebögen von 1879/80 und 1938 mit Übersetzung

Raum im Haus des jeweiligen Nebenschulmeisters. Auf jeden Fall war sie von schlechter Beschaffenheit, da der Lehrer für die Kosten selbst aufkommen musste. Tische waren nicht genug vorhanden, und die Kinder mussten auf sogenannten Schreibbrettern, die man auf den Schoß legte, schreiben. Zum Heizen brachten die Kinder der Reihe nach Torf mit. Der Lehrer bekam 1828 von den Interessenten (den Eltern der Kinder) 15½ Reichstaler und dazu Reihetisch, d. h. er ging bei den Interessenten nacheinander, jeden Tag woanders, zum Mittagessen. 1837 richteten die Interessenten ein Gesuch an die Kirchen-Kommission für den Bau einer Nebenschule, dieses wurde auch genehmigt. Im gleichen Jahr wurde die Nebenschule erbaut, eine armselige Hütte mit Lehmwänden, die nur aus dem Unterrichtsraum bestand. Einwohner, die hier zur Schule gingen, berichteten später, dass die Decke so niedrig war, dass sie die Federkiele hinein stecken konnten. 1852 erhielt der Winterschullehrer 20 Taler vom Konsistorium und 25 Taler Schulgeld von den Interessenten für 55 Kinder und Reihetisch.

Pastor Werbe hielt im Februar 1877 eine Visitation in der Nebenschule ab. Zu der Zeit tat Hinrich Küver, gerade 20 Jahre alt, seinen Dienst als Nebenschullehrer. In seinem Visitationsbericht schrieb der Pastor zum Punkt Gesang: *„Der Unterzeichnete* (Pastor Werbe) *verzichtete auf den Genuß des Gesanges, denn derselbe kennt durch andere Beispiele der Schule, wie herzzerreißend schlecht derselbe ist. Der Lehrer hat gar kein Gehör, singt durch die Nase und macht die Melodien selber, die nur einige Ähnlichkeit mit den bekannten Melodien haben".* Küver war später Gemeindevorsteher von Oppeln (Nr. 77).

Die Nebenschule wurde meist mit Lehreranwärtern besetzt, die nur einen Winter unterrichteten. So lernten die Kinder in der Nebenschule nicht so viel wie in der Hauptschule. Aus diesem Grund setzten sich die Pastoren für eine Schließung der Nebenschule ein. Als durch den Bau des Neuhaus-Bülkauer Kanals die Wegeverhältnisse besser geworden waren, konnte man den Kindern den Weg zur Hauptschule zumuten. Und so wurde die Nebenschule nach längeren Verhandlungen am 29.9.1877 aufgelöst. Das Haus wurde 1882 an Heinrich Brüning verkauft und dann abgebrochen.

Das Bild zeigt vermutlich die Oppelner Nebenschule, die 1877 aufgelöst wurde (Archiv Richard Bahlke).

DAS SCHULLEBEN AB 1900

Bearbeitet nach der Schulchronik von Oppeln und mündlicher Überlieferung

Im Herbst 1900 tritt August Sindram seinen Dienst als Lehrer an. 1909 besteht die Schulgemeinde aus 97 Familien mit 449 Seelen, wovon 85 Schulkinder sind. Der Schulvorstand bestand aus dem Ortsschulinspektor (Pastor), dem Lehrer, dem Gemeindevorsteher und drei vom Ortsausschuss gewählten Schulvorstehern. Vorsitzender war gewöhnlich der Pastor. Der Lehrer erhielt nach dem Lehrerbesoldungs-Gesetz von 1897 jährlich ein Grundgehalt von 1.000 M. Da das Lehreramt damals mit dem Küsteramt verbunden war, hatte der Lehrer auch noch Einkünfte aus diesem Amt in Höhe von insgesamt 460,30 Mark.

1912 wurden in der Schule 94 Kinder unterrichtet, und das in nur einem Klassenraum. Deshalb wurde beschlossen, einen zweiten Klassenraum anzubauen (s. Küsterhaus) und einen zweiten Lehrer einzustellen. Hermann Wiebusch trat seinen Dienst als 2. Lehrer nach den Herbstferien 1913 an. Normalerweise dauerten die Herbstferien vom 8. – 17. Oktober. Aber in diesem Jahr wurde Oppeln von einer Scharlachepidemie heimgesucht, die in der Familie Heinrich Junge (Nr. 85) innerhalb einer Woche drei Kindern das Leben kostete. So fing der Unterricht erst am 9. November wieder an.

Im 1. Weltkrieg ordnete die Regierung an, dass durch die Schulen zur Verwertung des Knochenfettes Knochen gesammelt werden sollten, außerdem Arzneipflanzen, Teepflanzen, Frauenhaar und Altpapier. 6 Pfund Teekräuter und 6 Zentner Altpapier sammelten die Schulkinder.

Am 1.10.1919 wurde die geistliche Kreisschulinspektion aufgelöst. Die Verwaltung der Schulen erfolgte jetzt durch Lehrer. Von den 4 Inspektionsbezirken, die jetzt eingeteilt wurden, gehörte Oppeln zum Inspektionsbereich Wassermühle unter Leitung von Lehrer August Arp. Weiterhin wurde ein Elternbeirat gewählt, der in Oppeln aus 5 Mitgliedern bestand. 1920 gingen in Oppeln 112 Kinder zur Schule, 54 Mädchen und 58 Jungen. Aufgrund fehlenden Heizmaterials fiel im Februar und März 1922 wegen der strengen Kälte an manchen Tagen der Unterricht aus. Sindram schied 1927 wegen eines nervösen Leidens aus dem Schuldienst aus. Seine Stelle erhielt dann Rudolf Schröder aus Dornbusch.

Weihnachten 1927 veranstaltete die Schule eine Weihnachtsfeier im Gasthaus Schult (Nr. 45). Die Kinder führten Weihnachtsspiele und Volkstänze vor, auch Lieder und Gedichte wurden dargeboten. Die Darbietungen fanden bei den Zuschauern große Zustimmung. Der Gewinn von 25,06 M. aus dieser Veranstaltung wurde 1928 für die Errichtung einer Schulbücherei verwendet. Aus billigen Sammlungen des Hillger- und Schoffsteinverlages wurden 54 Bücher aus verschiedenen Sachgebieten angeschafft. Verwaltet wurde die Bücherei von den Kindern. Als der Auswanderer Henry Henning aus Flushing New York 1929 der Schule 5 Dollar stiftete, wurde auch dieser Betrag für die Schulbücherei verwendet. Nachdem Schröder versetzt wurde, bekam Hermann Tiedemann den Posten des 1. Lehrers.

Das größte Problem der Schule war, dass die Jungen in der Landwirtschaft helfen mussten. In vielen Familien war der Vater als Arbeiter oder Tagelöhner beschäftigt. Da die Mutter Haushalt und Landwirtschaft allein besorgen musste, wurden die Kinder zu diesen Arbeiten herangezogen. Das wirkte sich natürlich auf die Schulleistung aus. Der Chronist schreibt dazu: „Am 28. August 1929 habe ich die Knaben nach ihrer Beschäftigung am Tage vorher befragt. Von den 8 Knaben der oberen vier Jahrgänge hatten nur 2 ihre Schularbeiten am Nachmittag machen können. Die anderen haben erst nach schweren landwirtschaftlichen Arbeiten, z. B. Heuabladen, Heu auf dem Boden stecken, Wasser zur Weide tragen, Hafergarben zurückwerfen, ihre Schularbeiten machen dürfen. Von den anwesenden 8 Knaben mussten 3 am Morgen, von 5 Uhr an, und 3 nach dem Abendbrot, bei Petroleumlicht, ihre Schularbeiten machen. Nach solchen Tagen ist dann ein großer Teil der Kinder ermüdet. Ihre Schularbeiten sind teilweise ungenügend ausgeführt." Manchmal mussten die Kinder noch vor dem Unterricht Erntearbeiten machen. Nachdem der 2. Lehrer Tegthoff Oppeln 1936 verließ, blieb diese Stelle bis 1948 unbesetzt.

1938 verließ Tiedemann Oppeln. Danach unterrichtete Junglehrer Hoppe aus Neuenkirchen bis zur Einberufung zum Militär. Sein Nachfolger Junglehrer Planert aus Warstade war nur 3 Monate in Oppeln, da er in den Krieg ziehen musste. Ab Dezember 1939 wurden die Lehrer Dierks aus Grift und Wichmann aus Westerhamm beauftragt, in Oppeln zu unterrichten. Sie unterrichteten jeweils 2 Tage in der Woche in Oppeln, so dass an diesen drei Schulen 4 Tage in der Woche Unterricht stattfand. Strenger Frost und viel Schnee verhinderten im Winter 1939/40 den Schulbesuch. Wegen Kohlemangel wurden auf Anordnung der Regierung die Schulen geschlossen. Jeden zweiten Tag mussten die Kinder in der Schule erscheinen und sich Hausaufgaben abholen. Erst am 29. Februar wurde wieder regelmäßiger Unterricht erteilt. Als Diercks im April 1943 zum Militär einberufen wurde, versah Wichmann den Unterricht an unserer Schule 3 Tage in der Woche. Die anderen 3 Tage war er in Westerhamm. Oppelner, die bei ihm Unterricht hatten, erzählten, dass er ein sehr strenges Regiment führte. In der Klasse hatte es ganz still zu sein, nur die Uhr durfte man noch ticken hören. Nicht einmal die Holschen (Holzschuhe) durften zu hören sein, und das bei 7 Kindern in einer Bank. Mit dem Rohrstock war der Lehrer sehr schnell zur Stelle. Wer im Diktat 5 Fehler hatte, bekam schon Schläge. Nach der Kapitulation der Deutschen Wehrmacht am 7./8. Mai 1945 wurde auf Anordnung der Militärregierung die Schule für den Unterricht geschlossen. In die Klassenzimmer wurden etwa 20 Soldaten einquartiert. In dieser Zeit konnten die Kinder bei Hanna Grönwoldt Privatunterricht nehmen. Mitte September durfte in den Schulen wieder unterrichtet werden. In Oppeln war das noch nicht möglich, da die Lehrerstelle noch unbesetzt war. Am 13. November 1945 trat der Lehrer und Organist Bruno Bechstedt aus Franzburg, Vorpommern, seine Stelle an. Zu dieser Zeit waren 82 Schüler an der Schule, davon 20 % Flüchtlinge. Um überhaupt Unterricht abhalten zu können, mussten die durch die Einquartierung deutscher Soldaten nicht gut behandelten Klassenräume wieder hergerichtet werden. Torf und Holz zum Heizen wurde von den Haushalten geliefert. Durch den häufigen Unterrichtsausfall waren große Wissenslücken entstanden, die wieder geschlossen werden mussten. Weitere Schwierigkeiten bereitete das Fehlen von Schreibheften, Lese- und Rechenbüchern und Kreide. Jeder leere Zettel wurde zum Schreiben genutzt. Als im Juni 1946 ein starker Flüchtlingsstrom eintraf, erhöhte sich die Schülerzahl auf 122. Ein weiteres Problem war die Nahrungsmittelknappheit. Unterernährte Kinder mussten bei Bauern zum Essen untergebracht werden. Am 15. Mai 1948 begann August Bluhm seinen Dienst als 2. Lehrer an der Oppelner Schule. Weihnachten 1948 vereinte die Weihnachtsfeier auf Tiedemanns Saal Einheimische und Flüchtlinge. Vom Überschuss in Höhe von 498 RM konnten viele

Hefte und Schulbücher gekauft werden. Große Freude herrschte nach Weihnachten 1949 in der Schule. Von Anna Schults Tochter aus USA kamen 2 Überraschungspakete gefüllt mit Weihnachtsstollen, Kakao und Bonbons. 1949 erhöhte sich die Schülerzahl nach einer kurzen Senkung auf 124. Durch Geldsammlungen konnten 6 Schultische und 12 Schulstühle angeschafft werden und so das Platzproblem gemindert werden. 1950 werden 113 Kinder unterrichtet, 1951 sind es 100 Kinder, und 1952 nur noch 87. Viele Flüchtlinge sind wieder weggezogen. Am 1. Dezember 1950 erlebten die Schulkinder gemeinsam mit Schülern aus 9 Schulen der Umgebung eine Aufführung im Schauspielhaus Hamburg. Für dieses Unternehmen wurde ein Sonderzug eingesetzt. Ein Festtag für die Schulkinder war der Cadenberger Markt. An diesem Tag bekamen die Schulkinder frei, um sich auf dem Markt vergnügen zu können. Schon 1952 kannte man Betriebsbesichtigungen. Etwa 30 Kinder durften im September die Molkerei von Bülkau besichtigen, was sie mit regem Interesse taten. Um 1953 war eine Hafenrundfahrt in Hamburg ein großes Ereignis für die Schule. Für diesen Ausflug hatte sich Lehrer Bluhm eingesetzt. Da Schulleiter Bechstedt diese Idee nicht unterstützte, nahm Lehrer Bluhm einige Eltern als Aufsichtspersonen mit.

Schulausflug im Hamburger Hafen um 1953 (Archiv I. Borchers).

Meist aber führten die Schulausflüge an den Balksee und in die Wingst. Später wurde es Tradition, nach Cuxhaven zum Weihnachtsmärchen zu fahren. Nach 1954 gab es Weihnachtsfeiern bei „Tiedemann an de Eck“ mit Krippenspielen und Blockflötenmusik, Ausflüge nach Cuxhaven und einen Zirkusbesuch dort. Die Korbballmannschaft der Schule war gegen Nachbarschulen erfolgreich. Gern lieh Bechstedt sich Filme von der Kreisbildstelle aus, dann gab es am Abend „Kino". Auch trafen sich am Abend Schulentlassene zwanglos zu einer Jugendgruppe mit Spielen, Tischtennis, Aufführung von Sketchen und Schattenspiel.

Der praktische Unterricht im Fach Naturkunde fand des öfteren in der freien Natur statt. Damals gab es noch Hechte und Wollhandkrabben in den Wettern und Molche in den Gräben zu sehen. Heimatkunde stand damals noch groß auf dem Plan. Ich erinnere mich noch an den Tischsandkasten, in dem wir zuerst unser Dorf darstellten. Die Wege, Aue und Wettern wurden geformt und eingefärbt. Jedes Kind musste sein Elternhaus aus Pappe basteln. Einige bastelten außerdem die Kirche, Schule und andere wichtige Gebäude. Der nächste Schritt war dann die Darstellung des Kreises Land Hadeln. Handarbeitsunterricht erteilte Käte Kunde geb. von Bargen. Zu den Bundesjugendspielen in Neuhaus fuhren die Kinder mit dem Fahrrad. Die Kinder, die nicht Fahrrad fahren konnten oder kein eigenes Rad hatten, nahm Lehrer Bechstedt in seinem VW Käfer mit. Jeder Platz wurde ausgenutzt, um alle Kinder in das Auto zu bekommen, auch die Hutablage hinter dem Rücksitz. Heute ist so etwas natürlich nicht erlaubt.

Nach der Neuordnung des Volksschulwesens von 1958 sollten kleine Schulen aufgelöst und an größeren Orten zusammengezogen werden. Es entstanden die Mittelpunktschulen. Weiterhin wurde 1962 das 9. Schuljahr eingeführt. Diese Reformen führten zur schrittweisen Auflösung der Oppelner Schule, die etwa zehn Jahre dauerte.

Ab 1964 mussten die Schüler ab dem 9. Schuljahr nach Otterndorf zur Volksschule fahren, ab August 1967 auch die Schüler ab dem 7. Schuljahr. Dies war eine Übergangslösung bis zur Fertigstellung der Cadenberger Mittelpunktschule. Als die Schule fertiggestellt war, wurden die Schüler 1969 ab der 5. Klasse nach Cadenberge umgeschult. Die letzte Einschulung fand in Oppeln 1969 statt. Da inzwischen die Wingster Grundschule fertiggestellt war, sollten auch die Oppelner Grundschüler nach Wingst umgeschult werden. Damals war Luten Harms 2. Lehrer in Oppeln. Damit er seine Prüfung, die am 8.12.1970 stattfand, noch mit seinen Schülern durchführen konnte, hatte die Behörde die Schließung der Oppelner Schule bis Ende Dezember hinausgezögert. Damals hatte die Verwaltung noch etwas Menschliches an sich, denn heute wäre so etwas nicht möglich gewesen. Ab 1. Januar 1971 war der Schulbetrieb in Oppeln eingestellt.

Diese langsame Ausschulung brachte es mit sich, dass die Schulkinder zu Fahrschülern wurden. Wir Schüler, die wir nach Otterndorf zur Schule fuhren, mussten noch mit den normalen Linienbussen fahren. Das bedeutete mindestens einmal in der Woche stundenlange Wartezeit, die manchmal ganz schön lang sein konnte. Später wurde für die Schüler ein Fahrdienst eingerichtet. Für diese Fahrschüler wurden an den Haltestellen Wartehäuschen errichtet.

LEHRER

aus Schulchronik und Kirchenbücher

1. Lehrer

Johannes Schomacher 1592

Hinrich Borchers vor 1673 – 1681
Starb am 8.12.1681 im Alter von 56 Jahren

Johan Küver 1681 – 1692
1690 abgedankter Schulmeister, wird aber bis 1696 noch als Schulmeister genannt.

Hinrich Ralle 1692 - 1731
Er schrieb eine Chronik über den Neubau des Kirchturmes, sowie einige Aufzeichnungen über die beiden Legate zugunsten des Kirchenbaus. Ralle starb am 4.5.1731 im Alter von 65 Jahren.

Magnus Ralle 1734 - 1755
Sohn von Hinrich Ralle, starb 29.2.1772 als emeritus (im Ruhestand)

Hinrich Heinsohn 1755 - 1760
War interims (bisweilen) Schulmeister aus Geversdorf

Andreas Müntzel 1771, 1772

Eide Johan Gebcken 1776 – 1779
War danach nur noch Kötner

Johann Fincke 1779 - 1799
Starb am 25. August 1799 im Alter von 45 Jahren

Johann Hinrich Bätje 31.10.1799 – 7.2.1837
Starb am 7. Febr. 1837 im Alter von 61 Jahren

Carl Theodor Schäfer 1837 – 1843
Starb 28.3.1843 im Alter von 30 Jahren

Johann Friedrich Koch 1837 - 1863
Wurde versetzt.

Johann Hinrich Büggeln 1863 - 1875
Starb am 5.3.1875 im Alter von 71 Jahren

Christlieb Fürchtegott Börger 1875 - 1888
Wurde nach Lamstedt versetzt

Hermann Gathmann 1888 - 1900
Wurde nach Neuenkirchen versetzt

August Sindram 29.9.1900 - 31.10.1927

Rudolf Schröder 1.11.1927 - 31.3.1928
Aus Dornbusch

Hermann Tiedemann 1.4.1928 - 30.4.1938

Lehrer Hoppe Mai 1938 - April 1939
Aus Neuenkirchen, Land Hadeln

Lehrer Planert April - Dezember 1939
Aus Warstade

Wilhelm Diercks, Grift und **Georg Wichmann,** Westerhamm Dez. 1939 – März 1943
Sie unterrichteten vertretungsweise

Georg Wichmann, Westerhamm ab April 1943
1945 nach Kriegsende ruhte zeitweise der Schulbetrieb

Bruno Bechstedt 13.11.1945 – Dez. 1971
Geboren 29.10.1904. Nach seiner Dienstzeit in Oppeln unterrichtete er noch 5 Jahre in Cadenberge. Gestorben 26.3.1997 in Oppeln.

2. Lehrer

Peter Jacob Bartels 1827, 1831
Unterlehrer oder Gehülfslehrer des Küsters Bätje an der Hauptschule.

Hermann Wiebusch 1.11.1913
Er war der erste Inhaber der 2. Lehrerstelle. Im 1. Weltkrieg seit 2.12.1917 vermisst, dann für tot erklärt.

August Lange 1.7.1919 - Ostern 1925
Aus Bülkau Süderende

Hermann Tiedemann Ostern 1925 – 31.3.1928

Adolf Eggers 1.4.1928 - 30.9.1934

Walther Tegthoff 1.10.1934 - 30.11.1936

August Bluhm 15.5.1948 - 31.3.1953

Frau Toepel April 54 – August 54

Helmut Kanngießer Dezember 1954 - Frühjahr 1957

Sigrid Legutke 1958 – 1967

Frl. Redmann Schuljahr 1967/68, I. Halbjahr

Luten Harms II. Halbjahr 1968 – Dezember 1970

Folgende Namen von Praktikanten oder Aushilfslehrern fand ich in den Akten:
Ingrid Birke, Blume, Busse, Schultz, Teusner, Hans-Herbert Nikodem, Poppelbaum.

Das Leben in Oppeln

WOHNEN

Die Bewohner Oppelns lebten in Fachwerkhäusern, die in der Art des „niedersächsischen Bauernhauses“ erbaut wurden. Die Häuser waren in Ständerbauweise mit einem Strohdach errichtet. Sie standen alle in der Richtung Ost-West mit der großen Tür nach Osten, ausgenommen die Gastwirtschaften mit den Hausnummern 44 und 101, die beide mit einem Kreuzhaus errichtet waren.

Lehrer August Sindram beschrieb um 1935 vermutlich aufgrund einer Anordnung die Häuser: *„Durch die große Tür gelangt man auf die große Diele (Lehmboden). Zu beiden Seiten der Diele sind Ställe. Die Fortsetzung der Diele bildet das Flet (manche sprechen auch Flött) oder der Windfang mit dem Herd aus Backsteinen. In einem Haus auch Herd mit offener Feuerung, darüber der Kesselhaken an dem stets ein Kessel oder ein Topf hängt! Torffeuer läßt man den ganzen Tag nicht ausgehen. Noch vor etwa 40 Jahren (um 1890) war zwischen Diele und Flet keine Wand. Die im westlichen Teil des Hauses liegenden Wohnräume bestehen gewöhnlich aus 2 Wohnstuben und einer dazwischen liegenden Schlafkammer. Früher gab es statt der Schlafkammern Alkoven, auch Butzen genannt. Die Wohnverhältnisse in Oppeln sind früher sehr dürftig gewesen. Neben der Stube waren zwei Alkoven, etwa 2 m breite Schlafräume, die am Tage durch Schiebetüren oder Vorhänge geschlossen wurden. Als Unterlage diente Roggenstroh, das von Zeit zu Zeit erneuert wurde. Zum Auflockern des Strohs bediente man sich eines Hakenstocker, welcher auch unentbehrlich war beim Ausbreiten des großen Bettuches über das Unterbett. Unter der Decke hing über der Mitte des großen Bettes eine starke mit einer Quaste versehenen Schnur, Bettspann genannt, an der man sich im Bett aufrichtete. Der Stubenfußboden, der vielfach aus Lehm bestand wurde mit weißem Sand bestreut. Gedeckt sind fast alle Häuser mit Stroh. Noch vor etwa 40 Jahren gab es in Oppeln außer Pfarrhaus und Organistenhaus (Schule) kaum eines mit Schornstein. Rauch zog bei dem Rookhus aus den Türen, dem Uhlenlock und wo sonst Öffnungen waren. Wegen der Feuergefahr wurde von der Behörde der Bau von Schornsteinen, die vom sogenannten Schornsteinsattel aus Dachziegeln bestehend umgeben waren, gefordert. Der Fachwerkbau ruht mit dem Grundbalken (Lägen) auf dicken Granitfelsen.*

Der Boden in Oppeln ist moorig, die Moorschicht etwa 3 m dick. Wenn der Grund für einen Hausbau durch ein Pfahlwerk gesichert werden soll, so mussten die Pfähle so lang genommen werden, dass sie bis auf der unter der Moorschicht lagernden Sandschicht ruhten. (Ein 1908 massiv erbautes Haus wurde durch Grundpfähle gegen das Versacken gesichert). Bei Ausschachtungsarbeiten kam man noch in 3 m Tiefe auf Sand, aus dem klares Wasser hervorsprudelte. Anhaltende Trockenheit, hoher Wasserstand, Frost haben großen Einfluss auf die Tragfähigkeit des Moorbodens. Bei Hochwasser wird der Boden weich, Frost hebt den Boden. Im trockenen 1934 klagten viele Leute, dass ihre Häuser Risse bekämen. Jedenfalls hat infolge der anhaltenden Trockenheit ein ungleichmäßiges Sinken statt-

gefunden. Hauptsächlich bei Häusern aus massiven W[änden], Fachwerk nicht so sehr. Auf der Oppelner Geest, wo Sandboden ist, hat man diese unangenehme Beobachtung nicht gemacht."

Um 1900 wurde bei Reparaturen zunehmend die Massivbauweise gewählt. Das erste massive Haus wurde 1908 gebaut und hat die heutige Adresse Oppeln 46. Heute stehen 15 Häuser mit teilweisem Fachwerk in Oppeln.

DER ALLTAG

Das Leben in Oppeln war nicht einfach. Durch seine Lage wurde Oppeln häufig von Überschwemmungen heimgesucht, die wiederum schlechte Ernten nach sich zogen. Dadurch war die Bevölkerung nicht so begütert wie im angrenzenden Bülkauer Hochland. Dieses verdeutlichen schon die Wohnhäuser, die in Bülkau-Norderende allgemein größer sind als in Oppeln. Auch Oppeln hat sich dem Wandel der Zeiten anpassen müssen, doch sind hier noch einige Traditionen aus der „guten alten" Zeit erhalten.

Während sich die Einwohner im Sommer um die Ernte kümmern mussten, war der Winter für Handwerkstätigkeiten gut. An den langen Winterabenden wurden Holzschuhe geschnitzt, Reep (Haferstroh zum Dachbinden) gedreht, Holznägel hergestellt, Besen gebunden usw.

Eine Tracht ist in Oppeln nicht nachzuweisen. Als um 1870 in Oppeln noch Flachs angebaut wurde, hat man diesen selbst bearbeitet, gesponnen und daraus Leinen gewebt. Wurde der Flachs mit selbstgesponnener Wolle verwebt, nannte man den Stoff Halwwullen (halbwollenes Zeug), beim Verweben mit Baumwolle wurde der Stoff Fiefkamm (Fünfkamm) genannt. Als Fußbekleidung dienten Holzschuhe. Beim Kleigraben oder Torfstechen wurden Holzschuhstiefel getragen. Die Frauen trugen während der Arbeiten auf dem Feld, im Moor und im Garten den Schuthoot, einen Schutz gegen die Sonne. Er war aus dünnem hellen Stoff gearbeitet, in dem Holz aus Zigarrenkisten eingearbeitet war. Diese Kopfbekleidung gehört heute zur Tracht der Trachten- und Holzschuhtanzgruppe „De Godshemer" aus Odisheim.

Einige Gerichte, die die Oppelner Hausfrauen für ihre Familien kochen, waren und sind: Speck und Klüten (Steckrübensuppe mit Speck und Mehlklößen), Stippers (Mehlschwitze mit Milch, dazu Pellkartoffeln und Speckwürfel mit Zwiebeln gebraten), Appel, Melk und Klüten (Mehlköße mit gewürfelten Äpfeln in Milch gegart, dazu Kartoffeln und gewürfelter Schinken und Mettwurst), Bottermelksupp (Buttermilchsuppe), Appel- oder Bickbeernpannkoken (Apfel- oder Heidelbeerpfannkuchen), Swatsur mit Swinspoten un Snut (Schweinepfoten und Schweineschnauze gekocht in Essigsud, der mit Schweineblut aufgefüllt wird), Götwuss un Appelmus (Grützwurst und Apfelmus), Brod´nklüten oder Ossenaugen (Hefeklöße in Fett schwimmend gebraten an Silvester), Grönkohl (Grünkohl mit Speck und Kohlwurst), Botterkoken (Butterkuchen, wird zu allen freudigen und traurigen Anlässen gereicht) usw.

Der Verkehr fand zum größten Teil auf dem Wasser statt. Darum war das wichtigste Verkehrsmittel die Flöte, ein flacher Kahn. Auf ihm wurde das Getreide, der Torf, die Fische, Baumaterialien, andere Waren usw. transportiert. Das Getreide konnte auf der Aue zur

Kähne vor der Osterbrucher Mühle: Der linke Kahn wurde zum Torftransport und zum Fischen auf dem Balksee genutzt. Der rechte Kahn ist eine Flöte, die zur Entenjagd genutzt wurde. Die Kähne wurden vor 1904 in Oppeln von Zimmermann Hagenah erbaut.

Mühle gefahren werden. Ebenso fuhr man mit den Flöten zur Kirche, zu den Gottesdiensten, den Taufen und mit den Leichen zu den Beerdigungen.

Die weitläufige Besiedlung brachte es mit sich, dass die Bevölkerung auf eine gute Nachbarschaft Wert legte. In Notfällen war der Oppeler auf die Hilfe des Nachbarn angewiesen. Der half beim Richten des Hauses, beim Kuhkalben, bei der Rettung von Vieh, wenn es in den Graben geraten war, beim Löschen von Feuer, bei Hochwasser usw. Durch die Technisierung der Landwirtschaft und die Einführung von Autos ist diese Hilfe entbehrlicher geworden. Im Winter wurde der gemütliche Teil der Nachbarschaft gepflegt, man ging auf Visite. Die Männer spielten Karten, die Frauen nahmen ihr Knütteltüg (Strickzeug) mit. Dabei wurden die Neuigkeiten ausgetauscht und Grog aus Rum oder Fliederbeersaft getrunken. Auto, Fernseher und Computer haben diese Tradition zurückgedrängt und führen dazu, dass die Menschen immer mehr vereinsamen. Dazu kommt noch bei vielen Menschen die Terminhäufung. Die Entwicklung hat es mit sich gebracht, dass die Nachbarschaft heute nicht mehr so gebraucht wird wie früher.

Die Oppeler Jugend lebte immer im Streit mit der Bülkauer Jugend. Die Bülkauer, vor allem vom Norderende, sahen auf die Oppelner herunter, weil diese ärmer waren. Sie ärgerten die Oppelner immer mit dem Spruch: „De Oppler Kosaken hebbt Lüüs oppe Hacken, hebbt Bickbeern freeten und de Büx vull scheeten". Das ließen sich die Oppelner natürlich nicht gefallen. Sie rächten sich, in dem sie beim Baden am Oppelner Kanal (Neuhaus-Bülkauer Kanal) den Bülkauern die Sachen wegnahmen.

Diese Streitigkeiten sind im Grunde eine Fortsetzung der schon über hunderte von Jahren währenden Auseinandersetzungen zwischen Norderende und Süderende oder Hochland und Sietland. Der Grund der Auseinandersetzungen ist wohl in der Lage der Häuser zu sehen. Da das Norderende höher liegt, konnten die Bauern mehr erwirtschaften als die Bauern des Süderendes auf dem niedrigen Land und fühlten sich dadurch bessergestellt. Genauso ist es in Bülkau, wo die Hochländer auf die Sietländer herabsehen. Dieser Unterschied ist auch noch heute zu bemerken. Im Süderende ist ein größererer Zusammenhalt zu spüren.

SITTEN UND GEBRÄUCHE

Feiern

Zu allen feierlichen Anlässen wurde immer vom Inbitter eingeladen. Bekleidet mit Frack und Zylinder ging er von Haus zu Haus und sagte dem Anlass entsprechend seinen Spruch auf.

Früher wurden die Kinder zu Hause getauft, heute findet der Taufakt immer in der Kirche statt. Die Konfirmation wurde immer am Gründonnerstag gefeiert, sie war gleichzeitig für die Kinder der Eintritt in das Berufsleben.

Die Hochzeit

Ein hergerichteter Altar auf dem Saal für eine Trauung (Archiv Wilma Hellwege).

Am Tag vor der Hochzeit fand das Buntmachen statt. Es wurden Kränze für die Schmückung der Häuser gebunden, anschließend wurde noch getanzt. Da die Wege früher sehr schlecht waren, fanden die Trauungen meist auf der Diele oder auf dem Saal statt. Es wurde von Tischen ein Altar hergerichtet und geschmückt. Für das Brautpaar wurde der Brauttisch geschmückt. Zu beiden Seiten des Brautpaares saßen deren Eltern und die Geschwister. Dann erfolgte das Beglückwünschen des Brautpaares. Als Geschenk wurde von den Gästen ein Geldgeschenk überreicht. Als Festmahl wurde die Hochzeitssuppe gereicht. Sie bestand aus Rindfleisch, Suppe und Fleischklößchen. Die Fleischklößchen, auch Ballken genannt, wurden am Tag vorher von den Nachbarsfrauen gerollt. Dazu gab es Stuten mit Rosinen, als Nachtisch Pflaumen und Stutenbutterbrot. Aufgetragen wurde das Essen durch unverheiratete junge Leute, immer paarweise. Während die Kapelle die Hochzeitsgäste mit Musik beim Essen unterhielt, wurde auf Teller Geld für die Musiker gesammelt. Nach dem Essen wurden die Tische und Bänke hinausgeschafft, und die Aufträger bekamen 3 Tänze. Dann wurde die Braut von einem Bruder dem Bräutigam zugetanzt. Nachdem das Brautpaar einmal um den Saal getanzt hatte, wurden die Brauttischgäste zum Tanz aufgefordert, danach konnten sich alle Gäste am Tanz beteiligen. Um Mitternacht wurde noch einmal Kaffee und Kuchen gereicht. Gegen Morgen gab es dann noch eine Mahlzeit, die „Morgentied". Erzählt wurde auch, dass das Brautpaar mit Musik nach Hause gebracht wurde.

Heute wird durch die Tageszeitung zur Hochzeit eingeladen. Das Buntmachen wird schon Tage vorher erledigt. Das Kranzaufhängen wird mit dem Polterabend gefeiert. Zur standesamtlichen Trauung finden sich oft Verwandte und Freunde ein, um das Brautpaar mit einer kleinen Überraschung zu erfreuen. Dann muss das Brautpaar Dinge tun, wie Holz sägen, Baby wickeln, ein Tau mit einem stumpfen Messer zerschneiden usw. Die Trauung findet in der Kirche statt, die Hochzeitsfeier auf dem von den Nachbarn geschmückten Saal. Zur Hochzeitssuppe werden zusätzlich Reis und Kartoffeln gereicht. Als Nachtisch wird meistens Eis oder Pudding serviert. Danach werden oft noch Darbietungen von Freunden und Verwandten gezeigt. Kurz nach Mitternacht kann sich die Hochzeitsgesellschaft an einem Kalten Büffet noch einmal mit Kaffee und verschiedenen Köstlichkeiten stärken.

Die Hochzeit von Maria Albers und Hinrich Fastert 1912 (Archiv Walter Junge).

Die Beerdigung

War jemand gestorben, wurde seine Leiche bis zur Beerdigung im Haus aufgebahrt. Von hier aus wurde der Sarg auf einem Ackerwagen, dem der Trauerzug folgte, zum Friedhof gefahren. Von den Nachbarn wurde der Sarg einmal um den Friedhof getragen, bevor an der offenen Gruft die Trauerfeierlichkeiten stattfanden. Nach der Beerdigung wurden Verwandte und Nachbarn zu einer Trauermahlzeit, die aus Kaffee und belegten Broten bestand, in das Trauerhaus eingeladen.

Seit dem Bau der Leichenhalle, der aus hygienischen Gründen verlangt wurde, wird die Leiche dort aufgebahrt. Der nächste Nachbar des Verstorbenen gibt der übrigen Nachbarschaft Bescheid zum Sargtragen. Durch die Tageszeitung wird der Tag der Beerdigung bekannt gegeben. Nach der Beerdigung werden die nächsten Verwandten und Nachbarn zu Kaffee und Butterkuchen in eine Gastwirtschaft eingeladen. Die Nachbarsfrauen schenken Kaffee und Köm ein und reichen Kuchen nach.

Weitere Gebräuche

Bis Mitte der siebziger Jahre war das Laternelaufen in Oppeln Tradition. Im September gingen die Kinder mit ihren Laternen singend durch das Dorf. Bei einigen Dorfbewohnern wurde vor der Tür gesungen, worauf die Kinder als Dankeschön Süßigkeiten bekamen. Die Dunkelheit verführte die Größeren dann auch zu Streichen und verbotenen Dingen. Während die Kleinen beim Lehrer sangen, pflückten sich die großen Jungen ohne Erlaubnis Äpfel und Pflaumen von den Bäumen der Apfelallee, die aber dem Lehrer zustanden. Erinnerungen an die erste Zigarette werden wach, denn die machte für die Großen den Laternenumzug erst beliebt. Dazu gehörte natürlich auch das Kaugummi mit Pfefferminz zum Schluss, damit die Eltern ja nichts riechen konnten. Das dachten wir Kinder zumindest. Seit Mitte der 90er Jahre wird die Tradition des Laternelaufens wieder durchgeführt, aber ohne Zigaretten.

Pfingsten wurde derjenige in der Familie, der am längsten im Bett lag, zum Pfingstfuchs ernannt. Ein Strauß Brennesseln, der unter die Bettdecke gelegt werden sollte, ließ den Langschläfer immer schnell aufstehen. Deshalb versuchte jeder, nicht Pfingstfuchs zu werden.

Im Winter fand immer ein Tanzabend statt. Dieser wurde nach dem 2. Weltkrieg vom Gesangverein und Kriegerverein gemeinsam ausgerichtet. Im jährlichen Wechsel führte der Kriegerverein ein Theaterstück auf, und der Gesangverein gestaltete ein Kostümfest.

OPPELNER FAMILIENNAMEN, DIE 1900 IM DORF VORKAMEN UND HEUTE NOCH VERTRETEN SIND

Ausnahmen: Arp, Küver

Erstmals 1588 wird Heinrich **Arp** in Oppeln genannt. Damals brauchte er keinen 16-Pfennig-Schatz zu zahlen, da er arm war.

Die **Bahlkes** werden 1708 zum erstenmal in Oppeln genannt, als Hinrich Christoffer Bahlke am 26. Juni Margret Meyer von der Geest heiratete.

Die **Bartels** werden erstmals im Register von 1533 erwähnt. Johan und Peter Bartold müssen für einen halben Hof 1 Mark Pflugschatz zahlen. Aus dieser Familie gingen ein Schulze und 2 Landschöpfen hervor.

1886 erbt Margarete **Brandt** geb. Goldmann den Hof ihres Vaters.

1588 müssen Drewes und Johann **Brünings** den 16-Pfennig-Schatz zahlen. 1585 muss der Knecht Michael Brüning in Oppeln gewohnt haben. In einem Brief von Pastor Henning Schröder wird er erwähnt wegen unsittlichen Lebenswandels. Zu erwähnen ist ein Brüning, der sich als Fischer am Balksee angesiedelt hatte. 2 Nebenschulmeister kamen aus dieser Familie.

Um 1870, als Johann **Gerdts** ein Haus kauft, taucht dieser Name erstmals auf.

Die Familie **Griemsmann** wurde durch die Heirat Hinrich Christopher Griemsmanns mit Becke von Russen am 20.5.1777 gegründet. Die Griemsmanns stellten einen Gemeindevorsteher und einen Bürgermeister.

August **Jungclaus** ist der erste Vertreter dieses Namens in Oppeln. Er kaufte um 1872 ein Haus in Oppeln.

Albert **Junge** war der erste Vertreter dieser Familie. Er muss sich mit seiner Frau zwischen 1670 und 1673 in Oppeln angesiedelt haben. Erstmals wird er 1673 im Kirchenbuch erwähnt, in dem die Taufe seiner Tochter vermerkt ist. Diese Familie stellte den letzten Inbitter von Oppeln und den derzeitigen Schiedsmann der Samtgemeinde „Am Dobrock".

Seit 1679 lässt sich die Familie **Kröncke** nachweisen. Damals heiratete Detleff Kröncke die in Oppeln wohnende Margareta Pape.

Schon seit 1533 lässt sich die Familie **Küver** nachweisen. Im Pflugschatzregister muss Hinrich Küwer für seinen halben Bau (Hof) 1 Mark zahlen. Diese Familie stellte um 1690 den Schulmeister Johan Küver und den Nebenschulmeister und späteren Gemeindevorsteher Hinrich Küver. Im 18. Jahrhundert hatten die Küvers sich so vermehrt, dass unter diesem Namen 136 Taufen, 34 Trauungen und 90 Beerdigungen in das Oppelner Kirchenbuch von 1719-1790 eingetragen wurden, der am häufigsten genannte Name in diesem Buch. Aus dieser Familie stammt die Autorin dieses Buches. Der Name Küver ist am 29.1.1999 in Oppeln erloschen.

Seit 1636 taucht der Name **Meyer** in den Akten auf. Ob die jetzigen Mitglieder dieser Familie dazu gehören, müsste aus dem Ortsfamilienbuch, dass zurzeit in Arbeit ist, zu ersehen sein.

Um 1848 erwirbt Claus **Meyn** ein Haus und legt damit den Grundstein für diesen Namen in Oppeln.

1533 bis 1535 wird ein Vieth Reylet, der eine Kate hatte, genannt. Ab dann taucht der Name über längere Zeit nicht mehr in den Registern auf. Dann kamen die **Reyelts** von der Grift aus dem Kirchspiel Cadenberge. Auch Jacob gehörte dazu, der Vorfahr der jetzigen Reyelts. Er heiratete am 16.10.1729 Maria Pape, die Tochter des verstorbenen Johann Pape, und übernahm dann vermutlich den Hof am Außendeich, später Reyeltsdeich genannt.

Der Name **Schade** taucht 1685 durch die Heirat Claus Schades (wahrscheinlich aus Bülkau) mit Anna Ehlers aus Oppeln das erstemal auf.

1535 besitzt Johan **Strunck** einen halben Bau (Hof) in Oppeln, die erste Erwähnung der Familie. Die Struncks stellten einen Landschöpf.

DER DICHTER NIKOLAUS BÄR

Nikolaus Bär wurde als Sohn des Pastors Nikolaus Bär am 11. Juli 1639 in Oppeln geboren und verbrachte dort seine Jugendzeit. Er starb am 2. August 1714 in Bremen.

Bär war von 1671 bis 1705 Subkantor an der Domschule zu Bremen und schrieb in dieser Zeit viele Gedichte. In seiner Zeit war er ein berühmter lateinischer Dichter, wie der Generalsuperintendent Pratje schreibt. Die noch erhaltenen Werke sind in der Universitätsbibliothek Bremen einzusehen. Meist dichtete Bär in lateinischer Sprache und schrieb danach die freie deutsche Übersetzung. Er dichtete über verschiedene Anlässe. Aber hauptsächlich beschäftigte er sich mit Tieren. In diese Gedichte brachte er auch wissenschaftliche und kulturhistorische Erkenntnisse ein. Das bekannteste Werk aus dieser Gruppe ist die „Ornitophonia“ aus dem Jahre 1695. So ist unter anderem zu lesen, wieviel Krähen- und Sperlingsköpfe ein Meierhof oder andere Hausbesitzer an die Luneberger Herren abliefern mussten. Er beschreibt Vögel wie Nachtigall, Stieglitz, Kanarienvogel, Buchfink, Amsel, Dompfaff, Zeisig und Hänfling. Diese Vögel wurden früher oft in Käfigen gehalten und so konnte er deren Aussehen, Gesang und Verhaltensweisen in Gedichtform genau beschreiben. Das für unsere Gegend interessanteste Werk ist die „Gott-Geheiligte Brunnen-Andacht“ aus dem Jahre 1705. Dort berichtet Bär über verschiedene Gesundbrunnen im Herzogtum Bremen und Verden. Unter anderem beschreibt er auch den Johannisbrunnen in der Wingst mit folgendem Reim:

Der Brunn im Herzogthum / der in der Wingst entsprungen /
Ist längst mit seinem Ruhm durch manches Land gedrungen /
Es ist ein süsser Brunn bey dem ein blinder Mann
In heisser Sommer-Zeit die Bet-Stund stellet` an.
Die Predigt / die er hatt` im Baßbeeck eingenommen /
Die wiederholet`er daselbst / zu seinem Frommen /
Ohn Anstoß hielt er sie / und zwar von Wort zu Wort /
Samt Disposition, an diesem Brunnen-Ort.

Von Holland / Engeland / da kamen Patienten /
Zu brauchen sich der Cur, des Wassers Elementen /
Die Krüppel ihre Krück` am Brunnen liessen stehn /
Als sie gesund und frisch von dannen können gehn.

Text aus dem Original, Seite 19

Der Johannisbrunnen lag westlich des Silberberges in der Wingst. In der Johannisnacht soll das Wasser eine besonders heilende Wirkung gehabt haben. Ein Prediger aus Cadenberge hielt dann die Andacht. Heilsuchende aus Hamburg, Hannover, Celle und Magdeburg kamen, um durch das Wasser des Brunnens gesund zu werden. Aus der näheren Umgebung kamen besonders Kranke aus dem Land Hadeln. Ob die Kranken aus Holland und England kamen, wie Bär schreibt, lässt sich nicht nachweisen. Um 1613 wurde der Brunnen wohl sehr gut besucht, wie Superintendent Rothbart berichtet hatte. Nach 1820 verfiel der Brunnen. Aus welchen Gründen, konnte bisher nicht genau festgestellt werden. Heute kann man von dem Johannisbrunnen nichts mehr erkennen.

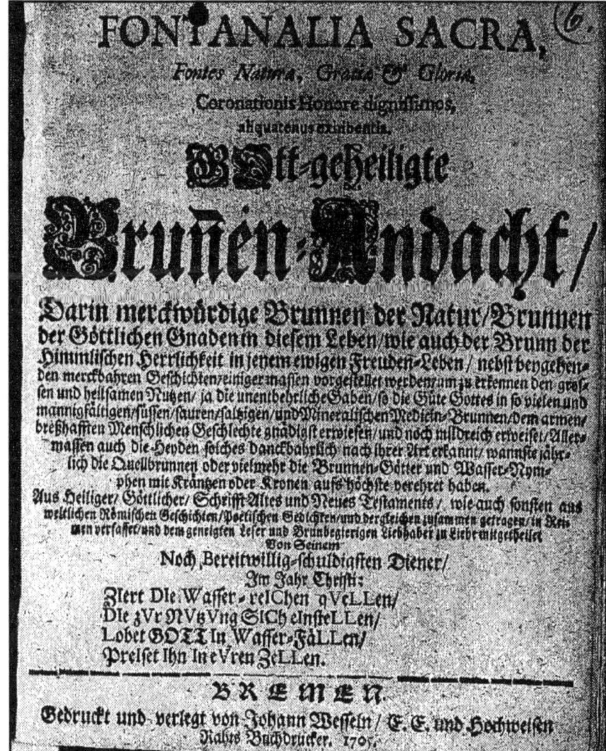

FONTANALIA SACRA,
Fontes Naturæ, Gratiæ & Gloriæ,
Coronationis Honore dignissimos,
aliquatenus exhibentia.
GOtt-geheiligte
Brunnen-Andacht/
Darin merckwürdige Brunnen der Natur/Brunnen der Göttlichen Gnaden in diesem Leben/wie auch der Brunn der Himmlischen Herrlichkeit in jenem ewigen Freuden-Leben/ nebst beygehenden merckbahren Geschichten/einiger massen vorgestellet werden/um zu erkennen den grossen und heilsamen Nutzen/ ja die unentbehrliche Gaben/so die Güte Gottes in so vielen und mannigfältigen/süssen/sauren/saltzigen/und Mineralischen Medicin-Brunnen/dem armen/ breßhafften Menschlichen Geschlechte gnädigst erwiesen/und noch mildreich erweiset/Allermassen auch die Heyden solches danckbahrlich nach ihrer Art erkannt/ wann sie jährlich die Quellbrunnen oder vielmehr die Brunnen-Götter und Wasser-Nymphen mit Kräntzen oder Kronen aufs höchste verehret haben.
Aus Heiliger/ Göttlicher/ Schrifft Altes und Neues Testaments/ wie auch sonsten aus weltlichen Römischen Geschichten/Poetischen Gedichten/und dergleichen zusammen getragen/in Reimen verfasset/und dem geneigten Leser und Brunbegierigen Liebhaber zu Liebe mitgetheilet
Von Seinem
Noch Bereitwillig-schuldigsten Diener/
Im Jahr Christi:
ZIert DIe Wasser-reIChen qVeLLen/
DIe zVr NVtzVng SICh eInsteLLen/
Lobet GOTT In Wasser-FäLLen/
PreIset Ihn In eVren ZeLLen.
BREMEN.
Gedruckt und verlegt von Johann Wesseln/ E.E. und Hochweisen Rahts Buchdrucker. 1705.

Die „Gott-geheiligte Brunnen-Andacht" aus dem Buch „Ornitophonia" von Nikolaus Bär (Original in der Universitätsbibliothek Bremen).

LUISE COOPER, GRÜNDERIN DER HILDESHEIMER BLINDENMISSION

1890 gründete Luise Cooper die Hildesheimer Blindenmission. Sie wurde als Tochter des Oppelner Pastors Ferdinand Cooper am 3.4.1849 in Oppeln geboren. Ihre Arbeit begann sie im Findelhaus Bethesda, das 1861 gebaut wurde. 1884 wurde sie als Missionarin nach Hongkong geschickt, wo sie bald erkrankte. Wegen eines schweren Nervenleidens musste Luise Cooper zwei Jahre später nach Deutschland zurückkehren. Besonders die Not der chinesischen blinden Mädchen ließ ihr keine Ruhe. So gründete sie 1890 in Hildesheim einen Frauen- und Jungfrauenverein für China und schon im November 1896 konnte in Hongkong ein Missionshaus seiner Bestimmung übergeben werden. Luise Cooper starb am 1.12.1931 in Hildesheim[15].

FAMILIE RALLE

Die Ralles waren in Oppeln eine bedeutende Familie und dem Dorf sehr verbunden. Sie lebten etwa 200 Jahre hier und hinterließen einige Zeugnisse ihres Wirkens, die noch heute teilweise zu sehen sind. Oft taucht der Name Magnus auf, der im Plattdeutschen Mangels ausgesprochen wurde. Der erste Vertreter in Oppeln war Johan. Er wird 1599 in der Militärrolle zum erstenmal genannt. Die Ralles stellten einen Schulzen, Juraten, 2 Familienmitglieder als Küster und Schulmeister, Steuer-Einnehmer, Kompanie-Chirurgus und den Schwedischen Zollverwalter Magnus Ralle aus Ottersberg, der der Gemeinde Oppeln 100 Rthlr. für den Kirchenbau vermachte. Ein bekannter Vertreter dieser Familie ist Zimmermeister Mangels Ralle. Mehrere noch bestehende Bauwerke hat er errichtet: 1700 den Kirchturm in Ihlienworth, 1701 den Kirchturmhelm in Osterbruch, 1721 den Kirchturm in Oppeln, 1723 den Kirchturm in Cadenberge, 1727 den Chor in der Altenbrucher Kirche, 1730 die Schleuse in Altenbruch. Sein Wappen wurde 1697 an die Decke der Osterbrucher Kirche gemalt.

[15] Hildesheimer Blindenmission, telefonische Auskunft

Das Vereinsleben in Oppeln

Mitglieder der Krieger- und Soldatenkameradschaft 2000.

Vereine gab es schon einige in Oppeln. Sie wurden gegründet und wieder mehr oder weniger schnell aufgelöst. Am längsten gehalten hat sich der Kriegerverein, der sich **„Krieger- und Soldatenkameradschaft mit Damenabteilung Oppeln und Umgebung"** nennt. Bei seiner Gründung am 30.11.1909 nannte er sich Kriegerverein Oppeln und Umgebung. Er entstand aus dem Kriegerverein Bülkau-Oppeln. Damals wurde auch ein Unterstützungsfonds für in Not geratene Mitglieder ins Leben gerufen. Auf Betreiben des Vereins wurde 1923 das Denkmal für gefallene Krieger errichtet[16].

Kriegerverein
Oppeln und Umg.
Die diesjährige
Geburtstagsfeier
Sr. Majestät des Kaisers
verbunden mit theatralischen
Aufführungen und BALL,
findet statt am
Donnerstag, den 26. d. Mts.,
im Lokale des Kameraden Rill.
Reysen zu Zollbaum.
Anfang 7½ Uhr.
Der Vorstand.

Anzeige vom 19.1.1911 in der Neuhaus-Ostener Zeitung.

Beim jährlichen Wintervergnügen wurden auch Theaterstücke aufgeführt. Nach längerer Unterbrechung wird diese Tradition im Vereinslokal „Oppeln an de Eck" fortgeführt. Diese Theateraufführungen finden alle zwei Jahre statt. Da sie immer gut besucht sind, müssen zusätzliche Aufführungen eingeplant werden. Beim Fußballplatz wurde vom Verein eine Grillhütte errichtet. Diese steht den Mitgliedern des FC Kickers Oppeln sowie auch dem Freizeitheim zur Verfügung. Außerdem findet jährlich auf dem Pausenhof des Spielkreises ein Dorffest statt, das vom Verein ausgerichtet wird. Mit einem Feldgottesdienst wird das Fest eröffnet. Für die Unterhaltung der Kleinen sorgt ein Karusell, dass elektrisch betrieben wird. Da es von den Kindern selbst bedient werden kann, ist das Karussell bei ihnen der große Hit. Der derzeitige Vorsitzende des 140 Mitglieder zählenden Vereins ist Heinz Kabrodt aus Hemmoor.

[16] Heinz Kabrodt: Manuskript zum Festvortrag anlässlich des 75-jährigen Jubiläums des Kriegervereins Oppeln.

Der FC Kickers Oppeln 1995 (Foto: Hartmut Reyelt).

Zur Geschichte des „**FC Kickers Oppeln**" berichtete mir der noch immer amtierende Leiter Hartmut Reyelt folgendes: „Eine der jüngeren Oppelner Vereinigungen, der FC Kickers Oppeln, widmet sich dem Freizeitfußball. Seine Ursprünge gehen zurück bis in die 70er Jahre, wo auf den Plätzen der Nachbargemeinden in den Sommermonaten trainiert und hin und wieder ein Freundschaftsspiel durchgeführt wurde.

Am 4.4.1986 fand im ehemaligen Oppelner Kühlhaus die Gründungsversammlung statt. Den Vorsitz übernahm Hartmut Reyelt vom Osterweg. Es wurde beschlossen, auf der von der Kapellengemeinde zur Verfügung gestellten Weide bei der Kirche einen Bolzplatz zu errichten. Zudem sollte Spielkleidung in den Ortsfarben blau und gelb angeschafft werden.

Der Fußballclub zählt mittlerweile ca. 50 Mitglieder im Alter von 16 bis 54 Jahren, von denen die meisten Oppelner sind oder waren.

Höhepunkte der Saison sind die jährlichen Heimspiele gegen benachbarte Freizeitmannschaften, bei denen je nach Wetterlage manchmal mehr Zuschauer kommen als bei einem Kreisligaspiel. Das Ergebnis ist meist zweitrangig – Bratwurst, Bier und Köm schmecken immer nach dem Spiel". Dass das Ergebnis zweitrangig ist, zeigt auch eine kleine Episode am Rande eines Spiels. Ein kleiner Junge kam zu den Zuschauern gerannt und rief: „Ich muss mal!" Darauf antworteten die Frauen einiger Spieler: „Geh zu Papa, der kann dir helfen!" Der Lütte lief zu seinem Vater auf das Spielfeld, der das Spiel für kurze Zeit verließ, um seinem Kind beim „Geschäft" zu helfen.

Die Radler vor einer Aufführung (Archiv Käthe Haack).

Radfahrerverein
‚Oppelonia' e. V.
von Oppeln u. U.
in Oppeln.

Radfahrer-Silvesterball

am 31. Dezember 1927
im Vereinslokal Johann Tiedemann mit Kunst- und Reigenfahren.
Es kommen zur Aufführung:
1. Radler-August, 2 Die Hochzeitsreise per Rad.
Es laden freundl. ein
der Vorstand und
Johann Tiedemann.
NB. Generalprobe am 29. Dezember, wo jeder willkommen ist. Eintritt vollständig frei.

Großen Zulauf hatten Anfang des 20. Jahrhunderts die Radsportvereine. In Oppeln war es der **„Radfahrer-Verein Oppelonia e. V. von Oppeln und Umgebung"**, der am 14. März 1926 gegründet wurde. Zum ersten Winterball im Vereinslokal „Joh. Tiedemanns Gasthof an der Ecke" war der Saal bis auf den letzten Platz besetzt. Die Darbietungen der Kunstradfahrer wurden mit brausendem Beifall belohnt.

Anzeige vom 28.12.1927 in der Neuhaus-Ostener Zeitung.

Der Gesangverein „Victoria Oppeln". Die Aufnahme entstand zwischen 1893 und 1900 (Archiv Herbert Offermann).

Gesang-Verein
„Viktoria"-Oppeln.
Unser diesjähriger
Maskeraden-
Ball
findet statt am Sonntag, 12. Februar d. J., im P. Schulz'schen Lokale hierselbst.
Eintritt 25 Pf., Tanzschleifen 75 Pf.
Maskierte Eintritt frei.
Hierzu ladet freundlichst ein
Der Vorstand.

Der Gesangverein **„Victoria Oppeln"** wurde am 22. November 1890 gegründet. Das erste Konzert gab der Verein anlässlich der Geburtstagsfeier des Kaisers 1891 im Gasthaus Schriever. Es wurden durchschnittlich 2 - 3 Konzerte jährlich gegeben. Die Fahnenweihe wurde am 2. Juli 1893 im Lokal Foltmer gefeiert. Schon damals mussten die Sänger für das Zuspätkommen 10 Pf. und für das Ausbleiben 20 Pf. Strafe bezahlen. Der Verein wurde vermutlich kurz nach 1911 aufgelöst.

Anzeige vom 11.2.1911 in der Neuhaus-Ostener Zeitung.

Gesangverein „Frohsinn" um 1955 (Archiv Maria Jungclaus).

Am 1.2.1952 gründete Lehrer Bruno Bechstedt den Gemischten Chor **„Frohsinn"**, der Ende des Jahres 76 Mitglieder zählte. Dirigent des Chores war der 2. Lehrer August Bluhm. Die Übungsabende fanden in der Schule statt. Für die Dekoration auf den Kostümbällen war Margot Bechstedt zuständig. Der letzte Vorsitzende war Werner Schlichting. Wegen Nachwuchssorgen wurden am 1.10.1982 mit einer Abschlussfeier die Vereinsaktivitäten beendet.

Der Turn- und Sportverein Bovenmoor-Bülkau-Oppeln bei der Einweihung des neuen Sportplatzes in Bülkau am 2.8.1928 (Archiv Ingrid Rohfeld).

Um 1930 traf sich die Jugend im **„Turn- und Sportverein von 1923 Bovenmoor-Bülkau-Oppeln"** zur körperlichen Ertüchtigung.

Am 31. Januar 1909 taten sich einige Oppeler und Grifter Einwohner zusammen und gründeten den **„Holzschuhmacher-Verein Oppeln-Wingst und Umgegend"**. Anlass der Gründung war, für die hergestellten Holzschuhe einheitliche Preise zu erzielen. Außerdem sollte jährlich ein Festball stattfinden, auf dem die ersten drei Tänze auf Holzschuhen getanzt werden sollten. Von Seiten des Landrates bestanden keine Bedenken gegen diesen Zusammenschluss.

Anzeige vom 9.9.1909 in der Neuhaus-Ostener Zeitung.

Im Kirchenlagerbuch wird um 1791 eine **Schützengilde** genannt. Bei Beerdigungen stellte sie das Leichentuch zur Verfügung.

Der „**Schützenverein Bülkau-Oppeln"** wurde im Juli 1897 gegründet. Vereinslokal war die Gaststätte „Schloßwald" an der Moorwettern.

Als der „**Schützenverein Zollbaum und Umgegend"** gegründet wurde, wurde in den Statuten festgelegt, dass das alljährliche Schützenfest am Zollbaum stattfinden solle, die Versammlungen aber abwechselnd in den Oppelner Gaststätten.

Deutsch-hannov. Verein
Oppeln und Umgegend.
Unser
Heimat-Abend
verbunden mit Prolog, Festrede, theatralisch. Aufführungen und nachfolgendem
BALL
findet statt
am Sonntag, d. 18, d. Mts.,
im Saale des Gastwirts Joh. Butt-Zollbaum.
Anfang 7½ Uhr.
Hierzu laden freundlichst ein
Der Vorstand.
Joh. Butt.
NB. Mitglieder Kaffee frei.

Anzeige vom 17.1.1925 in der Neuhaus-Ostener Zeitung.

Der **„Deutsch-Hannoversche Verein Oppeln und Umgegend"** hatte als Ziel die Wiedereinrichtung des Königreichs Hannover.

1959 wurde der **„Reichsbund Ortsgruppe Oppeln"** gegründet. Seine Aufgaben bestanden darin, soziale Härten für Kriegsversehrte zu lindern. Heute sind es Hinterbliebene und Rentner, die diese Hilfen in Anspruch nehmen. Vorsitzende ist zurzeit Berta Grönwoldt.

Sagen

Bei der Erforschung für die Chronik fand ich in den Kirchenakten drei Sagen. Zwei davon waren in Oppeln nicht mehr bekannt, nämlich die Sagen von den Mettwürsten und vom Jammertal. Der Schreiber, vermutlich August Sindram, brachte diese Sagen nur in kurzen Sätzen, was mir für ein Buch sehr kurz erschien. So habe ich dann das vorhandene Material in der Art, wie man Sagen schreibt, ergänzt. Dazu habe ich eine plattdeutsche Version geschrieben.

DIE ENTSTEHUNG DER OPPELNER GEEST
aus der Schulchronik Oppeln

Im südlichen Teil der Oppelner Gemarkung erheben sich aus dem sonst flachen Gelände zwei Geesthügel, der größte die „Oppelner Geest", der kleinste „Brünings Geest" oder die „Lütje Geest".

Weil sie dem beobachtenden Auge auffallen, haben sie das Nachdenken der Bewohner schon immer beschäftigt, und folgende Sage wird über ihre Entstehung erzählt:

Zur Urzeit, als noch alles in Wildnis und Moor lag, hauste im wilden Moor von Odisheim ein ungeschlachter Riese mit seiner Gefährtin, einem Riesenweibe. Weil der Boden ihres Lagers nass und kalt war, schalt sie mit ihm, er solle Sand herschaffen, wie die andern Riesen ihn unter den Füßen hätten, die auf der Geest hausten. Brächte er den nicht herbei, so würde sie ihm davonlaufen.

Mit einem riesigen Sack, aus Hirsch- und Rinderhäuten zusammengenäht, machte er sich brummend auf die Beine und stapfte ostwärts über Süderende-Bülkau und Süderende-Oppeln nach dem Silberberg in der Wingst.

Mit seinen groben Händen schaufelte der Riese den Sack bald voll und kehrte wieder um, seinem Lager zu. Doch als er die Geest hinter sich hatte, und durch das Oppelner Moor ziehen wollte, fühlte er etwas an den Füßen drücken. Er zog seinen Holzschuh aus und sah, dass ihm etwas Sand in den Holzschuh gekommen war. Sofort klopfte er den Holzschuh aus und schüttete den Sand in das Moor. Davon liegt noch heute ein Geesthügel mitten im Moor, genannt die „Brünings Geest" oder die „Lütje Geest".

Danach kam er vor die Oppelner Aue. Noch einmal rückte er den Sandsack auf seiner Schulter zurecht um mit einem festen Sprung über die Aue zu setzen. Doch dabei rissen einige Nähte im Sack, und wie ein Strom rann all der Sand herab ins Oppelner Moor, und in das Tal der Aue. Der Sandberg liegt noch heute an der Stelle und wird die „Oppelner Geest" genannt.

DIE SAGE VON DEN METTWÜRSTEN

In Oppeln gab es bis zum Jahre 1931 die sogenannte Mettwurstpflicht. Die Bewohner von 18 bestimmten Höfen waren seit Hunderten von Jahren verpflichtet, dem Pastor jährlich eine Mettwurst zu liefern. Über die Entstehung der Mettwurstpflicht wird folgende Sage erzählt:

Als es im Gebiet zwischen dem Balksee und der Aue noch Hochmoor gab, kamen 6 Männer während der Jagd in dieses Gebiet. Sie sahen den fruchtbaren Platz an der Aue und beschlossen sofort, sich hier anzusiedeln. Um vor dem Wasser der auflaufenden Fluten und den Sturmfluten sicher zu sein, bauten sie sich Wurten. Auf ihnen errichteten sie dann ihre Behausungen. Nachdem diese Arbeit getan war, gründeten die Männer Familien. Um sich zu ernähren, *brannten sie das Hochmoor ab und säten in die Asche Getreide aus. Mit den Jahren wurden die Ernten immer reicher und die Erträge immer höher.* Die Familien vermehrten sich und die Zahl der Hofstellen wuchs. Als es *18 Hofstellen* waren, gab es schon so *ertragreiche Jahre, daß noch um Pfingsten die Getreidehocken auf den Feldern standen. Aus Dankbarkeit stifteten die 18 Familien eine Kirche.* Der Pastor bekam für seinen Lebensunterhalt jährlich von jedem Hof eine Mettwurst. *Diese Würste waren so lang, daß sie dem Pastor, wenn er sie um die Schulter hängte, bis auf die Füße reichten.* Noch heute kann man feststellen, wo diese Höfe gelegen haben.

Un nu op plattdütsch

De Mettwussplicht

Zeichnung von Anja Harzer.

To de Tied, as dat in Oppeln Hochmoor geben de, un nich so as nu, wo dat Moor all´ns afgroben is un de meiste Deil von dat Dörp bi veel Regen ünner Woter steiht, wären sös Mannslüüd mit jemmer Flöten ünnerwengs op de Au um sik ´n beten wat to eeten to jogen. De Marsch an de Au gefull jem so got, dat se meent hefft, se müssen dor blieben. Nu kumm obers jümmer bi Flut dat Woter von de Elv hier an, weil dat jo noch keene Dieken geben hett. Un Störmfloten gev dat jo ok noch. So hebbt de sös Mannslüüd sik doran mokt un hefft Wohrten anleggt, dormit dat Woter jem nich üm de Fööt pletschern de. As de Wohrten schön hoch wären, hebbt se jemmer Hus dor op baut. Ennich wär de Arbeit trech un man kunn an de schönen Soken von dat Leben denken. Un dorto hört nun mol en Deern. As alle Mannslüüd jemmeer Deern funnen har´n, kunn´n se mit den Ackerbau anfangen. Dorför müssen se dat Moor afbrennen. De Asche dorför hebbt se as Dünger nomen un dann hebbt se Korn utseit. Mit de Joren gev dat jümmers mehr Korn to arnten. De Kinner worden jümmer grötter un heiroden deen se denn jo ok. Vun de Öllern kregen se een Stück Land, wo se vun arnten kun´n. No veelen Joren wären dat achteihn Hoffsteen. To disse Tied wär de Erdrag vun de Arnten so hoch, dat de Getreidehocken noch an Pingsten ob de Felder stoon deen.

De Lüüd wärn so dankbar wesen, dat de achtein Familien sik tosomen een Kark baut hebbt. Jo, un de Pastor kreeg in´t jedet Jor ne schöne lange Mettwuss. De wär so lang, dat se den Pastor, wenn he sik de Wuss üm de Schüller hingen de, bit an de Holschen güng.

Disse achteihn Hoffsteen künnt wi hüt noch nowiesen.

DIE SAGE VOM JAMMERTAL

Vor *Hunderten von Jahren ging durch die Felder im Oppelner Norderende ein Weg.* An diesem Weg hausten einige schrecklich wilde Gesellen. Reisende, die auf diesem Weg fuhren und an den Hütten der Bewohner vorbeikamen, wurden *überfallen und beraubt.* Oft wurden sie von den *Räubern* auch *ermordet.* Die Überfallenen schrien und jammerten in ihrer Not, so dass man es bis am Süderende hören konnte. Selbst die *Geister der Toten* fanden keine Ruhe und *wimmerten* noch lange. Ein Weidestück im Mittelfeld Oppelns trägt noch heute den Namen Jammertal.

Un nu op plattdütsch

Dat Jammertal

Vör lange Tied gev dat in Oppeln en Wech de in´t norsten In´n liggen de. Wenn de Lüüd dor langs wullen, müssen se jümmer gewaltich oppassen. An dissen Wech husen nämlich ganz finstere Mannslüüd. Se öberfullen de Lüüd, nemen jem al dat Geld un de goten Soken wech un mannichmol hebbt se de Lüüd ok umbröcht. Mann, wat hebbt de Lüüd schreit un jammert in jemmer grote Not. Man kunn dat jo bit an´t sürsten In´n vun Oppeln hören. Noch lang dorno kunnen de Doden keen Ruh finnen. Jemmer Geister spöken in´t norsten In´n dör Oppeln un wimmern un jammern dor rüm. Noch hütigendogs wart een Stück Weid in´t Mittelfeld von Oppeln Jammertal nennt.

Oppelnhymne zum 700-jährigen Jubliäum im Jahre 2001

Oh, du kleines Oppeln

Unser Oppeln ist nun siebenhundert Jahr.
Jeder der in Oppeln wohnte oder war,
der kennt unser Dörfchen, voll Gemütlichkeit,
friedliche Idylle, ohne Zank und Streit.
Oh, du kleines Oppeln, siehst so niedlich aus,
du bist unsere Heimat, hier sind wir zu Haus.

Hier in Oppeln, wo noch jeder jeden kennt,
wo man Nachbarn grüßt und sich beim Namen nennt.
Ab und zu ein Klönschnack über´n Gartenzaun
mögen alle Oppler, Männer und auch Frau´n.
Oh, du kleines Oppeln, siehst so niedlich aus,
du bist unsere Heimat, hier sind wir zu Haus.

Plattdeutsch ist die Sprache, die man bei uns spricht,
ohne Plattdeutsch geht´s in unserm Oppeln nicht.
Diese schöne Sprache können viele Leut´,
ja so war es früher, und so ist es heut´.
Oh, du kleines Oppeln, siehst so niedlich aus,
du bist unsere Heimat, hier sind wir zu Haus.

Unser Oppeln liegt so nah am Wingster Wald.
Zwar macht auch bei uns die Technik niemals Halt,
aber grüne Wiesen, rundherum Natur,
sind uns doch geblieben, das ist Leben pur.
Oh, du kleines Oppeln, siehst so niedlich aus,
du bist unsere Heimat, hier sind wir zu Haus.

Eine Schönheit, das ist unser Gotteshaus,
mancher Bürger geht dort gerne ein und aus.
Uns´re kleine Kirche ist so wunderbar,
selten sah man einen schöneren Altar.
Oh, du kleines Oppeln, siehst so niedlich aus,
du bist unsere Heimat, hier sind wir zu Haus.

Kinderkriegen ist in Oppeln so beliebt,
darum sind wir froh, dass es den Spielkreis gibt.
Dort wo noch für viele einst die Schule war,
toben jetzt die Kleinen schon so viele Jahr.
Oh, du kleines Oppeln, siehst so niedlich aus,
du bist unsere Heimat, hier sind wir zu Haus.

Oppeln hat sogar auch eine Räucherei,
„Blockhaus“ ist mit frischem Fisch schon lang dabei.
Doch der Fisch macht durstig und zu diesem Zweck
gibt es uns´re Kneipe „Oppeln an de Eck“.
Oh, du kleines Oppeln, siehst so niedlich aus,
du bist unsere Heimat, hier sind wir zu Haus.

Feiern bis zum Morgen macht uns gar nichts aus,
denn wir lassen gerne mal die Sau heraus.
Oppeln ist zwar nur ein ziemlich kleines Nest,
trotzdem gibt´s bei uns so manches große Fest.
Oh, du kleines Oppeln, siehst so niedlich aus,
du bist unsere Heimat, hier sind wir zu Haus.

Siebenhundert Jahre „Oppeln“ feiern wir,
und aus diesem Grunde sind wir alle hier.
Eine schöne Chronik gibt´s zu diesem Fest,
die uns diese Feier nie vergessen lässt.
Oh, du kleines Oppeln, siehst so niedlich aus,
du bist unsere Heimat, hier sind wir zu Haus.

Rita Hellwege

Oppeln, im Jahre 2000

Flurnamen

Quellen:

Deutsche Grundkarte 1991, Straßenbestandsverzeichnis Gemeinde Wingst 1983, Bestandsverzeichnis aller öffentl. Straßen und Wege im Gemeindeprotokollbuch 1970, Wegeverzeichnis 1959, Wegeverzeichnis 1919, Verpachtung 1880, Wegeverzeichnis 1888, Urkataster 1873, Grundsteuerrolle 1857, Kirchenlagerbuch 1786, Friedhofsregister 1776, Pratje 1761, Karte Isenbart 1764, Häuserliste 1748, Hypothekenliste 1730, Hausbuch Luneberg 1605, Kirchenakten, Kirchenbücher, Kirchenprotokollbücher, Gemeindeprotokollbücher, mündliche Aussagen.

WEGE

Westerweg 1983, 1888, 1864, grüner Feldweg 1786, grüner Weg 1761. Gemeindestraße.
Der Grüne Weg 1764, 1730 (Vom Mühlenweg bis Kirchtrift)
Oppeler Weg 1764, 1730 (Von Kirchtrift bis Triftacker)
Im Süden mit dem Heuweg 1914, 1888 und 1863, 1730
Gesamtlänge 4 $^3/_4$ km

Der Weg 1588, 1730, Van dem wege 1582

Oppelner Geest 1974 (Vom Schwarzen Weg bis zum Heuweg). Gemeindestraße.

Heuweg 1914, 1863, 1730, Landweg 1873

Triftacker 1970, Gemeindeverbindungsstraße V 9, Drift Acker 1764
(Vom Westerweg bis zur Aue, wo der Bülkauer Triftacker nach der Landstraße geht.) Länge $^2/_5$ km.

Oppeln 1981, 1975, Osterweg 1970, 1863, 1789, Schlackenweg 1907, 1930, Kirchspielsweg 1914, 1888, Kirchspiels-Mohrweg 1786
(Von der K 21 im Norden bis Bovenmoor). Gemeindeverbindungsstraße V 10.
Länge 4 $^1/_2$ km Von der K 10 bis zur Einmündung des Wirtschaftsweges Wingst - Oppeln - Bülkau.

Griftdeich 1974, Gemeindeweg. 1964 sind die Anlieger Eigentümer.

Zweigweg zu Norden 1959, Mittelfeld 1914, 1888
Abzweigung vom Osterweg zur L II O 10. Wird als öffentlicher Gemeindeweg aufgehoben 1960. Länge $^1/_{12}$ km.

Kirchentrift 1987, die Kirchtrift 1900, 1888, Kirchentriftsweg 1863, 1783
Vom Osterweg (Kriegerdenkmal) bis zum Westerweg (Kirche). Gemeindestraße.
Wurde von der Kapellengemeinde Oppeln an die Gemeinde Wingst übertragen.
Gewidmet 1987. Länge $^3/_{10}$ km.
Geht vom Kirchspielswege nach der Kirche und Schule. Ist kein öffentlicher Weg, sondern ein Kirchen- und Schulweg. Ist nach den Häusern hiesiger Gemeinde verteilt und jeder Hausbesitzer muß seinen Anteil in Stand halten.1914, 1888

an der Kirch-Trift 1777

am Kirchwege 1777, 1749

Am Wege 1677

Schwarzer Weg 1974, Neue Weg 1970, 1959, Der Neue Weg 1914
Vom Osterweg bis zum Westerweg - Triftacker. Gemeindeverbindungsstraße V 9.
Geht vom Kirchspielsweg (Osterwege) nach Westen an den Westerweg im Anschluß des Triftackers. Länge 1 km. Dieser Weg ist im Jahre 1908 neu angelegt und im Jahre 1911 als Schlackenweg ausgebaut worden.

Am Balksee 1974, Wirtschaftsweg 1964
Gemeindeverbindungsstraße V 11.
Von der Grift (Grenze Wingst) bis zur Aue (Grenze Bülkau). Baubeginn am 28.05.1963. Aufnahme in das öffentliche Wegeverzeichnis am 18.09.1964 durch den Gemeinderat Oppeln.

Mühlenweg 1861, Mühlen Deich 1740
Von der Aue (Auemühle) bis zum Westerweg. Jetzt Kreisstraße K 21 anschließend:

Der sogenannte Neue Weg 1790
Vom Westerweg bis zum Osterweg. Jetzt Kreisstraße K 21 anschließend der:

Hausweg 1870, 1863, 1825
Vom Osterweg bis zur Kanal-Brücke. Jetzt Kreisstraße K 21.

Aversloschen Weges 1773
wahrscheinlich von der Oppelner Geest bis zur Aue (Bülkau SE)

Apfelallee 1971, 1960 Volksmund
Von der Kirchtrift bis zur Schule

GEWÄSSER

Aue 1991, Aue 1768, awe 1565

Mittelwettern 1991, große Wettern um 1760

Osterwettern 1991, Oppeler Wettern 1764, Moorwettern um 1770, Mohrwettern 1565
kleine Wettern um 1760

Grift 1991, grifft 1565

Griftauswettern 1991

Auswettern 1991

Oppelner Ackerwettern 1991

Triftackerwettern 1991

Alvelsloher Laufgraben 1991

zur Oppeler Grift 1858

Auedeichgraben
Totengraben
Enge See 1764
Sielgrowe

BRÜCKEN UND STEGE
Aue-Siel, 1764 Oppeler Siel
Oppeler Strom Brücke 1885
Neuenwegsbrücke 1924
Westerwegsbrücke 1924
Osterwegsbrücke 1925
Triftackerbrücke 1768, Drift Acker Brücke 1764
Oppeler Schnellweg-Steg, Kirchensteg mdl.

DEICHE
Oppeler Teich 1672
Aversloher Teich
Mühlen-Deich 1786
Bartels-Deich 1873
Bahlke-Deich Bahlcken Deich 1789
Reyelts-Deich Reihls Deich 1789, Johan Reiels Deich 1785
Außendeich, Caye-Deich 1764, Außenteich 1748
Aue-Deich 1873
Grift-Deich Osterdeich 1858
Der Große Damm 1764, Quer-Diek und Frey-Diek mdl.

FLURNAMEN
Ackersch - (Acker im Auefeld)
Alte Weide
am Griftstrom 1857
am Quer-Deich (Griftfeld) 1857
am Reyelts Deich (Mittelfeld) 1857

Am See 1675

Am Wege 1733

An der Au

An der Ecke 1926, An de Eck 1939

An der Grift 1748

An der Kirchentrift 1878 , 1780

An der Oppeler Geest 1723, Bei der Geest

An Schaden Ackerland 1857

Apfelallee 1971, 1960

Auemühle 1764 (später zu Bülkau)

Auefeld 1991, 1873, Westerfeld 1857, Auland um 1760

Auehörn (bei Hagenah) Aufeld mdl.

Auf dem Dubben, Auf ´m Dumm (Behrens im Griftfeld)

Auf´m Deich 1786, beym Außenteich 1760

Aversloh 1935, Aversloher Wiesen 1770, Averschlo 1730, 1604, Aberslu 1588, Averschlu 1565

Balksee 1991, Balg-See 1778, Balcksee 1748, Bolicksee 1301

Bei den 3 kleinen Häusern 1950, Bi de dree lütten Hüüs 1950

Bei der Kirche 1782

Bey der Balksee 1721

Block jenseits der Wettern 1880

Böhmkestück

Börmen bei Bartels Hause (Grift)

Börmen im Griftdeich (Quelle im Griftdeich) 1910

Börmen in Joh. Griemsmans Moor

Borndeich (Quelle im Deich), 1850

Bovenmohr, Bove Mohr, Bau-Moohr um 1770, Bowmohr 1748, Aufm Bommohr 1730, Auffm Bohmohr 1673

Böver-Gehrden (Oberes keilförmiges Ackerstück) 1800

Brunscher Acker (Auefeld) mdl.

Das Hohe Stück - bei der Worth

De Worth (Mittelfeld)

Der 2. Acker 1880

Der Block genannt (Westerfeld) 1857

Der kleine Acker rechts vom großen Gehrden 1880

Die 3 Nordblöcke 1880

Drei Blöcke an der Aue 1880

Driftstück (Mittelfeld)

Enge See 1764

Geest Rehmen 1730

Griemsmannsche Moor (Griftfeld) 1907

Grift, Grifft, 1749, 1582

Griftfeld 1991, 1873, Osterfeld 1857, Moorland um 1760, Im Moorfelde 1748, Im Mohr 1728

Große Gehrden

Haferland beim Hause 1800

Hagenahweide (Griftfeld), (südl neben Geisler)

Hinter dem Hause 1800

Hinter dem Thurme 1800

Hinter der Geest 1873, achter der Geest 1605

Höcht (Höhere Enden im Mittelfeld)

Hörne 1605, 1857, Auehörn

Im Mohr 1728

Im Wegfelde 1748, Auf dem Felde, Im Felde 1805, 1900

In buten Dieck 1764, Außenteich 1748, Außendeich 1733

In der Burtze 1578

In´n Schlo (Mittelfeld) mdl.

Jacobsmoor 1866

Jammerthal (Mittelfeld) 1791

Keilstück 1880

Kirchdorf 1991, 1857, zu Süden der Kirche 1803, Bei der Kirche 1782

Kleiner Querblock (Westerfeld), 1857

Kleine Gehrden

Klei-In´n (Kleienden im Mittelfeld)

Kriegerdenkmal

Lagerplatz (Mittelfeld), 1907

Land-Flage (Griftfeld), (Land-Strich)

Leiden (niedriges Land im Mittelfeld) mdl.

Lütje Geest 1935, 1965, Brünings Geest 1935, Sandhöcht 1996 mdl.

Mingsmoor 1866

Mittelfeld 1991, 1873, Wegfeld, Wegland 1760

Moorland 1800

Mühlenfeld

Nedder-Gehrden 1800

Nedder-Gehrden (niedrig gelegenes keilförmiges Ackerstück)

Nordacker1880

Norder drey Au-Ende 1800

Norderende 1991, Nordertheil, zum Norden, Norden 1678, Nortende 1592

Op de Stöp (bei Lührs)

Oppeler Schultzen Wische 1730, Bürgermeisterwiese 1939 (liegt in der Gemarkung Wingst)

Oppeln 1991, Oppelen 1768, Oppeln 1764, Oppele 1384, Oppelem 1301

Oppelner Geest 1991, Auf der Geest 1730, Geestklotz 1778, Gest 1685, Oppeler Geest 1677

Oppeln-Grift 1991

Stiegstück 1880 (mit Überfahrtsberechtigung)

Stremel (Auefeld), (Streifen)

Süder drey Au-Ende 1800

Süderende 1991, Südertheil, zum Süden

Südwärts der Kirchtrift im Moor 1782

Taternblock (Griftfeld), (Zigeunerblock)

Vor Dittmers Thüre 1800, Block vor Griemsmanns Türe

Wittpenn (Mittelfeld, neben der Worth)

Zuwachs (Westerfeld) 1857

zwey Stöpen Au-Ende 1800

zwey Stöpenstücke 1800

Anhang „Häusergeschichten"

REGISTER

Alte Hausnummer bis 1974			Adresse ab 1975	Alte Hausnummer bis 1974			Adresse ab 1975
Nr.	1	-	Oppeln 1	neu		-	Oppeln 42
Nr.	2	-	Oppeln 3	Nr.	37	-	Oppeln 43
Nr.	3	-	Auefeld 1	Nr.	38	-	Oppeln 45
Nr.	4	-	Oppeln 2	Nr.	39	-	Oppeln 40
Nr.	6	-	Oppeln 7	neu		-	Oppeln 45a
Nr.	7	-	Oppeln 9	Nr.	40	-	Westerweg 1
Nr.	8	-	Oppeln 11	Nr.	41	-	Westerweg 3
Nr.	10	-	Griftdeich 2	Nr.	42	-	Westerweg 5
Nr.	11	-	Oppeln 13	Nr.	43	-	Oppeln 47
Nr.	12	-	Oppeln 15	Nr.	44	-	Oppeln 44
Nr.	15	-	Oppeln 16	Nr.	45	-	Westerweg 9
Nr.	18	-	Oppeln 23	Nr.	46	-	Oppeln 49
Nr.	19	-	Oppeln 25	Nr.	47	-	Oppeln 51
Nr.	21	-	Oppeln 27	Nr.	48	-	Westerweg 2
Nr.	22	-	Oppeln 22	Nr.	49	-	Westerweg 4
Nr.	23	-	Oppeln 29	Nr.	50	-	Westerweg 11
Nr.	25	-	Oppeln 31	Nr.	51	-	Oppeln 55
Nr.	26	-	Griftdeich 6	Nr.	52	-	Oppeln 53
Nr.	28	-	Griftdeich 4	Nr.	53	-	Oppeln 52
Nr.	30	-	Oppeln 30	Nr.	54	-	Oppeln 54
Nr.	31	-	Oppeln 33	Nr.	56	-	Oppeln 57
neu		-	Oppeln 33a	Nr.	57	-	Oppeln 56
Nr.	33	-	Oppeln 35	Nr.	57a	-	Oppeln 56a
Nr.	34	-	Oppeln 37	neu		-	Oppeln 57a
Nr.	35	-	Oppeln 39	Nr.	58	-	Oppeln 60
Nr.	36	-	Oppeln 41	Nr.	61	-	Oppeln 61

Alte Hausnummer bis 1974		Adresse ab 1975
Nr. 63	-	Oppeln 62
Nr. 64	-	Oppeln 65
Nr. 65	-	Oppeln 67
Nr. 66	-	Oppeln 64
Nr. 67	-	Oppeln 69
Nr. 68	-	Oppeln 66
Nr. 69	-	Oppeln 68
Nr. 71	-	Oppeln 70
Nr. 72	-	Oppeln 71
Nr. 75	-	Oppeln 72
Nr. 77	-	Oppeln 73
Nr. 80	-	Oppeln 75
Nr. 80a	-	Oppeln 75a
Nr. 81	-	Oppelner Geest 1
neu	-	Oppelner Geest 1a
Nr. 83	-	Oppelner Geest 2
Nr. 83a	-	Oppelner Geest 2a
Nr. 84	-	Oppeln 77
Nr. 85	-	Oppeln 79
Nr. 88	-	Oppelner Geest 4
Nr. 89	-	Oppelner Geest 6
Nr. 92	-	Oppeln 74
Nr. 95	-	Oppeln 85
Nr. 96	-	Am Balksee 6
Nr. 98	-	Oppelner Geest 7
Nr. 99	-	Oppelner Geest 5
Nr. 100	-	Oppelner Geest 10
Nr. 101	-	Oppeln 76
Nr. 102	-	Oppeln 87

Alte Hausnummer bis 1974		Adresse ab 1975
Nr. 103	-	Oppelner Geest 9
Nr. 104	-	Oppeln 78
neu	-	Oppeln 78a
Nr. 105	-	Oppeln 91
Nr. 106	-	Oppeln 80
Nr. 107	-	Oppeln 93
Nr. 108	-	Oppeln 89
Nr. 109	-	Oppelner Geest 12
Nr. 110	-	Oppelner Geest 14
Nr. 111	-	Oppelner Geest 3
Nr. 112	-	Oppeln 83
Nr. 116	-	Am Balksee 10
Nr. 117	-	Am Balksee 8
Nr. 127	-	Oppeln 81
Nr. 128	-	Westerweg 6
Nr. 129	-	Oppeln 46
Nr. 130	-	Oppeln 21
Nr. 131	-	Oppeln 19
Nr. 132	-	Oppeln 17
Nr. 133	-	Oppeln 63
Nr. 134	-	Westerweg 7
Nr. 135	-	Oppeln 58
Nr. 136	-	Oppelner Geest 8

ABGEBROCHENE UND ABGEBRANNTE HÄUSER

Nr. 5	-	Oppeln 5, abgebrochen
Nr. 9	-	abgebrochen
Nr. 13	-	abgebrochen

Alte Hausnummer bis 1974		Adresse ab 1975	Alte Hausnummer bis 1974		Adresse ab 1975
Nr. 14	-	abgebrochen	Nr. 79	-	abgebrochen
Nr. 16	-	abgebrochen	Nr. 82	-	abgebrochen
Nr. 17	-	abgebrannt	Nr. 86	-	abgebrannt
Nr. 20	-	abgebrochen	Nr. 87	-	abgebrochen
Nr. 24	-	abgebrochen	Nr. 90	-	abgebrochen
Nr. 27	-	abgebrannt	Nr. 91	-	abgebrochen
Nr. 29	-	abgebrochen	Nr. 92 alt	-	abgebrochen
Nr. 32	-	abgebrochen	Nr. 93	-	abgebrochen
Nr. 55	-	abgebrochen	Nr. 94	-	abgebrochen
Nr. 59	-	Oppeln 59, abgebrochen	Nr. 97	-	abgebrochen
Nr. 60 alt	-	abgebrochen	Nr. 113	-	abgebrochen
Nr. 62	-	abgebrochen	Nr. 114	-	abgebrochen
Nr. 70	-	abgebrochen	Nr. 115	-	abgebrochen
Nr. 73	-	abgebrannt	Nr. 118	-	abgebrochen
Nr. 74	-	abgebrochen	Nr. 129 alt	-	abgebrochen
Nr. 76	-	abgebrannt	Nr. 130 alt	-	abgebrochen
Nr. 78	-	abgebrochen	Nr. 131 alt	-	abgebrochen

Nr. 1 - Oppeln 1

Westansicht 2000.

Westansicht um 1910. Heinrich Lange und Familie, im Hintergrund Margarethe Meyer (Archiv Anni Meyer).

1821	Hinrich Reyelt, Gastwirt zum Norden
1829	Hinrich Reyelt
1858	Hinrich Reyelt, Kaufmann u. Gastwirt
1882	Johann Hinrich Hermann Lange
1909	Hinrich Lange
1920	Hinrich Gooss
1924	Johann Tiedemann
1950	Anna Tiedemann, Witwe
	Richard Haack
	Norbert Haack

1826 wurde das Wohnhaus zu 400 Rthlr. versichert und war 55 $^{1}/_{2}$ Fuß (16,21 m) lang und 33 $^{1}/_{2}$ Fuß (9,87 m) breit. Hinrich Reyelt beschäftigte 1872 einen Lehrling, einen Dienstknecht, ein Fräulein und eine Dienstmagd. An Vieh hatte er 2 Schweine, 2 Kühe, 3 Stück Jungvieh und 2 Schafe. Das Anwesen war 7,91 ha groß. Heinrich Lange fällt am 7.10.1914 bei Goummecourt i. Frankreich. Johann Tiedemann betrieb neben dem „Gasthof an der Ecke" eine Fahrrad-Handlung. Als Vereinslokal des Fahrradvereins wurde der Gasthof auch „Radlerhof" genannt. Simon Haack, Sohn von Anna Tiedemann verw. Haack, starb am 14.3.1945 in Gotenhafen. Richard Haack betrieb zusätzlich eine Tankstelle. 1997 schloß Norbert Haack den Gemischtwarenladen. Er besitzt heute die einzige Gastwirtschaft in Oppeln.

Westansicht 2000.

Westansicht um 1910. Hintere Reihe: Margaretha Grönwoldt geb. Bartels, Wilhelm und Margaretha Bartels geb. Dittmer mit den Kindern Hanna, Minna, Peter, August, Hannes und Ernst, Margareta Grube (Archiv Alfred Griemsmann).

1786 Peter Bartels
1789 Jacob Bartels
1826 Peter Bartels
1857 Peter Bartels jun.
1892 Wilhelm Bartels
1930 Ernst Bartels
1956 Johannes Griemsmann
Manuel Riveiro Fuentes
u. Frau Ursula

Jacob Bartels war 1795 am s.g. Orgelkrieg beteiligt. Er wird 1803/06 und Peter Bartels 1835 als Landschöpf genannt. Am 1. Mai 1819 brennt das Wohnhaus und die Scheune vollständig ab. 1826 misst das Haus 51 ½ Fuß (15,04 m) Länge und 34 Fuß (9,93 m) Breite. Es wurde für 600 Taler versichert. 1872 leben auf dem 16,42 ha großen Hof 3 Erwachsene und 5 Kinder. Sie hielten 2 Pferde, 1 Schwein, 2 Kühe, 2 Stück Jungvieh und 2 Schafe. Wilhelm Bartels verlor zwei Söhne im 1. Weltkrieg. Unteroffizier Peter stirbt am 1.5.1915 in Hutholz (Flandern) nach einer Unterleibs-Verwundung. August wurde bei den Kämpfen in Moulin in Frankreich wahrscheinlich verschüttet. Drei Kinder wanderten nach USA aus: Anny (18 J.) 1929, Ernst (27 J.) 1934 und Ella (21 J.) 1935.

Nr. 3 - Auefeld 1

Ostansicht 1998.

Ostansicht 1912 (Archiv Käte Kunde).

vor 1854 siehe unter Aue-Mühle

1854 Peter Nicolaus Reysen
1896 Heinrich Kammann
1918 Heinrich Mählmann
Walter Schiffmann
Waltraud Kapplusch
Mike Kapplusch

1826 war das Müllerhaus 77 Fuß (22,48 m) lang und 46 Fuß (13,43 m) breit. Es wurde einschließlich Kornscheune, Viehscheune, Kropscheune und Backhaus zu 1.300 Talern versichert. 1872 leben auf dem 16,15 ha großen Hof 2 Erwachsene und 8 Kinder. Ein Geselle, ein Lehrling und eine Dienstmagd werden beschäftigt. 4 Pferde, 8 Schweine, 4 Kühe, 5 Stück Jungvieh und 2 Schafe machen den Viehbestand aus. 1874 wurde das Haus auf 33,88 m Länge und 15,48/14,60 m Breite vergrößert. Im Balken über der Großen Tür steht die Inschrift: „P N R 1874 C M R" (Peter Nicolaus Reysen 1874 Catharina Maria Reysen). Nach einem Brand um 1920 ist das Wohnhaus nur noch 20 m lang und 14 m breit. Heinrich Mählmann war 1946 Bürgermeister.

Ostansicht 1996.

Ostansicht 1909. Pächterin Frau Buck mit Tochter (Archiv Grönwoldt).

1791 Hinrich Schade
1830 Barthold Schade
1841 Hinrich Schade L. S.
1865 dessen Erben
1874 Anna Schade
1874 Peter Bartels, Landbewirter (s. Nr. 2),
1912 Margarethe Grönwoldt, geb. Bartels
1947 Werner Grönwoldt
Berta Grönwoldt

1826 betrugen die Maße des Wohnhauses 53 Fuß (15,47 m) Länge und 30 ½ Fuß (8,91 m) Breite. Der Versicherungswert betrug 250 Rthlr. Anna Schade verkaufte am 30.1.1874 die Stelle, die 1,31 ha groß war, *„ ... mit dem Schlotholz auf Boden und Hilgen und Kirchen- und Kirchhofgerechtigkeiten ... „* an Peter Bartels (Nr. 2). Im ersten Weltkrieg fielen Peter Grönwoldts Söhne Wilhelm und Heinrich, beide Inhaber des Eisernen Kreuzes II. Klasse. Wilhelm starb nach einer Verwundung auf Korsika, Heinrich am 1.2.1915 in Frankreich. Werner Grönwoldt (20 J.) wanderte 1931 nach Südamerika aus, kehrte aber wieder nach Deutschland zurück. Er war von 1957 bis 1972 Standesbeamter.

Nr. 6 - Oppeln 7

Westansicht 1998.

1827 Anna Margaretha Grimsmann

1841 Diedrich Griemsmann

1844 Diedrich Küvers Witwe von der Kriegerkuhle

1865 Johann Hinrich von Thaden

1867 Ahrend Jürgen Wolter, Arbeitsmann

1896 Hinrich Wolter

1929 Johannes von Bargen

1930 Richard Butt

1967 R. Heyderhoff

R. Dahlke

1977 Dr. Günther Sönnichsen

1827 war das Haus 64 Fuß (18,69 m) lang und 41 Fuß (11,97 m) breit und wurde für 300 Rthlr. versichert. 1872 lebten auf der 2,71 ha großen Stelle 2 Erwachsene, die 1 Kuh und 1 Schwein hielten. Um 1934 übernahm Richard Butt, der spätere Gastwirt der Gaststätte „Am Zollbaum“ in Wingst, das Haus.

Westansicht 1997.

Westansicht um 1930 (Archiv Berta Glintenkamp).

1826 Johann Hensch

1849 Peter Nicolaus Bartels

1860 Johann Uhlmann

1869 Johann Hinrich von Thaden, Arbeitsmann

1912 Claus von Thaden

1919 Albert Twachtmann

1926 Heinrich Winter

1930 Hermann Glintenkamp

1983 dessen Enkeltochter Inge Ahrens, geb. Glintenkamp

1826 betrugen die Maße des Hauses 45 Fuß (13,14 m) Länge und 30 $^{1}/_{2}$ Fuß (8,91 m) Breite. Es wurde zu 150 Talern versichert. 1872 leben 2 Erwachsene und 4 Kinder auf dem 1,88 ha großen Grundstück. Die Familie hielt 1 Schwein, 1 Kuh und 1 Stück Jungvieh.

Nr. 8 - Oppeln 11

Westansicht 1997.

Westansicht 1935 (Archiv Günter Jungclaus).

1826 Jürgen Hinrich Bartels
1834 Claus Ostermann
1845 Gerd Kramer
1866 Jürgen Albers, Arbeitsmann
1896 Diedrich Kruse
1923 Heinrich Kruse
Otto Kruse
Günter Jungclaus

1826 betrug die Größe des Hauses 46 Fuß (13,43 m) Länge und 32 Fuß (9,34 m) Breite bei einer Versicherungssumme von 200 Talern. 3 Erwachsene und 1 Kind lebten 1872 auf dem 2,66 ha großen Grundstück. Sie hielten 1 Schwein, 1 Kuh und 1 Schaf. 1916 fiel Martin, Sohn des Diedrich Kruse, bei einem Sturmangriff in Beberloo in Belgien.

Nr. 10 - Griftdeich 2

Ostansicht 1996.

Ostansicht um 1920. Sophie Schlichting geb. Meyer mit den Kindern Johannes, Ernst, Hermann und Else (Archiv Werner Schlichting).

1826 Peter Nicolaus Bartels
1842 Claus Ninzel
1856 Diedrich Meyer
1910 Claus Schlichting u. Frau Sophie geb. Meyer
1949 Werner Schlichting

1826 wird das Haus für 150 Rthlr. versichert. Es war 38 Fuß (11,10 m) lang und 24 Fuß (7,00 m) breit. 1853 brannte das Haus ab. 1876 war das Grundstück 1,03 ha groß. Johannes Schlichting (19 J.), Sohn des Claus Schlichting, wanderte 1930 nach Nordamerika aus. Sein Bruder Otto starb nach einer schweren Verwundung am 31.8.1941 in einem Lazarett an der Ostfront, sein Bruder Ernst wurde über England abgeschossen.

Nr. 11 - Oppeln 13

Westansicht 1998.

1810 Wilhelm Goldmann
1843 Lafrenz Goldmann
1872 Hein Hinrich Meyer
1873 Dietrich Drewes, Arbeitsmann
1888 Heinrich Winter
1938 dessen Enkelsohn Heinrich Küver
1946 Johann Hermann
1949 Ernst August Meyer aus Wingst
1967 Frieda von Bargen, geb. Winter
Käte Kunde geb. v. Bargen
deren Enkelsohn Thomas Buck

1826 ist das Haus 36 Fuß (10,51 m) lang und 37 Fuß (10,80 m) breit. Der Versicherungswert des Hauses beträgt 100 Taler. Dietrich Drewes vermietete sein Haus an Hinrich Riefling. 1876 ist das Grundstück 1,76 ha groß. Im September 1914 fiel Hermann Küver. Sohn Heinrich Küver fiel am 18.10.1944 an der Westfront.

Nr. 12 - Oppeln 15

Westansicht 1997.

Westansicht um 1950 (Archiv Anni Meyer).

1826 Andreas Thumann
1834 Friedrich Leicke
1872 Peter Peycke, Dienstknecht
1902 Claus von Thaden
1906 Heinrich von Thaden
1967 Heinz Müller
Liselotte Müller

1826 war das Haus 36 Fuß (10,51 m) lang und 25 1/2 Fuß (7,45 m) breit und war zu 250 Taler versichert. 1872 war die Stelle 3,18 ha groß, die von 3 Erwachsen und 2 Kinder bewohnt wurde. Sie hielten 1 Schaf, 1 Schwein und 1 Kuh.

Nr. 15 - Oppeln 16

Ostansicht 1996.

Ostansicht 1936 (Archiv Lina Bartels).

1826 Dietrich Matthias Behrens
1838 Peter Jacob Griemsmann
1869 Johann Hinrich Küver, Maurer
1908 Wilhelm Bartels
1924 Margarethe Bartels
1967 Anni Bartels
1983 Rolf Schneider
und Hans-Joachim Nowack

Auf diesem Hof lastete die Mettwurstpflicht Nr. 19. 1826 war das Haus 56,5 Fuß (16,50 m) lang und 38 Fuß (11,10 m) breit. Die Versicherungssumme betrug 200 Taler. 1872 wohnten 2 Erwachsene und 1 Kind auf der 2,96 ha großen Stelle. Pächter Hermann Buck fällt im 1. Weltkrieg. Am 4.5.1923 brannte das Haus vollständig ab. Die Bewohnerin des Bartelschen Hauses, Witwe Buck, verlor den größten Teil ihres Hausrates, das Vieh und 80.000 Mark Bargeld sowie einige Dollarnoten.

Nr. 18 - Oppeln 23

Westansicht 1997.

1826 Diedrich Arp
1828 David Arp
1843 Hans Christoph Arp, Maurer
1884 Johann Beckmann aus Bülkau
1886 Claus Heinrich Meyn
1917 Heinrich Meyn
1950 Johann Meyn
Else Meyn
Herbert Meyn
Hans Meyn

1826 misst das Wohnhaus 52 Fuß (15,18 m) Länge und 36 Fuß (10,51 m) Breite, die Versicherungssumme beträgt 200 Taler. 1872 ist die Stelle 4,32 ha groß und wird von 2 Erwachsenen und 2 Kindern bewohnt. Sie halten 1 Schwein, 1 Kuh und 1 Schaf. Heinrich Meyn war bis ca. 1960 Eierhändler, sein Transportmittel war ein Fahrrad. Wegen seiner Genauigkeit wurde er „Prinz Heinrich" genannt.

Nr. 19 - Oppeln 25

Westansicht 1997.

1845 Claus Hensch
1854 Hinrich Meyn
1861 Adolph Friedrich Bartels
1865 Carl Diedrich Schulenburg
1870 Johann Gerdts, Arbeitsmann
1880 Christoph Gerdts
1932 Johann Hinrich Gerdts
Hellmut Gerdts

1845 war das Wohnhaus 43 Fuß (12,56 m) lang und 32,35 Fuß (9,45 m) breit und wurde zu 300 Rthlr. versichert. 1872 lebten auf der 1,83 ha großen Stelle 2 Erwachsene. Der jetzige Besitzer Hellmut Gerdts wird von den Einheimischen wie auch von Auswärtigen „der Landrat von Oppeln" genannt, weil er beim Landratsamt beschäftigt war und in schriftlichen Dingen sehr genau ist.

Nr. 19a

Das Haus wurde nach dem 2. Weltkrieg als Behelfsheim erbaut und ist jetzt unbewohnt.

Westansicht 1997.

Südansicht um 1950 (Archiv Helmuth Rüger).

1826 Hein Vollmer
1837 Johann Hinrich Küver
1872 Johann Hinrich Küver, Maurer
1876 Claus Heinrich Steffens
1893 Lafrenz August Schriever, Gastwirt
1901 August Kranz
1956 Hermann Westphal
Helmuth Rüger u. Frau Grete, geb. Westphal

1826 war das Haus 32 Fuß (9,34 m) lang und 19 ½ Fuß (5,69 m) breit. Die Versicherungssumme betrug 100 Taler. 1872 war das Grundstück 2,06 ha groß, auf dem 1 Erwachsener wohnte. Er hielt 1 Schwein, 1 Kuh und 1 Schaf. Heinrich Kranz war der „Hoffotograf von Oppeln". Er hatte ein Fotoatelier und Fotolabor der Zeit entsprechend eingerichtet. Filme wurden im Graben gewässert. Von ihm sind noch eine große Anzahl Fotos von Häusern, Schulkindern und Konfirmationen sowie Postkarten erhalten. August Grupe (Pflegesohn von A. Kranz) fiel im 1. Weltkrieg. 1926 bewohnte Oberlandjäger Richard Gander während der Abwesenheit von Kranz das Haus. 1945 bewohnte Rudolf Einstein das Haus. Über der Haustür stand folgende Inschrift: „Ora et labora“ (Bete und arbeite).

Ostansicht 1996.

Ostansicht um 1940. Peter und Sophie Brandt, Hinrich und Emma Brandt mit den Kindern Robert (auf dem Arm), Marie, Christian und Anni (Archiv Andreas Brandt).

1786 Jürgen Küver
1795 Hinrich Küver, Tagelöhner
1826 Hinrich Küver
1841 Johann Hinrich Goldmann
1886 Peter Brandt genannt Hinners u. Frau Sophie geb. Goldmann
1939 Johann Hinrich Brandt
1965 Willi Brandt
Andreas Brandt

Auf diesem Hof lastete die Mettwurstpflicht Nr. 14. 1826 misst das Wohnhaus 50 Fuß (14,60 m) Länge und 33 Fuß (9,64 m) Breite. Die Versicherungssumme beträgt 200 Taler. 1872 lebten auf der 2,62 ha großen Tagelöhnerstelle 2 Erwachsene und 1 Kind. Die Familie hielt 1 Schwein, 1 Kuh und 1 Schaf. Am 17.6.1896 brannte das Wohnhaus ab. Die Zeitung berichtete, dass außer einigen Möbeln, Kleidungsstücken, Betten und einem Kalb nichts gerettet werden konnte. Die Kinder, die allein zu Hause waren, sollen das Feuer entzündet haben.

Westansicht 2000.

Westansicht 1929. Berta Engelhard mit Sohn Siegfried (auf dem Arm) und den Pflegekindern Friedrich Volkmann und Lieselotte Jöckel (Archiv Hermann Engelhard).

1826 Erhard von Campen
1829 Claus Meyer
1831 Diedrich Tiedemann
1855 Johann Hinrich Brümmer, Arbeiter
1879 Johann Hinrich Küver
1882 Catharina Kroos, Witwe
1890 Peter Jacob Griemsmann
1926 Hermann Engelhard
1982 Hermann Engelhard jun. und Frau Christel

1826 hatte das Wohnhaus 32 Fuß (9,34 m) Länge und 19 1/2 Fuß (5,69 m) Breite. Es wurde zu 100 Taler versichert. 1872 war diese Stelle 2.806 qm groß. Auf ihr lebten 3 Erwachsene, die 1 Schaf hielten. Hermann Engelhard war von 1934 bis 1972 Bürgermeister. Unterbrochen war die Amtszeit von 1945 bis 1952, da er Mitglied der NSDAP war. Am 11.10.1966 konnte Bürgermeister Engelhard sein 25-jähriges Dienstjubiläum feiern.

Westansicht 1997.

Westansicht 1969 (Foto: Helmuth Rüger).

1826 Peter Hinrich Lorenz

1872 Claus Hinrich Lorenz, Zimmermann

1899 Johann Siemsen

1908 Hinrich Krüdener

1910 Peter Schriever

1929 Max Priester

1931 Willi Baxmann

1965 Werner Baxmann

Anneliese, Johanna und Leni Bartels

1826 war das Wohnhaus 60 Fuß (17,52 m) lang und 32 ½ Fuß (9,49 m) breit. Es wurde zu 200 Taler versichert. 1872 leben 3 Erwachsene und 1 Kind auf dem 5,40 ha großen Hof. Sie halten 1 Kuh, 1 Schwein und 2 Schafe. 1929 wurde Max Priester durch Zwangsverkauf Eigentümer des Hauses.

Nr. 26 - Griftdeich 6

Ostansicht 1996.

1850 Anna Cath. Hinschs Kinder
1851 Anna Trina Bartels (Hensch)
1858 Hinrich Nintzel
1860 Diedrich Griemsmann in Westerhamm
1865 Wilhelm Mewes, Schuster
1877 Hinrich Schade
1888 Johann Friedrich Funck
1894 Adolf Bartels
1906 Wilhelmine Meyer, Witwe
1915 Heinrich Tiedemann
1965 Heinrich Griemsmann
Bodo von Schnering

1850 ist das Wohnhaus 18 Fuß (5,26 m) lang, 16 Fuß (4,67m) breit. Die Versicherungssumme beträgt 50 Rthlr. 1872 leben 2 Erwachsene auf der 991 qm großen Stelle. Heinrich Tiedemann fiel am 26.3.1944.

Nr. 28 - Griftdeich 4

Ostansicht 1996.

Ostansicht um 1920. Wilhelm und Johanna Bartels mit Tochter Anna (Archiv Grete Mangels).

1827 Johann Diedrich Hensch
1873 Johann Diedrich Hensch
1900 Johann Wilhelm Bartels
1965 Paul Übermuth
Frieda Übermuth geb. Bartels

1848 ist das Wohnhaus 36 Fuß (10,51 m) lang und 20 Fuß (5,84 m) breit. Die Versicherungssumme beträgt 150 Rthlr. 1872 wohnt Häusling Hinrich Riefling mit Frau und 1 Kind in dem Haus, dass auf einem 1,72 ha großen Grundstück steht. Wilhelm Bartels kaufte es 1900 für 500 Mark. Das Haus wurde 1960 abgebrochen, und das neue nordwestlich davon gebaut.

Südansicht 1998.

Ostansicht vor 1939 (Archiv Heinz Jungclaus)

1791 Jacob Reyelt
1806 Simon Reyelt
1839 Johann Peter Griemsmann
1856 Heinrich Thorhorst
1871 Peter Griemsmann, Landbewirter
1877 Peter Bartels
1888 Jacob von Campen und Frau
1890 Hermann Reyelt
1926 Johann Jungclaus
u. Frau Mathilde geb. Reyelt
Heinz Jungclaus

1826 war das Wohnhaus 54 Fuß (15,77 m) lang und 36 Fuß (10,51 m) breit. Es wurde zu 200 Talern versichert. Als Müller Thorhorst seine Mühle an seinen Sohn übergeben hatte, kaufte er am 1.3.1856 diesen Hof für 7.350 Mark. 1872 lebten auf dem Hof, der 4,46 ha groß war, 3 Erwachsene und 3 Kinder. Zum Viehbestand gehörten 2 Pferde, 1 Schwein, 2 Kühe und 2 Schafe. Über der großen Tür war die Inschrift „Hermann Reyelts und Anna Reyelts geb. Griemsmann, ...“ eingeritzt und an der Westseite der Name „Thorhorst". Gefreiter Herbert Jungclaus, Sohn des Johann Jungclaus, fiel am 24.4.1945. Bis 1997 nistete auf dem Wohnhaus ein Storchenpaar. Nach dem Tod des Storches baute die Störchin mit ihrem neuen Partner ein neues Nest auf einem Telegrafenmast.

Nr. 31 - Oppeln 33

Westansicht 1997.

1826 Jürgen Pape
1848 Claus Meyn
1872 Johann Peter Meyn, Zimmermann
1896 Peter Heinrich Meyn
1914 Hinrich Krüdener
1965 August Griemsmann
Minna Griemsmann
Helga Willemsen
Burkhard Cramm und Anke Ernst

1826 war das Wohnhaus 46 Fuß (13,43 m) lang und 37 Fuß (10,80 m) breit. Die Versicherungssumme betrug 200 Taler. 1872 lebten auf dieser Stelle, die 2,60 ha groß war, 3 Erwachsene. Sie hielten sich 1 Schwein, 1 Kuh und 1 Schaf. Zimmermann Hinrich Krüdener beantragte 1922 die Genehmigung für den Bau einer Windmühle, die dort auch gestanden haben soll. 1926 reparierte er den abgebrannten Kirchturm. Die derzeitigen Eigentümer haben ein Kinderheim mit Familiencharakter eingerichtet.

neu - Oppeln 33a

Nordansicht 1998.

1986 Gerd Blockhaus

Das Haus wurde 1986 neu erbaut.

Nr. 33 - Oppeln 35

Westansicht 1997.

1828 Claus Junge
1838 Diedrich Junge
1843 Claus Arp
1865 Lafrenz Meyer
1870 Peter Hinrich Lorenz, Maurer
1880 August Reyelts
1888 Hinrich Nintzel
1898 Claus Stüben
1914 Wilhelm Reysen
1919 Friedrich Hardekopf
1939 Friedrich Loockhoff
Johann Loockhoff

1833 ist das Wohnhaus 44 ½ Fuß (12,99 m) lang und 31 ½ Fuß (9,20 m) breit. Die Versicherungssumme beträgt 150 Rthlr. 3 Erwachsene leben 1872 auf der 638 qm großen Stelle. Altenteiler Peter Hinrich Lorenz war Teilnehmer der Freiheitskriege 1813/15 und wird in der Klassensteuer-Rolle als Veteran genannt.

Westansicht 1997.

Westansicht um 1940. Peter Reyelt und Frau Frieda mit den Söhnen Richard, Johann und auf dem Arm Willi. Auf dem Pferd sitzt Johann Loockhoff (Archiv Renate Merkel).

1826 Johann Hinrich Dreyer
1842 Johann Hinrich Tiedemann
1868 Hinrich Ahders, Zimmergeselle
1878 Johann Friedrich Funck und Frau
1888 August Reyelts
1924 Peter Reyelt
1973 Edgar Blockhaus und Frau Helga
Helga Blockhaus

1826 ist das Wohnhaus 53 Fuß (15,48 m) lang und 36 Fuß (10,51 m) breit und wird zu 200 Taler versichert. Auf der 2,56 ha großen Stelle leben 1872 2 Erwachsene und 2 Kinder. Sie halten 1 Schwein, 1 Kuh und 2 Schafe. Peter Reyelt verliert 2 Söhne im 2. Weltkrieg: Jonny fiel 1941 und Richard starb am 23.10.1942 im Lazarett in Hannover. Familie Blockhaus betreibt eine weithin bekannte Fischräucherei.

Westansicht 1997.

Südansicht um 1930 (Archiv Anna Butt).

1826 Dierck Kröncke
1866 Johann Friedrich Funck
und Frau, Zimmermann
1883 Johann Ernst Wolter und Frau
1919 Johann Wolter
1927 Wilhelm von Bargen
1932 Hermann Butt
Erich Butt

1826 misst das Wohnhaus 51 Fuß (14,89 m) Länge und 33 Fuß (9,63 m) Breite. Die Versicherungssumme beträgt 150 Taler. 1872 wohnten auf der 3,70 ha großen Stelle 3 Erwachsene und 1 Kind. Die Familie hielt 1 Schwein, 1 Kuh und 2 Schafe. Hinrich Wolter fiel 1918 im 1. Weltkrieg. Johann Wolters Stiefsohn Heinrich Uhlmann fiel 1914 vor Lodz in Polen.

Nr. 36 - Oppeln 41

Westansicht 1997.

Westansicht 1936 (Archiv Claus Brüning).

1826 Peter Jacob Reielt
1839 Barthold Meyn
1862 Claus Bartels, Hockenhändler (Krämer)
1872 Claus Bartels
1879 Catharina Margarethe Griemsmann geb. Bartels
1883 Johann Peter Griemsmann
1935 Heinrich Brüning
1965 Anni Brüning
Berta Leppert

1826 war das Wohnhaus 46 Fuß (13,43 m) lang und 26 $^1/_2$ Fuß (7,74 m) breit. Die Versicherungssumme betrug 150 Taler. 1872 lebten 3 Erwachsene auf dem 3,14 ha großen Grundstück und hielten 1 Kuh. Hinrich Griemsmann, Enkelsohn von Johann Peter Griemsmann, fiel am 15.4.1918 in Frankreich. Durch Höfetausch nach dem 2. Weltkrieg änderten sich die Eigentumsverhältnisse (vergl. Nr. 95).

neu - Oppeln 42

Ostansicht 1999.

Manuela Brandt und Jan Kohrs

Die Eigentümer kauften von der Kapellengemeinde Oppeln Pfarrland und privates Land und errichteten darauf 1998 ein neues Haus. Bei den Bauarbeiten mussten die Arbeiter durch eine 2,30 m tiefe Schicht anmoorige Marsch rammen, um auf Sand zu stoßen.

Westansicht 1997.

Westansicht um 1950 (Archiv Anneliese Hellwege).

1830 Woldrich Carstens
1832 Barthold Meyn
1850 Peter Hinrich Meyn, Arbeiter
1893 Heinrich Meyn
1938 Margarete Meyn geb. Schade
1946 Otto Hellwege
Erbengemeinschaft Hellwege

Margarete Carstens, Ehefrau von Woldrich Carstens, war Hebamme. 1830 war das Wohnhaus 42 Fuß (12,26 m) lang und 29 Fuß (8,47 m) breit und wurde zu 150 Rthlr. versichert. 1872 leben 2 Erwachsene auf der 3,02 ha großen Stelle. Sie halten 1 Schwein, 1 Kuh und 2 Schafe. Johannes Brüning, Pflegesohn von Heinrich Meyn, starb am 5.9.1914 im Lazarett zu Tielemont in Belgien. 1946 war in diesem Haus noch eine offene Herdstelle vorhanden. 1964 wurde das Haus umgebaut. Otto und Anneliese Hellwege feierten 1999 ihre Diamantene Hochzeit.

Westansicht 1997.

Westansicht 1940. Catharina Griemsmann mit den Töchtern Lore und Ingrid (Archiv Ingrid Rohfeld).

1826 Hinrich Werner
1828 Peter Hinrich Heckstedt
1837 Jacob Reielt
1842 Claus Niemann
1867 Johann Hinrich Ahrens, Dienstknecht
1872 Heinrich Schade genannt Richters, Arbeitsmann
1912 Tönjes Schade
1938 August Griemsmann
Ingrid Rohfeld geb. Griemsmann

1826 war das Wohnhaus 49 Fuß lang und 27 Fuß breit und wurde zu 140 Taler versichert. 1872 lebten auf der 6.786 qm großen Stelle 2 Erwachsene und 3 Kinder. Die Familie hielt 1 Schwein und 1 Schaf. Ingrid Rohfeld erzählte, dass nach mündlicher Überlieferung ihres Vaters August Griemsmann das ursprüngliche Haus aus der Zeit um 1730 stammen soll.

Nr. 39 - Oppeln 40

Ostansicht 1998.

Ostansicht 1936 (Archiv Ingelore Borchers).

1831 Peter Jacob Werner
1856 Johann Pape, Müllergeselle
1879 Anna Pape geb. Werner, Witwe
1903 Wilhelm Pape
1910 Sophia Küver (vergl. Nr. 88)
1950 Heini Küver, Enkel von Sophia Küver
1997 Erbengemeinschaft Küver
Rüdiger Arenz

1831 war das Wohnhaus 31 ½ Fuß (9,20 m) lang und 20 Fuß (5,84 m) breit. 1872 war das Grundstück 7.195 qm groß. Die 2 Erwachsenen und 6 Kinder hielten 1 Schwein und 1 Schaf. Nachdem Sophia Küver das Haus auf der Oppeler Geest wegen Erbforderungen versteigern mußte, kaufte sie sich für 2.235 M. dieses Haus. 1928 wurde in Küche, Stube und Schlafzimmer eine elektrische Leitung gelegt. Tochter Frieda aus Amerika zahlte dafür 100 Dollar. 20 RM zahlte Sophia Küver selbst. In diesem Haus wurde 1954 die Autorin dieses Buches geboren. Nach Abbruch wurde das Haus 1960 wieder neu aufgebaut. Die letzten Bewohner bis zum Verkauf des Hauses waren Hartmut und Jörg Küver, danach erlosch am 29.1.1999 der Familienname Küver nach über 465 Jahren in Oppeln.

neu - Oppeln 45a

Südansicht 1997 (Foto: Hilda Reyelt).

1983 Hartmut Reyelt
und Frau Edith geb. Junge

Nachdem Hartmut Reyelt das Grundstück von der Kapellengemeinde Oppeln erworben hatte, bebaute er es 1983 mit einem Wohnhaus.

Nr. 40 - Westerweg 1

Ostseite 1996.

Ostseite 1970 (Foto: Erich Müller).

vor 1972 siehe unter Pfarrhaus

1972 Dr. Niels Thomsen
1985 Dr. Werner Siegler

Nr. 41 - Westerweg 3
Siehe unter Kirche St. Nicolai

Nr. 42 - Westerweg 5

Ostansicht 1968 (Foto: Luten Harms).

Nordwestansicht der Kirche und Schule nach dem 1. Oktober 1913 und vor dem 7. Februar 1916. Der linke Teil des Schulgebäudes mit dem Strohdach ist die Lehrerwohnung. Der rechte Gebäudeteil mit dem Pfannendach ist die Schule (Ansichtskarte).

Siehe unter Küsterhaus und unter Schule

Minna Sindram (26 J.), Tochter von Lehrer August Sindram, wanderte nach 1927 Nordamerika aus.

Nr. 43 - Oppeln 47

Westansicht 1996.

1862 Armenhaus der Gemeinde Oppeln
1956 Heinrich Reyelt, Zimmermeister
1992 Hilda Reyelt

1862 wurde das Armenhaus abgebrochen und ein neues gebaut. Die Maße betrugen 32 Fuß Länge und 24 Fuß Breite. Es wurde zu 250 Rthlr. versichert. 1872 ist das Grundstück 2.514 qm groß. Es war das letzte Lehmhaus in Oppeln. 1956 übernahm Heinrich Reyelt das Grundstück auf Erbpacht und errichtete ein neues Wohnhaus. Er betrieb eine Zimmerei und Bautischlerei. Der Platz des Armenhauses war hinter der Lagerhalle der Zimmerei. 1970 wurde es abgebrochen.

Ostansicht 1996.

Nordansicht zwischen 1913 und 1916 (Ansichtskarte).

1825 Albert Schumacher
1828 Detleff Henning
1838 Peter Rothfock
1867 Andreas Reyelts
1890 August Schriefer und Frau
1909 Peter Schriever
1910 Hinrich Krüdener
1913 Heinrich Halmke
1919 Georg von Holt
1933 Max Priester
1944 Otto Harms
1953 Wolfgang Kremer
1980 Manfred Kremer

Das Haus wird 1764 in einer Karte als Wirtshaus bezeichnet. 1825 war das Wohnhaus 56 Fuß (16,35 m) lang und 35 1/2 Fuß (10,37 m) breit. Die Versicherungssumme betrug 700 Thlr. Am 4.2.1825 brannte die Scheune. Das etwa 3 m entfernte Wohnhaus wurde zu 1/8 beschädigt. 1872 war das Grundstück 4,99 ha groß. Zum Haushalt gehörten 2 Erwachsene und 4 Kinder und die Kleidermacherin Anna Reyelt. Sie hielten 1 Schwein, 1 Kuh und 1 Stück Jungvieh. 1922 brannte das Wirtshaus, das auch das Gemeindehaus war, ab. Die Gemeinde-Versammlungen wurden zeitweilig bei Johann Albers (Nr. 61) und Anna Heinsohn (Nr. 129) abgehalten.

Nr. 45 - Westerweg 9

Westansicht 1997.

1810 Jürgen Ibsen
1851 Heinrich Ibsen
1846 Carl Heinrich von Campen
1860 dessen Erben
1867 Johann Brüning
1880 Jacob von Campen
1883 Claus Christian Wilhelm Kröncke
1895 Heinrich Kröncke
1901 Peter Schult
1939 Adolf Wilke
1965 Erich Geisler
1988 Hartmut Reyelt und Frau Dorothe geb. Griemsmann

Der Hof war mit der Mettwurstpflicht Nr. 16 belastet. 1826 ist das Wohnhaus 67 Fuß (19,54 m) lang und 38 Fuß (11,09 m) breit. Es wurde zu 250 Taler versichert. In der Nacht vom 9. auf den 10. Mai 1831 brannte das Wohnhaus völlig nieder. 1872 leben 3 Erwachsene von der Gastwirtschaft, zu der 4,96 ha Land gehören. Sie halten 2 Schweine, 1 Kuh, 1 Stück Jungvieh und 2 Schafe. Während des Schulneubaus 1879 wurde der Schulunterricht in diesem Hause auf der Diele abgehalten. Alma Schult (19 J.), Tochter von Peter Schult wanderte 1920 nach Nordamerika aus. Pflegesohn Obergefreiter Willi Schröder fiel am 17.4.1943.

Nr. 46 - Oppeln 49

Westansicht 1997.

Westansicht 1912, v. l. Claus und Johanna Christine Schade mit den Töchtern Minna und Erna, den Mädchen in den weißen Kleidern (Archiv Joachim Schade).

1826 Cord Heinrich Helmcke
1864 Barthold Hinrich Helmcke
1866 Claus Söhl
1868 Peter von Holten, Tagelöhner
1901 Diedrich von Holten
1905 Klaus Schade
1965 Willi Schade
Minna Schade und Erben
Joachim Schade

1826 misst das Wohnhaus 49 ½ Fuß (14,45 m) Länge und 29 Fuß (8,47 m) Breite. Die Versicherungssumme beträgt 200 Taler. 1872 besteht die Familie aus 3 Erwachsenen und 1 Kind. Auf dem 8,03 ha großen Grundstück wurden 1 Schwein, 2 Kühe und 1 Schaf gehalten. Außerdem lebte in dem Haus Hinrich Schade mit Frau und Kind zur Miete.

Westansicht 1997.

Westansicht 1912. Claus und Katharina Junge mit Tochter Margareta (Archiv Anja Harzer).

1826 Peter Rothfock
1843 Peter Ninzel
1862 Claus Rieper, Müllergeselle
1894 Claus Vagts
1901 Claus Tiedemann
1902 Anna Jahnke geb. Tiedemann
1903 Anna Heinsohn verw. Jahnke (vergl. Nr. 129)
1909 Claus Junge
1965 Johannes Junge
1991 dessen Enkeltochter Anja Harzer

1826 misst das Wohnhaus 51 Fuß (14,89 m) Länge und 30 Fuß (8,76 m) Breite. Die Versicherungssumme beträgt 100 Taler. 1872 lebten auf dem 4.268 qm großen Grundstück 3 Erwachsene und 3 Kinder. Bis Mitte der 90er Jahre war Johannes Junge als Schuhmachermeister tätig. Johannes und Meta Junge feierten 1997 die Diamantene Hochzeit.

Nr. 48 - Westerweg 2

Ostansicht 1996.

Hausinschrift.

1795 Hein Winter

1826 Hinrich Rodenburg

1836 Tönjes Rodenburg

1890 Johann Griemsmann

1936 Margarete Reyelt
geb. Griemsmann

Stefan Lakowsky
u. Christiane Nöfer

Die Hausinschrift über der großen Tür lautet: „Hein Winter Anno 1802 deo 19 July Anna Margretha Winter". 1826 ist das Wohnhaus 75 Fuß (21,9 m) lang und 43 Fuß (12,56 m) breit. Versichert wurde es zu 400 Taler. Tönjes Rodenburg war von 1858 bis 1866 Gemeinde-Vorsteher. 1872 leben 2 Erwachsene, 2 erwachsene Kinder und 1 Kind auf dem Hof, zu dem 6,80 ha Land gehören. 1 Pferd, 2 Schweine, 2 Kühe und 2 Schafe gehören zum Viehbestand. 1987 wird das Wohnhaus und die Scheune unter Denkmalschutz gestellt. Die vortretenden Rähmköpfe am Wirtschafts-Giebel und die holländischen Dreiecke am Ortgang stellen zeittypische Merkmale für die Zeit der Datierung dar. Christiane Nöfer verkauft handbemalte Kacheln und Fliesen.

Nr. 49 - Westerweg 4

Ostansicht 1996.

Ostansicht um 1907, v. l. Wilhelm und Catharina Rohde geb. Schult mit den Töchtern Catharina und Helene Rebecka (Archiv Stefan Lakowsky).

1826 Claus Strunck

1830 Johann Strunck

1838 Johann Peter Tecklenburg

1862 Heinrich Tecklenburg, Stellbesitzer und Auktionator

1898 Wilhelm Rohde

1908 dessen Witwe

1922 Hinrich Hillman

Klaus Hillmann

1826 misst das Wohnhaus 49 Fuß (14,31 m) Länge und 31 Fuß (9,05 m) Breite und wird für 300 Taler versichert. 1872 leben 3 Erwachsene auf dem Hof, der 7,80 ha groß ist. 2 Schweine, 2 Kühe und 1 Schaf gehören zum Viehbestand. Von 1872 bis 1884 ist Heinrich Tecklenburg Gemeindevorsteher.

Nr. 50 - Westerweg 11

Westansicht 1997.

1786 Claus Küver
1828 Diedrich Brüning, Kötner
1851 Claus Schriever
1860 Johann Peter Griemsmann
1864 dessen Erben
1872 Minna Griemsmann
geb. Böhmcke, Witwe
1901 Heinrich Fastert
1922 Peter Fastert
Uwe von See
Hans-Rolf Friedrich
Martin Machule

Auf dem Hof lastete die Mettwurstpflicht Nr. 18. 1828 ist das Wohnhaus 58 Fuß (14,02 m) lang und 38 ½ Fuß (11,24 m) breit und wird zu 250 Rthlr. versichert. 1872 lebt 1 Erwachsene mit Kind auf dem Hof, der 4,04 ha groß ist. 1 Schwein, 1 Kuh und 2 Schafe machen den Viehbestand aus. Hinrich, Sohn von Heinrich Fastert, fiel am 15. Juli 1915 bei Klenowo, Rußland durch einen Schuss in den Rücken. Auch Albert Twachtmann, Schwiegersohn von Johann Hinrich Fastert, ist gefallen. Am 29.7.1944 fiel Ernst, Sohn von Peter Fastert, in Italien. Peter Fastert war 1947/48 Bürgermeister.

Westansicht 1997.

Westansicht um 1910. Claus und Rebecka Vagts, Peter Vagts (Archiv Heinrich Thohoff).

1804 Claus Dodenhof, Tagelöhner
1826 Claus Dodenhofs Witwe
1839 Christoph Ninzel
1870 Christoph Nintzels Witwe
u. Peter Heinsohns Witwe
1875 Claus Reyelt, Arbeitsmann
1891 Hinrich Reyelt
1901 Claus Vagts
1939 Peter Thohoff
Heinrich Thohoff

1826 hatte das Wohnhaus die Länge von 46 Fuß (13,43 m) und die Breite von 31 Fuß (9,05 m). Die Versicherungssumme betrug 150 Taler. 1872 drohte das Haus, in dem 2 Witwen wohnten, einzustürzen. Sie hielten sich 1 Schwein, 1 Kuh und 1 Schaf auf dem 3,17 ha großen Land. Heinrich, Sohn von Heinrich Vagts, fiel am 26.4.1917 bei Cantin, Frankreich, in Folge eines Schrappnellschusses. Noch um 1930 war in diesem Haus eine offene Herdstelle mit Kesselhaken über dem Feuer.

Westansicht 1997.

Westansicht um 1910. Gemeindebote Hinrich Schade und Frau Rebecka Maria (Archiv Joachim Schade).

1850 Peter Heinsohn
1866 Heinrich Nicolaus Pape
1873 Hermann Marcus Praetorius, Arbeitsmann
1887 Hinrich Schade
1919 Hinrich Hinsch
1929 Fritz Hinsch
1967 Irma Hinsch
Irma Richters, geb. Hinsch
1992 Annegret Gehm

1850 ist das Wohnhaus 65 Fuß (18,98 m) lang und 38 Fuß (11,10 m) breit. Die Versicherungssumme beträgt 250 Rthlr. 1872 leben auf der 1,19 ha großen Stelle 2 Erwachsene und 2 Kinder, die 1 Schaf halten. Grenadier Gerhard Hinsch, Sohn des Fritz Hinsch, ist am 4.8.1943 gefallen.

Ostansicht 2000 (Foto: Elizabeth Blohm).

Ostansicht um 1910. August und Margarete Reyelt mit den Pflegekindern Tilli Dodenhof und Hanna Vollmers (Archiv Elli Reyelt).

1826 Barthold Meyn
1832 Jacob Diedrich Bremer
1834 Claus Rosenburg
1847 Friedrich Wilhelm Thies
1855 Oelrich Engelken
1865 Peter Kemme, Dienstknecht
1873 Hinrich Wilhelm Winter
1874 Claus Reyelt, Stellbesitzer
1908 August Reyelt
1967 Alma Reyelt, geb. Meyer
Karl-Heinz und Elizabeth Blohm, geb. Bartels

1826 misst das Wohnhaus 59 ½ Fuß (17,37 m) Länge und 35 ½ Fuß (10,66 m) Breite und wird zu 475 Talern versichert. 1872 leben 2 Erwachsene und 2 Kinder in dem Haus, zu dem 7,27 ha Land gehören. Sie hielten 1 Schwein, 1 Kuh, 1 Stück Jungvieh und 1 Schaf. Am 1.6.1941 starb Obergrenadier Heinrich Reyelt, Sohn des August Reyelt, in Jeziorp beim Baden an Herzschlag. Elizabeth und Karl-Heinz Blohm betreiben in Hechthausen ein Pflegeheim.

Ostansicht 1998.

Westansicht um 1920. Hinrich Gooss mit den Kindern Grete und Richard (Archiv Ernst-August Meyer).

1826 Borchert Brobergen
1848 Hinrich Reyelt
1852 Claus Tiedemann, Maurer
1901 Johann Gooss
1940 Hinrich Gooss
1949 Hinrich Hülsenberg und Frau
1965 Ernst-August Meyer
Ernst-August Meyer u. Frau Wilja, Günter Becker und Frau Thea geb. Meyer

1826 war das Wohnhaus 48 ½ Fuß (14,26 m) lang, 41 Fuß (11,97 m) breit und wurde für 450 Taler versichert. 1872 wohnen hier 2 Erwachsene und 2 Kinder. Auf dem 6,84 ha großen Grundstück wurden 1 Schwein, 1 Kuh und 1 Schaf gehalten.

Nr. 56 - Oppeln 57

Westansicht 1998.

Westansicht um 1930 (Archiv Marie Strunck).

1826 Johann Henning
1829 Claus Hinrich Thumann, Kaufmann
1830 Claus Strunck, Gastwirt
1876 Johann Strunck
1899 Julius Dieckmann aus Neuhaus
1902 Ahrend Heinrich Strunck, Hausschlachter
1949 Wilhelm Strunck
Marie Strunck

1826 ist das Wohnhaus 42 Fuß (12,26 m) lang und 33 Fuß (9,64 m) breit. Die Versicherungssumme beträgt 200 Taler. 1872 leben 3 Erwachsene auf der Stelle, die 3,25 ha groß ist. An Vieh wurden 1 Schwein, 1 Kuh und 2 Schafe gehalten. Außerdem wohnte der Schneidergeselle Claus Vollmers in dem Haus. Am 1.3.1899 wurde die Gastwirtschaft zwangsversteigert. Wilhelm Strunck starb am 26.2.1915 in einem Lazarett in Tilsit. 1952 richtet Wilhelm Strunck einen Lebensmittelhandel ein. Von 1959 bis 1989 war hier die Poststelle.

Ostansicht 1996.

Ostansicht vor 1939 (Archiv Herta Meyer).

1786 Borchert Pape
1895 Johann Pape
1816 Barthold Nicolaus Pape
1844 Matthias Halmcke, Stellbesitzer
1877 Heinrich Matthias Halmcke
1897 Heinrich Halmcke
1913 Heinrich Meyer (vergl. Nr. 88)
1965 Willi Meyer
Rolf Meyer

Johann Pape heiratete 1793 Anna Margaretha Diercks aus Odisheim und übernahm den Dierks-Hof. Wegen Ärger mit der Schwiegermutter verkaufte er den Hof 1794 an den Schwiegervater und zog auf den elterlichen Hof. 1826 misst das Wohnhaus 73 Fuß (21,32 m) Länge und 45 Fuß (13,14 m) Breite. Die Versicherungssumme beträgt 1.000 Taler. Die Inschrift über der Großen Tür lautet: „Barthold Nicolaus Pape und Anna Elisabeth Papen 1832". 1872 leben auf dem Hof, der 20,72 ha groß ist, 4 Erwachsene und 1 Kind. Matthias Halmcke beschäftigte ein Dienstmädchen und einen Dienstjungen. An Vieh hielt er 3 Pferde, 3 Schweine, 2 Kühe, 3 Stück Jungvieh und 2 Schafe. Obergefreiter Johann Meyer, Sohn des Heinrich Meyer, ist am 8.1.1940 an der Ostfront gefallen.

Nr. 57a - Oppeln 56a

Ostansicht 1998.

1958 Heinrich Meyer
1965 Willi Meyer
Rolf Meyer

1958 wurde das Altenteilerhaus zu Haus Nr. 57 neu erbaut.

neu - Oppeln 57a

Westansicht 1998.

Ingo Vagts und Ingrid geb. Griemsmann

Das Haus wurde 1997 neu erbaut.

Westansicht 1998.

Ostansicht, gemalt von Frau Mertinke, Wingst, nach dem Original aus der Zeit um 1910.

1786 Peter Böhmcke
1803 Hinrich Kröncke, Kötner
1841 Johann Hinrich Kröncke
1872 Hinrich Kröncke, Stellbesitzer
1880 Matthias Heinrich Albers
u. Frau Rebecka geb. Kröncke
1912 Heinrich Albers
1928 Berta Albers
1937 Otto Griemsmann
und Frau Berta geb. Albers
Hans-Otto Griemsmann

Der Hof war mit der Mettwurstpflicht Nr. 10 belastet. 1826 misst das Wohnhaus 46 1/2 Fuß (13,58 m) Länge und 34,37 Fuß (10,04 m) Breite. Es wurde zu 150 Taler versichert. 1872 besteht die Familie aus 2 Erwachsenen und 3 Kindern. Auf dem 12,70 ha großen Hof werden 2 Pferde, 2 Schweine, 2 Kühe, 1 Stück Jungvieh und 3 Schafe gehalten. Die Giebelhalter an der Westwand zeigen folgenden Text: „1890 H A R A" (Heinrich Albers Rebecka Albers). Otto Griemsmann war von 1948 bis 1954 Bürgermeister. Er feierte 1997 mit seiner Frau Berta die Diamantene Hochzeit. Deren Schwiegertochter Waltraud Griemsmann ist seit 1973 im Spielkreis tätig und seit 1975 Spielkreisleiterin.

Nr. 61 - Oppeln 61

Westansicht 1997

Westansicht um 1930 (Archiv Herbert Stelling).

1826 Tönjes Albers
1846 Jacob Albers, Landbesitzer
1896 Johann Albers
1927 Claus Drewes
1937 Hermann Drewes und Frau Katharina geb. Griemsmann
1965 Herbert Stelling und Frau Anita geb. Griemsmann
1999 Inge Hebbe geb. Stelling

1826 war das Wohnhaus 70 Fuß (20,44 m) lang und 38 Fuß (11,10 m) breit. Die Versicherungssumme betrug 450 Taler. 1872 war die Hofstelle 19,94 ha groß. Auf ihr lebten 4 Erwachsene und 1 Kind, die 2 Pferde, 2 Schweine, 2 Kühe, 3 Stück Jungvieh und 2 Schafe hielten. An der Veranda stehen in Zement folgende Inschriften: "Cl. Drewes M. Drewes ge. Bebe 3.5.1927 und H. Drewes Kath. Drewes ge. Grimsmann 4.5.1937". Johannes Drewes, Sohn des Hermann Drewes, starb im 2. Weltkrieg als Reichsarbeitsdienstmann. Am 27.1.1954 brannten Wohnhaus und Scheune vollständig ab. Brandursache war ein Kanonenofen, der wegen des starken Frostes im Schweinestall aufgestellt war. Vieh und Inventar konnten gerettet werden, auch das Inventar der dort untergebrachten Poststelle.

Ostansicht 1996.

Ostansicht 1912. Andreas und Anna von der Fecht geb. Dittmer mit den Kindern August und Katharina, Großmutter Anna v. d. Fecht geb. Böhmke (Archiv Ingelore Borchers).

1826 Johann Böhmcke
1844 Diedrich Meyer
1848 Johann Böhmcke
1856 Peter von der Fecht, Tagelöhner
1872 Anna von der Fecht geb. Böhmcke, Witwe
1878 Andreas von der Fecht
1926 August von der Fecht
1969 Sophia von der Fecht, geb. von der Lieth und Erben
Thomas Werner

1839 ist das Wohnhaus 47 Fuß (13,74 m) lang und 27 Fuß (7,88 m) breit. Die Versicherungssumme beträgt 200 Reichstaler. 1872 halten 3 Erwachsene 1 Schwein, 1 Kuh und 2 Schafe auf der 3,65 ha großen Stelle. Die Inschrift über der Großen Tür lautet: „J B 1850 M C B" (Johann Böhmke 1850 Metta Catharina Böhmke). August v. d. Fecht, in Oppeln bekannt als der „Kapellmeister", brachte der Oppeler Jugend das Tanzen bei. Johann v. d. Fecht, Sohn des August v. d. Fecht, fiel am 14.3.1942 an der Ostfront. 1959 verzichtete August v. d. Fecht auf einen Wasseranschluß. Ich erinnere mich noch, dass wir Enkelkinder das Wasser von einer Handpumpe auf der Diele holen mussten. Deshalb war bis zuletzt auch nur ein Plumpsklo auf der Diele.

Nr. 64 - Oppeln 65

Westansicht 2000.

Westansicht um 1950 (Archiv Wilma Hellwege).

1831 Jacob Hellers Witwe
1834 Claus Heller
1864 Jacob Heller, Arbeitsmann
1901 Johann Becker
1929 August Hinsch
und Frau Maria geb. Becker
Rita Hellwege

1831 ist das Wohnhaus 49 Fuß (14,31 m) lang, 28 ½ Fuß (8,32 m) breit und versichert zu 200 Reichstaler. 1872 leben 4 Erwachsene und 5 Kinder auf dem Hof, der 5,57 ha groß ist. Sie halten 1 Schwein, 1 Kuh, 2 Schafe. Johann Becker starb am 20.5.1919 in französischer Gefangenschaft im Hospital St. Nicolas du Port.

Nr. 65 - Oppeln 67

Westansicht 1997.

Südansicht nach 1933 (Archiv Heinrich Becker).

1827 Johann Andreas Tiedemanns Witwe
1837 Barthold Hinrich Havemann
1848 Hinrich Ties
1866 Johann Conrad Brandts Ehefrau
1868 Hinrich Ninzel
1872 Claus Hülsen + Frau
1873 Wilhelm Becker, Arbeitsmann
1906 Johann Friedrich Becker
1929 Wilhelm Becker
Heinrich Becker und Frau Herta

1827 war das Wohnhaus 57 Fuß (16,64 m) lang und 34 Fuß (9,93 m) breit. Es wurde zu 200 Rthlr. versichert. 1872 lebten 2 Erwachsene und 2 Kinder auf dem 4,73 ha großen Hof und hielten 1 Schaf. Das Wohnhaus wurde 1933 umgebaut. Am 14.5.1991 landete Birgit Becker, Ehefrau von Reinhard Becker, mit dem Auto kopfüber in der 2 m tiefen Wettern an der Straße in Ihlienworth-Westerende. Etwa 5 bis 10 Minuten lag sie mit ihrer Tochter Annika unter Wasser, bis beide gerettet wurden. Über die Rettungsaktion wurde 1992 vom Fernsehsender RTL ein Film für die Serie „Notruf" gedreht, der 1993 gesendet wurde.

Nr. 66 - Oppeln 64

Westansicht 1997.

Südansicht ca. 1912. Hinrich und Anna Hinsch geb. Ottens mit den Kindern Dora?, August, Berta, Emil und Fritz (Archiv Jörg Krohn).

1786 Andreas Arp im Felde
1810 Peter Meyer im Felde
1827 Jürgen Hinrich Rennebeck
1851 Peter Hinrich Rennebeck, Stellbesitzer
1889 Hinrich Hinsch
1926 Emil Hinsch
1965 Auguste Hinsch
Erich Hagenah aus Bülkau
Ehepaare Pies und Hottens
Jörg Krohn

Auf diesem Hof lastete die Mettwurstpflicht Nr. 9. 1827 ist das Wohnhaus 44 Fuß (12,84 m) lang und 34 Fuß (9,93 m) breit. Es wird zu 150 Rthlr. versichert. Garde-Husar Claus Wilhelm Rennebeck, Sohn des Jürgen Hinrich Rennebeck, stirbt am 13.4.1853 in Stotel am Biss eines Pferdes. 1870 wanderte Jürgen Heinrich Rennebeck (18 J.), Sohn des Peter Hinrich Rennebeck, nach Amerika aus. Auf Eingabe des Vaters musste der Gemeindeausschuss sich mit diesem Fall befassen, da der Verdacht der Militärdienst-Entziehung bestand. Er kam zu dem Schluss, dass die Besorgnis des Vaters unbegründet war. 1872 wohnten 2 Erwachsene und 4 Kinder auf dem Hof, der 7,88 ha groß war. Sie hielten 2 Schweine, 2 Kühe, 2 Stück Jungvieh und 2 Schafe.

Nr. 67 - Oppeln 69

Westansicht 1997.

Nordwestansicht 1911. Maria Kröncke mit den Kindern Heinrich und Bertha (Archiv Walter Junge).

1826 Hinrich Junge
1854 Claus Hinck
1865 Hinrich Kröncke, Stellbesitzer
1872 Hinrich Kröncke
1909 Johann Kröncke
1938 Heinrich Kröncke
Ewald Kröncke

Das 49 Fuß (14,31 m) lange und 27 Fuß (7,88 m) breite Wohnhaus wurde 1826 zu 200 Taler versichert. 1872 besteht die Familie aus 3 Erwachsenen und 1 Kind. Sie hielt 1 Schwein, 1 Kuh, 1 Jungrind und 1 Schaf. Das Anwesen war 7,48 ha groß. Außerdem wohnte die Altenteilerin Catharina Hinck mit im Haus. Heinrich Kröncke erhielt im 1. Weltkrieg das Eiserne Kreuz II. Klasse.

Nr. 68 - Oppeln 66

Ostansicht 1997.

Ostansicht um 1910. Hinrich und Anna Maria Butt geb. Meyer (Archiv Frida Oellrich).

1828 Friedrich Helmcke
1840 Diedrich Bockelmann
1845 Peter Rohde, Arbeitsmann
1893 Joh. Peter Hundt
1894 Karl Michael Katt
1905 Rebecka Katt geb. Kuck
1907 Hinrich Butt
1965 Gustav Butt und Frau Katarina

1840 misst das Wohnhaus 40 Fuß (11,68 m) Länge und 32/31 Fuß (9,34/9,05 m) Breite. Es wurde versichert zu 250 Rthlr. 1872 leben in dem Haus 2 Erwachsene und 2 Kinder. Auf dem 3,21 ha Grundbesitz werden 1 Schwein, 1 Kuh und 1 Schaf gehalten. Im Jahr 2000 nimmt Gustav Butt noch im Alter von 88 Jahren an allen Veranstaltungen im Ort teil, zu denen er immer mit dem Trecker fährt, ebenso zum wöchentlichen Einkaufen nach Cadenberge.

Nr. 69 - Oppeln 68

Ostansicht 2000.

Ostansicht um 1912. Johann und Metta Dittmer geb. Dittmer mit Kinder (Archiv Alma Reyelt).

1789 Matthias Arp
1803 Matthias Arp, Kötner
1826 Matias Arp Witwe
1828 Johann Hinrich Dittmer
1850 Metta Catharina Strunck
1854 Hinrich Dittmer, Landbewirter
1895 Johann Dittmer
1965 Heinrich Dittmer
1967 Berta Dittmer
1989 Thomas Best

1826 wurde das Wohnhaus, das 59,5 Fuß (17,37 m) lang und 37 Fuß (10,80 m) breit war, zu 300 Taler versichert. Auf der Diele ist in einem Kopfband an der Südseite die Jahreszahl „1802" eingeritzt. 1872 lebt die Familie, die aus 3 Erwachsenen und 5 Kindern besteht, auf einem 10,58 ha großen Besitz. An Vieh wurden 2 Pferde, 2 Schweine, 2 Kühe und 1 Schaf gehalten. Die Giebelhalter an der Westwand zeigen die Jahreszahl „1898". Hinrich Dittmer wurde am 13.8.1917 in Frankreich verschüttet. Andreas Dittmer, Sohn des Johann Dittmer, starb am 27.4.1945 in französischer Gefangenschaft.

Südansicht 1998.

Nordansicht um 1910. Johann und Anna Oltmann geb. Küver mit Sohn Wilhelm (Archiv Gerhard Oltmann).

1789 Johann Küver Claus Sohn

1803 Claus Küver Johanns Sohn

1851 Johann Nicolaus Küver, Stellbesitzer

1901 Johann Oltmann und Frau Anna geb. Küver

1920 Heinrich Fastert

1929 Erhard Hausmann und Frau Emma geb. Fastert

1967 Erwin Zachlehner
Christa Söhl geb. Zachlehner

1826 betragen die Maße des Wohnhaus 56 Fuß (16,35 m) Länge und 32 Fuß (9,34 m) Breite. Die Versicherungssumme beträgt 200 Taler. 1872 lebten 2 Erwachsene und 2 Kinder vom Grundbesitz, der 6,10 ha groß war. Sie hielten sich 1 Schwein, 2 Kühe und 1 Schaf. Die Dienstmagd Rebecka Küver tat hier ihren Dienst. Erhard Hausmanns Pflegesohn Günter Hartmann wird im 2. Weltkrieg vermisst.

Westansicht 1997.

Südansicht um 1950 (Archiv Herbert Heller).

1826 Claus Küver Hinrichs Sohn
1858 Johann Hinrich Schumacher
1910 Tönjes Schumacher
1922 Wilhelm Heller
Adolf Heller
1990 Hans-Jürgen Kalke
und Frau Agnes

1826 ist das Wohnhaus 59 Fuß (17,23 m) lang und 36 Fuß (10,51m) breit. Die Versicherungssumme beträgt 300 Taler. 1872 wohnen auf dem Hof, der 8,99 ha groß ist, 2 Erwachsene und 7 Kinder. Es werden 2 Pferde, 1 Schwein, 2 Kühe und 1 Jungvieh gehalten. 1929 brannte das Haus und wurde 1930 wieder aufgebaut. 1936 gehören zur Familie 8 Personen, die von der ca. 6 ha großen Landstelle leben müssen. Da der Hof durch Regenfälle schon monatelang überschwemmt war, war es Wilhelm Heller nicht möglich, seine Ländereien sachgemäß zu unterhalten.

Ostansicht 1996.

Ostansicht 1936 (aus Schulchronik Oppeln).

1826 Barthold Hinrich Meyer
1841 Johann Hinrich Meyer
1842 Nicolaus Köhler
1851 Peter Hinrich Söhl
1852 Tönjes Albers junior
1862 Paul Jagemann
1866 Georg Weber, Schmied
1891 Johann Oltmann
1900 Johann Glashoff
1902 Claus Ehlers
1930 August Schade
1966 Franz Reyelt
1991 Joachim Reyelt
und Frau Anke geb. Ponto

Der Hof war mit der Mettwurstpflicht Nr. 3 belastet. 1826 ist das Wohnhaus 60 Fuß (17,52 m) lang, 32 ½ Fuß (9,49 m) breit und zu 300 Taler versichert. Am 22.8.1864 brannte das Haus vollständig ab, nur der Feuerherd stand noch. Die Inschrift am neu erbauten Haus lautete: „Paul Jagelmann Den 20. Mai 1865 Catharina Jagelmann". 1872 lebten hier 2 Erwachsene und 5 Kinder auf der 6,40 ha großen Stelle. An Vieh hielt der Schmied 1 Schwein, 1 Kuh und 2 Schafe. Alfred Schade, Sohn des August Schade, fiel am 8.7.1943 im Alter von 20 Jahren. Auch der Pflegesohn Adelbert Timm kehrte aus dem 2. Weltkrieg nicht zurück.

Westansicht 1997.

Ostansicht 1936 (aus Schulchronik Oppeln).

1826 Claus Meyers Witwe
1841 Peter Meyer
1851 Peter Küver, Stellbesitzer
1883 Hinrich Küver
1934 Johann Küver
Jürgen Engel
1977 Hans-Joachim Geisler
und Frau Waltraud geb. Kremer

1826 ist das Wohnhaus 58 Fuß (16,94 m) lang und 33 Fuß (9,64 m) breit und wurde zu 300 Taler versichert. 1872 wird der Hof von 3 Erwachsenen bewirtschaftet. 1 Schwein, 2 Kühe, 2 Stück Jungvieh und 2 Schafe gehören zum Viehbestand auf dem 8,96 ha großen Hof. Hinrich Küver war in den Jahren 1875 und 1876 der letzte Nebenschullehrer von Oppeln. Von Dezember 1891 bis 28.2.1917 war er Gemeindevorsteher. Die Inschrift über der Großen Tür lautet: „Unter dem Schutze Gottes wont mann sicher H. Küver, M. R. Küver geb. Ehlers" (Hinrich Küver, Maria Rebecka Küver geb. Ehlers). Marco Geisler, Sohn des Hans-Joachim Geisler, wurde bei einem Leistungswettbewerb der Handwerksjugend 1997 als Metallbauer erst Landessieger, dann Bundessieger.

Westansicht 1996.

Südansicht um 1910. Friedrich und Gretchen Junge geb. Richters mit den Kindern Hinrich und Maria, links Gemeindediener Hinrich Schade, auf dem Pferd Ernst Junge, rechts Andreas Binder (Archiv Werner Junge).

1828 Hinrich Bahlkes Witwe
1832 Peter Junge
1868 Johann Junge, Landbewirter
1907 Friedrich Junge
1942 Hinrich Junge
Hanna Oldenburg verwitwete Junge

1832 ist das Wohnhaus 49 Fuß (14,31 m) lang, 35 Fuß (10,22 m) breit und wird zu 225 Rthlr. versichert. 1872 leben 4 Erwachsene auf dem 16,86 ha großen Hof. Dienstknecht Friedrich Junge arbeitet auf dem Hof. 2 Pferde, 1 Schwein, 2 Kühe, 2 Stück Jungvieh und 3 Schafe gehören zum Viehbestand. Hinrich Junge, genannt „Götmokerjung", besaß eine Grützmühle. Unteroffizier Klaus Junge fiel am 29.11.1943. 1971 gewann Frieda Junge, Ehefrau des Hinrich Junge, beim Preisausschreiben der Firma Steffen in Bremervörde unter ca. 100.000 Einsendungen den ersten Preis, einen Opel Kadett. Hanna Oldenburg richtete in dem Haus einen Ferienhof für behinderte Gruppen ein.

Nr. 80a - Oppeln 75a

Westansicht 1996.

1962 Hinrich Junge

Hanna Oldenburg
verwitwete Junge

Das Haus wurde 1962 als Altenteilerhaus zu Haus Nr. 80 erbaut und wird jetzt vermietet.

Nr. 81 - Oppelner Geest 1

Westansicht 2000.

Nordansicht 1916. Margarete Jungclaus geb. Dodenhof mit Sohn Johannes, Vater Claus Dodenhof, Anna und Marga Dodenhof (Archiv Anni Thomann).

1786 David Schröder
1803 Johann Hinrich Meyer
1843 Christian Schriever
1845 Johann Wilhelm Lorenz
1844 Carsten Breuer
1872 Christina Breuer geb. Meyer, Witwe
1874 August Jungclaus, Arbeiter
1906 Johann Jungclaus
1965 August Jungclaus
Christa Töpfer geb. Jungclaus
Kerstin Dzikowski geb. Töpfer

Der Hof war mit der Mettwurstpflicht Nr. 7 belastet. In der Nacht vom 18. auf den 19. April 1824 brannte das Wohnhaus ab. 1826 ist das Wohnhaus 66 1/2 Fuß (19,42 m) lang und 38 Fuß (11,10 m) breit und wird zu 600 Taler versichert. Der Grundbesitz ist 4,48 ha groß. 2 Erwachsene halten 1 Schwein, 1 Kuh und 1 Schaf. Andreas Jungclaus, Sohn des August Jungclaus, fällt im 1. Weltkrieg. Im 2. Weltkrieg fällt Willy Jungclaus.

neu - Oppelner Geest 1a

Westansicht 2000.

August Jungclaus und Frau Maria
Christa Töpfer geb. Jungclaus

Das Altenteilerhaus wurde 1979 zum Haus Oppelner Geest 1 neu erbaut.

Nr. 83 - Oppelner Geest 2

Ostansicht 1999.

Ostansicht 1927. Hinrich Arp, Claus und Margarete Arp mit Kinder, Berta Arp (Archiv Herbert Hagemann).

1786 Hinrich Arp
1826 Claus Arp
1862 Hinrich Arp, Landbewirter
1893 Klaus Arp
1929 Heinrich Arp
1965 Hermann Hagemann
und Frau Berta geb. Arp
Robert Hagemann

1786 liefert Hinrich Arp a. d. Oppeler Geest eine Mettwurst (Pflicht Nr. 5) für die Ländereien im Mittelfeld, auf denen der alte Hausplatz, die sogenannte „Worth", liegt. Dort muß 1748 Hinrich Arpff gewohnt haben. Um 1750 kaufte er wohl den Geesthof und brach das andere Haus ab. Ein Balken mit der Inschrift „Anno 1778 MA DEA 2ten Julius" (Matthias Arp) wird noch von Familie Hagemann aufbewahrt. 1826 ist das Wohnhaus 63 Fuß (18,40 m) lang und 43 Fuß (12,56 m) breit und wird zu 400 Taler versichert. 1872 ist der Hof 17,07 ha groß und wird von 2 Erwachsenen mit 3 Kindern bewohnt. 2 Pferde, 2 Schweine, 2 Kühe, 3 Stück Jungvieh und 1 Schaf gehören zum Viehbestand.

Nr. 83a - Oppelner Geest 2a

Ostansicht 1996.

Südansicht um 1955 (Archiv Hermann Hagemann).

1893 Klaus Arp

1929 Heinrich Arp

1965 Hermann Hagemann
und Berta geb. Arp

Robert Hagemann

Das Altenteilerhaus zu Haus Nr. 83 wurde 1893 erbaut.

Nordansicht 1996.

Ostansicht um 1913. Auguste Junge geb. Weber und Sohn Johann mit Hund Jenni (Archiv Werner Junge).

1826 Lafrenz Stender
1834 Matthias Schröder
1855 Barthold Schröder
1856 Hermann Hinr. Lücke
1862 Johann Thumann
1874 Claus Thumann, Maurer
1883 Franz Hinrich Junge
1909 Johann Junge
1915 Katharina Junge, geb. von der Fecht
1920 Claus und Katharina Reyelt, verw. Junge
1949 Claus Reyelt
1965 Werner Junge
Gerhard Junge

1826 ist das Wohnhaus 67 Fuß (19,54 m) lang und 37 Fuß (10,80 m) breit und zu 224 Taler versichert. 1872 ist die Stelle 2,58 ha groß und wird von 3 Erwachsenen, die sich 1 Kuh halten, bewohnt. 1913 wurde das Wohnhaus abgebrochen und wieder neu aufgebaut. Johann Junge starb in Rußland und wurde am 9.8.1915 dort beerdigt. Sein Bruder Ernst fiel am 31.7.1917 in Flandern. Pionier Georg Reyelt, Sohn des Claus Reyelt, fiel am 3.12.1942 an der Ostfront. Claus Reyelt war 1947 Bürgermeister. Anne Junge, Ehefrau von Gerhard Junge, ist die erste Frau in Oppeln, die Mitglied im Kapellenvorstand (dem früheren Kirchenvorstand) wurde. Gerhard Junge betreibt in Cadenberge eine Kraftfahrzeug-Werkstatt mit An- und Verkauf.

Westansicht 1999.

Ostansicht um 1910. Heinrich und Margarethe Junge mit den Kindern Johann, Willi und Tine (Archiv Walter Junge).

1826 Johann Arend Raap
1861 Johann Raape, Zimmermann
1903 Heinrich Junge
1965 Johann Junge
Walter Junge

1826 misst das Wohnhaus 52 Fuß (15,18 m) Länge und 31 Fuß (9,05 m) Breite. Versichert wurde es zu 250 Taler. 1872 leben auf dieser Stelle, die 5,63 ha groß ist, 3 Erwachsene, 1 Kind und 2 Töchter, die Schneiderinnen sind. 1 Schwein, 1 Kuh und 1 Schaf werden gehalten. 1913 sterben innerhalb einer Woche drei Kinder von Heinrich Junge an Scharlach. Johann Junges Sohn Willi, Gefreiter, wurde am 22.7.1941 in Polen in einem Bäckerladen von Polen überfallen und umgebracht. Johann Junge war der letzte Inbitter in Oppeln. Walter Junge ist Schiedsmann der Samtgemeinde „Am Dobrock" und Vorsitzender des Zollbaumer Schützenvereins. Sein Sohn Thorsten gründete eine EDV-Beratungs-Firma.

Ostansicht 1996.

Ostansicht 1927. Klaus und Metta Müller mit Tochter Anni (Archiv Müller).

1685 Claß Küver
1730 Johann Küver
1748 Clauß Küver Johanns Sohn
1766 Claus Küver Claus Sohn
1789 Claus Küver zur Geest
1803 Claus Küver
1827 Diedrich Küver
1843 Diedrich Küver, Dietrichs Sohn
1883 Dietrich Küver, Stellbesitzer
1909 Sophia Küver geb. Jungclaus
1910 Heinrich Meyer
u. Trinchen Fastert
1914 Klaus Müller
1965 Willi Müller
Bernhard Müller

Nördlich von diesem Hof verlief der alte Deich von der Geest zur Aue. 1822 starben innerhalb einer Woche drei Kinder an Masern, genannt Friesel. 1826 ist das Wohnhaus 55 Fuß (16,06 m) lang und 41 Fuß (11,97 m) breit. Es wird zu 275 Rthlr. versichert. 1872 ist der Hof 11,98 ha groß und wird von 2 Erwachsenen und 2 Kindern bewohnt. Die Familie hält 2 Pferde, 1 Schwein, 1 Kuh, 1 Stück Jungvieh und 1 Schaf. Bis 1910 wurde der Hof mindestens seit 1673 in männlicher Linie weitervererbt. Wegen Erbansprüche versteigerte Sophia Küver 1910 den Hof für 17.600 Mark, das Inventar für 2.844,60 Mark. Dafür kaufte sie Haus Nr. 39. Der Hof ist jetzt verpachtet.

Nr. 89 - Oppelner Geest 6

Ostansicht 1996.

Ostansicht um 1912. Claus und Catharina Buck geb. Lührs mit den Kindern Maria, Heinrich, Dietrich und Alma (Archiv Frida Oellrich).

1803 Peter Fast
1826 Peter Hinrich Fast
1855 Peter Fast, Stellbesitzer
1872 Peter Fasts Witwe
1872 Heinrich Winter, Landwirt
1889 Johann Hinrich Hass
1892 Gustav Hinrich Hass
1905 Claus Buck
1965 Herbert Buck

1826 ist das Wohnhaus 58 Fuß (16,93 m) lang und 35 Fuß (10,22 m) breit. Es wird zu 275 Taler versichert. Der Hof war von einem Wall aus Feldsteinen umgeben. Peter Fast verkaufte die Steine für den Bau einer Straße. 1872 leben 2 Erwachsene auf dem Hof, der 11,55 ha groß ist. Die Dienstmagd Catharina Küver verrichtet auf dem Hof ihren Dienst. 2 Pferde, 2 Schweine, 2 Kühe, 1 Stück Jungvieh und 2 Schafe gehören zum Viehbestand. Über der großen Tür ist folgende Inschrift eingeritzt: „G m u (Gott mit uns) Gustav Hass und Sophie Maria geb. Arp 1893". Feldwebel Hinrich Buck, Sohn des Claus Buck, fiel am 7. Juni 1940 bei Flers in Frankreich.

Nr. 92 - Oppeln 74

Ostansicht 1996.

Ostansicht um 1930 (Archiv Frida Oellrich).

1828 Johann Pape
1841 Carsten Pape
1873 Heinrich Glameyer
1902 Peter von Bargen
1919 Wilhelm von Bargen
1927 August von Kroge
1975 Walter Vogel

Über der Großen Tür ist die Hausinschrift „17 H x B 59" und darunter eine liegende Acht in einem Kreis eingeritzt. 1841 war das Wohnhaus 65 Fuß (18,99 m) lang und 40/36 Fuß (11,68/10,51 m) breit. Die Versicherungssumme betrug 400 Rthlr. 1872 leben 3 Erwachsene auf dem Hof, der 9,29 ha groß ist. Sie beschäftigen den Dienstknecht Heinrich Glameyer. 1 Pferd, 2 Schweine, 2 Kühe und 1 Schaf gehören zum Viehbestand. Peter von Bargen starb am 9.10.1918 im Feldlazarett Antwerpen an Lungenentzündung. 1987 wurden Wohnhaus und Scheune unter Denkmalschutz gestellt, weil der Wirtschaftsgiebel mit Vollwalm und Kopfbänder an den Hauptständern zeittypische Kennzeichen für die Zeit der Datierung darstellt.

Nr. 95 - Oppeln 85

Westansicht 1996.

Nordansicht um 1908. Katharina Brüning mit den Kindern Anna und Hinrich (Archiv Claus Brüning).

1788 Claus Strunck
1789 Jacob Brüning, Kötner
1870 Heinrich Brüning, Landbewirter
1891 Claus Brüning
1944 Hinrich Brüning
1965 Heinrich Brüning
Claus Brüning

1826 ist das Wohnhaus 58 Fuß (16,93 m) lang und 32 Fuß (9,34 m) breit. Es wurde zu 300 Taler versichert. 1872 leben 4 Erwachsene und 1 Kind auf dem Hof, der 13,65 ha groß ist. 2 Pferde, 2 Schweine, 2 Kühe, 2 Stück Jungvieh gehören zum Viehbestand. Heinrich Brüning beschäftigt die Dienstmagd Maria Rohde. Hinrich Brüning starb am 10.5.1945 in französischer Gefangenschaft. Nach seinem Tod tauschte seine Witwe Anni mit Hinrichs Bruder den Hof (Nr. 36), da sie ihn allein nicht bewirtschaften konnte.

Nr. 96 - Am Balksee 6

Südansicht 1997.

Ostansicht 1936 (Archiv Hans-Heino Lührs).

1803 Barthold Hinrich Grube
1828 Arend Grube
1870 Barthold Hinrich Grube, Landbewirter
1882 Heinrich Lührs
1900 Claus Lührs
1965 Hinrich Lührs
Hans-Heino Lührs

1841 ist das Wohnhaus 63 Fuß (18,39 m) lang, 38,49 Fuß (11,21 m) breit und wird zu 700 Rthlr. versichert. 1872 leben 2 Erwachsene und 2 Kinder, unterstützt von der Dienstmagd Sophie Pape, auf dem 6,97 ha großen Hof. 2 Pferde, 2 Schweine, 2 Kühe und 3 Stück Jungvieh gehören zum Viehbestand. Auf dem Telegrafenmast neben dem Haus ist ein Storchennest angelegt.

Nr. 98 - Oppelner Geest 7

Westansicht 2000.

Westansicht 1927. Peter und Christina Dorothea Offermann mit Sohn Adolf (Archiv Anja Harzer).

1831 Peter Hinrich Brandt
1860 Christian Diedrich Arp, Arbeiter
1894 Peter Hinrich Arp
1898 Peter Offermann
1936 Adolf Offermann
1965 Adolf Offermann
Herbert Offermann
Dietmar Roß und Marion Rathke

Der Hof war mit der Mettwurstpflicht Nr. 15 belastet. 1831 ist das Wohnhaus 58 Fuß (16,93 m) lang und 36 Fuß (10,51 m) breit. Es wurde zu 200 Rthlr. versichert. 1872 lebt 1 Erwachsener mit 2 Kindern auf der Tagelöhnerstelle, die 8.809 qm groß ist. 1 Schwein, 1 Kuh und 1 Schaf gehören zum Viehbestand. Marion Rathke erstellt Grafiken und Reinzeichnungen.

Nr. 99 - Oppelner Geest 5

Westansicht 1996.

1786 David Havemann Davids Sohn
1789 Matthes Bartels
1826 Barthold Hinrich Havemann
1841 Claus Heinsohn
1847 Peter Hinrich Schade
1872 Johann Hinrich Schade
1902 Hinrich Böhmcke
1908 Peter Offermann, Drechslermeister
1936 Adolf Offermann
Herbert Offermann
Dietmar Roß und Marion Rathke

1826 ist das Wohnhaus 58 Fuß (16,94 m) lang und 36 Fuß (10,51 m) breit. Es wird zu 200 Taler versichert. 1872 lebt 1 Erwachsene mit 2 Kinder auf der Tagelöhnerstelle, die 3.174 qm groß ist. 1903 wurde das Haus nach Abbruch wieder neu aufgebaut.

Nr. 100 - Oppelner Geest 10

Ostansicht 2000.

Ostansicht um 1911. Diedrich und Anna Katharina Stelling mit den Kindern Adele, Gretchen, Anni und Klaus (Archiv Georg Stelling).

1791 Marten Tiedemann
1828 Hinrich Kettelhodt
1831 Claus Jacob Tiedemann
1870 Martin Tiedemann, Arbeiter
1872 Martin Tiedemann, Grundbesitzer
1905 Diedrich Stelling
1955 Georg Stelling
Helmut Stelling

1803 beschäftigte Marten Tiedemann einen Burschen und hielt 2 Pferde. 1826 ist das Wohnhaus 58 Fuß (16,93 m) lang und 41 Fuß (11,97 m) breit. Die Versicherungssumme beträgt 400 Taler. 1872 bewirtschaften 3 Erwachsene den 6,82 ha großen Hof. Sie halten 1 Schwein, 2 Kühe und 1 Schaf. Claus Jakob Tiedemann war von 1852 bis 1858 der 1. Gemeinde-Vorsteher nach der neuen Landgemeindeordnung. Am 6.12.1943 fällt Schütze Klaus Stelling, Sohn des Diedrich Stelling. Bei dem Unwetter am 6.6.1998 wurde der Wohnwagen vom Sturm an eine Baumreihe gedrückt und total zerstört.

Nordansicht 1996.

Nordansicht vor 1906. Sitzend vor dem Haus vermutlich Familie Henning, Claus Reyelt mit Fahrrad (Archiv Claus Schade).

1803 Hans Hinrich Henning
1838 Friedrich Henning
1883 Johann Henning
1919 Minna Henning
1926 Johann Schriever
1965 Herta Stöcker geb. Schriever
1969 Axel Ronnisch

1826 war das Wohnhaus 57 Fuß (16,64 m) lang und 30 Fuß (8,76 m) breit. Die Versicherungssumme betrug 200 Taler. 1872 befindet sich im Haus ein Hökerladen, von dem 2 Erwachsene leben. Außerdem halten sie sich 2 Schweine, 2 Kühe und 2 Schafe. Die Stelle ist 6.229 qm groß. Am 11.2.1931 wurde in diesem Haus das erste elektrische Licht des Süderendes angeschaltet.

Westsüdansicht 1999.

Südansicht um 1911. Metta Maria Henning geb. Kruse mit vier Töchtern, vermutlich Anna Maria, Frieda, Martha Johanne und Olga (Archiv Herbert Rath).

1826 Matthias Schröder

1835 Diedrich Henning

1872 Johann Pape, Maurer,
und Frau Margarete geb. Henning

1905 Friedrich Henning

1941 Wilhelm Rath
und Frau Minna geb. Henning

1972 Herbert Rath

1826 hat das Wohnhaus die Länge von 54 Fuß (15,77 m), die Breite von 34 Fuß (9,93 m) und wird zu 300 Taler versichert. 1872 ist die Tagelöhnerstelle 2,70 ha groß. Sie wird von 3 Erwachsenen und 1 Kind bewohnt, die ein 1 Schwein, 1 Kuh und 1 Schaf halten. Friedrich Henning war von 1917 bis 1934 Gemeindevorsteher. Sein Sohn Rudolf, Unteroffizier, fiel am 6.1.1944. Seit 1984 führen Herbert Rath und Frau Gisela eine Ferienpension.

Nr. 103 - Oppelner Geest 9

Westansicht 1996.

Westansicht 1927. Rebecka Griemsmann mit den Söhnen August und Claus (Archiv Ingrid Rohfeld).

1789 Hinrich Christoph Griemsmann
1810 Matthias Griemsmann
1853 Hinrich Christopher Griemsmann
1872 Hinrich Griemsmann, Stellbesitzer
1879 Hinrich Böhmcke
1902 Hinrich Griemsmann
1929 Claus Griemsmann
Hermann Griemsmann

1826 ist das Wohnhaus 80 Fuß (23,36 m) lang und 44 Fuß (12,85 m) breit. Die Versicherungssumme beträgt 600 Taler. 1872 leben 2 Erwachsene und 7 Kinder auf dem Hof, zu dem 21,27 ha Land gehören. Zum Viehbestand gehören 2 Pferde, 2 Schweine, 4 Kühe, 4 Stück Jungvieh und 2 Schafe. Auf der Südseite des Hauses wurde ein Göpel betrieben. Den Platz kann man heute noch erkennen. Die Scheune ist das abgebrochene Wohnhaus Nr. 93 von Hinrich Böhmcke.

Ostansicht 1996.

Ostansicht um 1910. Christoph Bahlke (auf dem Wagen) mit den Kindern Anna, August, Maria, Johanne, Betty, Friedrich. Der Mann ist unbekannt (Archiv Gerhard Oltmann).

1748 Cord Bahlke
1786 Lüder Bahlke
1800 Witwe Bahlke
1826 Cord Bahlke
1857 Friedrich Bahlke, Landbewirter
1904 Christoph Bahlke
1934 Johann Bahlke
Richard Bahlke

Auf diesem Hof lastete die Mettwurstpflicht Nr. 12. 1826 misst das Wohnhaus 72 Fuß (21,02 m) Länge und 35 Fuß (10,22 m) Breite. Versichert wird es zu 325 Taler. 1872 leben 2 Erwachsene und 3 Kinder auf dem Hof, zu dem 21,68 ha Land gehören. 2 Pferde, 2 Schweine, 3 Kühe und 2 Stück Jungvieh machten den Viehbestand aus. 1927 wanderte Johann Bahlke (27 J.) nach Nordamerika aus. August Bahlke, Sohn des Christoph Bahlke, starb am 11.2.1942 als Marine-Obergefreiter beim Untergang eines Schiffes.

Vermutlich wohnte die Familie schon 1748 auf diesem Hof, der am Bahlkedeich liegt. Er wurde immer in männlicher Linie weitervererbt.

neu - Oppeln 78a

Ostansicht 2000 (Foto: Kai Grabner).

2000 Richard Bahlke

Das Haus wurde 2000 als Altenteilerhaus zum Haus Oppeln 78 neu erbaut.

Westsüdansicht 1996.

Westsüdansicht um 1911. Peter und Katharina Reyelt geb. Pape mit Sohn Johannes (Archiv Alma Reyelt).

1748 Jacob Reyelt
1786 Johann Reyelt auf´m Deich
1789 Simon Reyelt
1826 Claus Hinrich Reielts
1872 Andreas Reyelt, Landbewirter
1920 Peter Reyelt
1962 August Reyelt
Dieter Reyelt

Simon Reyelt hält 2 Pferde. 1826 misst das Wohnhaus 68 Fuß (19,85 m) Länge und 36 Fuß (10,51 m) Breite und wird zu 350 Taler versichert. 1872 bewirtschafteten 3 Erwachsene und die Dienstmagd Anna Reyelt den Hof, der 13,44 ha groß war. Der Viehbestand zählte 2 Pferde, 2 Schweine, 2 Kühe, 2 Stück Jungvieh und 2 Schafe. Andreas Reyelt war Veteran aus dem deutsch/französischen Krieg von 1870/71. 1962 kaufte August Reyelt das Deichstück, den s. g. Reyeltsdeich, von der Gemeinde.

Vermutlich hat Jacob Reyelt 1729 in den Hof Pape eingeheiratet (s. Oppelner Familien). Der Hof wurde danach immer in männlicher Linie weitervererbt.

Nr. 106 - Oppeln 80

Südostansicht 1996.

Südostansicht 1936 (Archiv Helga Gründel).

1748 Bartold Schade Diercks Sohn, Außendeich
1789 Dierk Schade
1810 Hinrich Schade Diercks Sohn
1865 Claus Tiedemann, Stellbesitzer
1917 Peter Tiedemann
1965 Konrad Gründel und Frau Helga geb. Tiedemann

1828 ist das Wohnhaus 64 Fuß (18,69 m) lang, 35 Fuß (10,22 m) breit. Die Versicherungssumme beträgt 350 Rthlr. 1872 bewirtschaften 3 Erwachsene die 3,86 ha große Stelle. Sie halten 1 Schwein, 1 Kuh, 1 Stück Jungvieh und 1 Schaf. 1876 wird das Haus Nr. 118 als Koven zu diesem Hof übertragen. Hinrich Tiedemann, Sohn des Peter Tiedemann, kehrte aus dem 2. Weltkrieg nicht zurück und wird in Rumänien vermisst.

Westsüdansicht 1996.

Westansicht um 1910. Adolf und Anna Christine von Bargen (Archiv Arne von Bargen).

1825 Tönjes Frey
1862 Dietrich Adami
1864 Johann Brandt
1865 Barthold Winter
1873 Claus Brüning, Arbeitsmann
1906 Adolf von Bargen
1914 Heinrich Föge
1914 Peter Meyer
1936 Erna Thiems
1941 Peter Krüdener
1960 Trinchen Krüdener
Willi Stelling
1989 Werner Stelling und Frau Sylvia

1826 ist das Wohnhaus 37 Fuß (10,80 m) lang und 33 Fuß (9,63 m) breit. Die Versicherungssumme beträgt 200 Rthlr. 1872 leben auf der 2,16 ha großen Stelle 2 Erwachsene, die 1 Schwein, 1 Kuh und 1 Schaf halten. Am 16.4.1918 fiel Peter Meyer bei Wytschalte. Peter Krüdener kehrte aus dem 2. Weltkrieg nicht heim. Werner Stelling betreibt eine Schlosserei. Aus dieser Werkstatt stammt die Weltkugel in der Cadenberger Kirche.

Nr. 108 - Oppeln 89

Westansicht 1996.

Westsüdansicht um 1944 (Archiv Herbert Reyelt).

1826 Adelheid Dohrmann
geb. Ahrens, Witwe

1833 Johann Nicolaus Tiedemann

1863 Andreas Tiedemann, Stellbesitzer

1925 Heinrich Reyelt

Maria Reyelt

Reinhard Reyelt
und Frau Elke geb. Brüning

1828 beträgt die Länge des Wohnhauses 36 Fuß (10,51 m) und die Breite 29 Fuß (8,47 m), die Versicherungssumme 100 Rthlr. 1872 leben 3 Erwachsene und 1 Kind auf dieser Stelle, die 6,16 ha groß ist. Sie halten 1 Schwein, 2 Kühe, 1 Stück Jungvieh und 1 Schaf. 1926 wurde das Haus umgebaut. Soldat Hermann Reyelt, Sohn des Heinrich Reyelt, fiel am 20.9.1941 im Osten durch einen Schuss in den Kopf. Reinhard Reyelt ist Vorsitzender des Wingster Blasmusikzuges.

Nr. 109 - Oppelner Geest 12

Ostansicht 1996

1858 Johann Hinrich Rohde, Arbeitsmann
1893 Friedrich Pape
1924 Heinrich Ramm
1933 Wilhelm Oltmann
1943 Elise Oltmann und Erben
1965 Gerhard Oltmann

1858 ist das Wohnhaus 40 Fuß (11,68 m) lang und 25/27 Fuß (7,30/7,88 m) breit. Die Versicherungssumme beträgt 200 Rthlr. 1872 leben 2 Erwachsene und 2 Kinder auf der Tagelöhnerstelle, die 1,60 ha groß ist. Sie halten 1 Schwein und 1 Schaf. Wilhelm Oltmann starb am 17.4.1943 im Reserve-Lazarett Dorsten/Westfalen an Lungenentzündung. Die Vorfahren der Oltmanns kamen aus dem Ostfriesischen, um am Kanalbau teilzunehmen.

Nr. 110 - Oppelner Geest 14

Ostansicht 1996.

Ostansicht um 1914. Johann und Rebecka Offermann geb. Junge, Sohn Hinrich und Luise Offermann geb. Lühmann mit den Kindern Maria und Erna (Archiv Frida Oellrich).

1851 Arend Dohrmann
1866 Johann Hinrich Dohrmann
1906 Johann Peter Nicolaus Offermann, Zimmermann
1910 Hinrich Offermann
1930 Heinrich Ramm
1944 Erna von Thaden, Witwe
1965 Hermann von Thaden
Lutz von Thaden

1851 ist das Wohnhaus 49 Fuß (14,31 m) lang und 27/31 Fuß (7,88/9,05 m) breit. Die Versicherungssumme beträgt 300 Rthlr. 1872 leben 2 Erwachsene und 1 Kind auf dieser Stelle, die 1,19 ha groß ist. Sie halten sich 1 Schaf. Auf dem Türbalken steht folgende Inschrift: „An Gottes Segen ist alles gelegen J P N Offermann R M Offermann geb. Junge den 17. Mai 1906" (Johann Peter Nicolaus Offermann und Rebecka Maria Offermann geb. Junge). Heinrich von Thaden, Ehemann von Erna von Thaden, fällt im 2. Weltkrieg.

Westansicht 1998.

Südansicht um 1910, v. l. Anni, Minna, Marie, Johann und Johann Griemsmann (Archiv Margret Sander).

1826 Johann Griemsmann
1866 Claus Griemsmann, Landbewirter
1880 Johann Griemsmann
1932 Minna Müller geb. Griemsmann
1959 Heinrich Müller
Günther Müller

Der Hof war mit der Mettwurstpflicht Nr. 7 belastet. 1826 ist das Wohnhaus 64 Fuß (18,69 m) lang und 32 Fuß (9,34 m) breit. Die Versicherungssumme beträgt 300 Taler. 1872 leben 2 Erwachsene und 3 Kinder auf dem Hof, der 12,28 ha groß ist. Zum Viehbestand gehören 2 Pferde, 1 Schwein, 3 Kühe und 2 Schafe. Johann Griemsmanns Söhne Willi und Klaus sterben 1915 im 1. Weltkrieg. Klaus starb in einem Lazarett in Frankreich, Willi starb in einem Lazarett in Rußland. Die Kinder Johann, Anni, Meta, Käte, Harry und Emma wanderten nach USA aus. Hinrich Müllers Söhne Hermann und Johannes kehrten aus dem 2. Weltkrieg nicht heim. Die Kinder Willi, Elfriede, Käte und Gertrud wanderten in den 1950er Jahren nach USA aus.

Nr. 112 - Oppeln 83

Westansicht 1996.

Nordwestansicht um 1950 (Archiv Claus Schade).

1845 Claus Hinrich Dodenhoff
1857 Andreas Schade
1863 Catharina Schade geb. Kröncke, Hebamme
1884 Claus Friedrich Schade
1932 Wilhelm Schade
Claus Schade

1845 misst das Wohnhaus 46 Fuß (13,43 m) in der Länge und 28/31 Fuß (8,17/9,05 m) in der Breite. Die Versicherungssumme beträgt 200 Rthlr. 1872 wird die 3,28 ha große Stelle von 2 Erwachsenen und 1 Kind bewohnt. Sie halten sich 1 Schaf.

Nr. 116 - Am Balksee 10

Südansicht 1997.

Westansicht um 1912. Hermann und Catharina Maria Dorothea Corleis (Archiv Hermann Hagemann).

1748 Claus Küver Johanns Sohn, Balcksee

1789 Harm Pape

1793 Carsten Pape am See

1810 Carsten Pape am See

1860 Andreas Pape

1863 Carsten Pape

1864 Diedrich Corleis, Landbewirter

1893 Hermann August Corleis

1914 Gerd Tiedemann

1958 dessen Tochter Gesche Behrens geb. Tiedemann

1830 ist das Wohnhaus 62 Fuß (18,10 m) lang, 32/34 Fuß (9,34/9,93 m) breit und wird zu 400 Rthlr. versichert. 2 Erwachsene und 3 Kinder leben 1872 auf dem 15,70 ha großen Hof. 2 Pferde, 2 Schweine, 3 Kühe, 2 Stück Jungvieh und 2 Schafe gehören zum Viehbestand. Diedrich Corleis war Mitbegründer des Grifter Schützenvereins. Gerd Tiedemann war von 1940 bis 1945 Bürgermeister. Sein Sohn Klaus, Obergefreiter, starb am 17.2.1943 nach einer schweren Verwundung im Lazarett. Richard Domain, Schwiegersohn von Gerd Tiedemann, fiel am 21.10.1943 im Osten. In der Nacht vom 29.8. auf den 30.8.1997 brannte das unbewohnte Haus.

Nr. 117 - Am Balksee 8

Ostansicht 1999 (Foto: Sandra Mathiebe)

Nordwestansicht 1997.

1854 Barthold Andreas Griemsmann
1862 Johann Hinrich Griemsmann
1897 Johann Wilckens
1929 Klaus Hillmann
u. Frau geb. Wilckens
1934 Hinrich Wilckens
1965 Willi Birkholz
Karl-Dietrich Franke
1997 Irmgard Möhle

1854 ist das Wohnhaus 44 Fuß (12,85 m) lang und 29 Fuß (8,47 m) breit. Die Versicherungssumme beträgt 400 Rthlr. 1872 leben 2 Erwachsene und 1 Kind auf der Tagelöhnerstelle, die 3,56 ha groß ist. Sie halten 1 Schwein und 1 Kuh.

Nr. 127 - Oppeln 81

Südansicht 1996.

1824 Johann Jacob Kröncke
1826 Harm Leicke
1841 Johann Heinrich Kröncke
1876 Anna Kröncke geb. Leicke
1878 Andreas Hermann Binder und Frau
1916 Friedrich Meyer
1965 Elfriede Reyelt, geb. Meyer
Eva Bast, geb. Reyelt

1826 ist das Haus 52 Fuß (15,18 m) lang und 30 Fuß (8,76 m) breit. Es wird zu 150 Taler versichert. 1872 ist die Stelle 3,33 ha groß. Auf ihr leben 2 Erwachsene und 2 Kinder die sich 1 Schwein, 1 Kuh und 1 Schaf halten. Am 28.3.1945 starb Paul Conrad, Ehemann von Friedrich Meyers Tochter Elfriede, in französischer Gefangenschaft.

Nr. 128 - Westerweg 6

Ostansicht 1996.

Ostansicht 1927. Anna von Holt verw. Dittmer mit den Kindern August Dittmer, Werner von Holt, Frieda Dittmer (Archiv Heinrich Becker).

1859 Matthias Dittmer
1901 Klaus Dittmer
1919 Klaus von Holt
und Frau Anna verw. Dittmer
1928 Anna von Holt
1938 August Dittmer
Ute Katt geb. Dittmer

1851 kaufte Matthias Dittmer Land von Diedrich Küver (s. Nr. 88) und bebaute es 1859 mit einem Haus, das 64 Fuß (18,69 m) lang und 34/38 Fuß (9,93/11,09 m) breit war. Es wurde zu 675 Rthlr. versichert. 3 Erwachsene und 5 Kinder leben 1872 auf dem Hof, der 8,61 ha groß ist. An Vieh wurden 2 Pferde, 1 Schwein, 2 Kühe und 1 Schaf gehalten. Nach einem heftigen Gewitter am 24. Juli 1926 traf ein Blitz Wohnhaus und Scheune, die beide bis auf die Grundmauern niederbrannten. Das letzte Fuder Heu war gerade eingelagert, ebenso eine große Menge Torf. Am 3. Juli 1974 schlug wieder ein Blitz in die mit großen Mengen Heu gefüllte Scheune. Sie brannte völlig ab.

Ostansicht 1996.

Ostansicht um 1930. Anna Heinsohn verw. Jahnke, geb. Tiedemann, vermutlich die linke sitzende Frau (Archiv Lee E. Heinsohn).

1908 Wilhelm Heinsohn

1915 Anna Heinsohn, Witwe (s. Nr. 47)

1929 Peter Schult

1965 Peter Küver

1974 Eva Maria Jensch

Wilhelm Heinsohn kaufte das Grundstück vom Gast- und Schankwirt Johann Brüning (Nr. 45) und bebaute es 1908 mit einem Wohnhaus, dem ersten vollständigen Massivbau in Oppeln. Mieter August Petersen versteigerte im März 1923 seinen Haushalt einschl. wachsamen Hofhund und den Warenbestand, um auszuwandern. Heinrich Heinsohn (16 J.), Sohn des Wilhelm Heinsohn, wanderte 1921 nach Nordamerika aus. Anna Heinsohn, die ihren Beruf seit 1894 ausübte, war die letzte Hebamme Oppelns. Wahrscheinlich wanderte sie 1929 nach USA aus. Von 1946 bis 1952 führte Wilhelm Strunck das Lebensmittel-Geschäft, danach übernahm Heinrich Buck das Geschäft.

Nr. 130 - Oppeln 17

Westansicht 1997.

Die drei kleinen Häuser. Westsüdansicht 1969 (Archiv Helmuth Rüger).

1948 Gemeinde
1956 Richard Borchers
Gohlke
1967 Rüger
Hermann Westphal
Erich Brandt und Frau Margarete
Günter Knüppel und Ida Pinzel

1948 baute Peter Reyelt (Nr. 34) sein Backhaus als Behelfsheim auf Gemeindeland. Die Gemeinde verkaufte 1956 das Grundstück für 0,50 DM pro qm.

Westansicht 1997.

Die drei kleinen Häuser. Westsüdansicht 1969 (Archiv Helmuth Rüger).

1950 Gemeinde
1956 Erna Kleemann
deren Erben

Um 1950 baute Hermann Glintenkamp das Haus auf Gemeindeland. 1956 verkaufte die Gemeinde das Land für 0,50 DM pro qm.

Westansicht 1997.

Die drei kleinen Häuser. Westsüdansicht 1969 (Archiv Helmuth Rüger).

1950 Gemeinde
1956 Paul Grosenik
?

Um 1950 baute Paul Grosenik das Haus und kaufte 1956 das Grundstück für 0,50 DM pro qm von der Gemeinde.

Nr. 133 - Oppeln 63

Westansicht 1999.

1949 Hermann Drewes

1951 Heinrich Jungclaus

1986 Manfred Reyelt
und Frau Andrea geb. Jacobs

1847 könnte das Altenteilerhaus von Tönjes Albers auf diesem Platz gestanden haben (s. Nr. 62).

1949 wurde das Altenteilerhaus zu Haus Nr. 61 neu erbaut. Heinrich und Elise Jungclaus feierten 1980 das Fest der Eisernen Hochzeit. Manfred Reyelt hatte durch seinen Einsatz am Computer großen Anteil an der Erstellung dieses Buches.

Nr. 134 - Westerweg 7

Ostansicht 1998.

Ostansicht 1958 (Archiv Irmgard Sievert, Foto: Hellmut Gerdts).

siehe auch Organistenhaus

1956 Kirchengemeinde Oppeln

1967 Kapellengemeinde Oppeln als Rechtsnachfolger

1967 feierten Ernst und Gertrud Schmidt, die Eltern von Margot Bechstedt, die Diamante Hochzeit. Organist Bruno Bechstedt und Frau Margot feierten 1995 die Diamante Hochzeit.

Nr. 135 - Oppeln 58

Ostansicht 1996.

1969 Dieter Adami

1975 Hans-Otto Griemsmann
und Frau Waltraud

1991 Ingo Vagts u. Frau Ingrid
geb. Griemsmann

Das Haus wurde 1969 neu erbaut.

Nr. 136 - Oppelner Geest 8

Ostansicht 1996.

Walter Töpfer
Werner Otte

Das Haus wurde um 1970/71 neu errichtet.

Nr. 5 - Oppeln 5, abgebrochen

Ostansicht um 1970 (Foto: Erich Müller).

1826 Claus Küver
1841 Johann Diedrich Hensch
1870 Metta Christine Hensch, Witwe
1873 Johann Holstenkamp, Maurer
1914 Peter Holstenkamp
1965 Hinrich Holstenkamp

1826 war das Wohnhaus 54 Fuß (15,77 m) lang und 30 Fuß (8,76 m) breit. Die Versicherungssumme betrug 250 Taler. 1872 lebte auf der 4,01 ha großen Tagelöhner-Stelle 1 Erwachsene. Sie hielt sich 1 Stück Jungvieh und 1 Schwein. Im 2. Weltkrieg fielen Peter Holstenkamps Söhne August und Willi. Das Haus wurde um 1980 abgebrochen.

Nr. 9 - abgebrochen

1828 Christian Thies
1842 Claus Hensch
1844 Diedrich Meyer
1872 Diedrich Meyer, Tagelöhner
1899 dessen Erben

1831 war das Haus 23 1/2 Fuß (6,86 m) lang und 18 1/2 Fuß (5,40 m) breit. Es wurde zu 50 Rthlr. versichert. Auf dem 1.911 qm großen Grundstück lebten 2 Erwachsene mit einem Kind. Sie hielten sich 1 Schwein und 1 Schaf. Das Haus wurde 1900 abgebrochen.

Nr. 13 - abgebrochen

1843 Peter Bartels
1843 Peter Bartels Friedrichs Sohn, Besenbinder
1878 Heinrich Butt zur Wingst

1843 war das Haus 33 Fuß (9,63 m) lang und 20/24 Fuß (5,84/7,00 m) breit. Es wurde zu 200 Rthlr. versichert. 1872 leben 2 Erwachsene auf der 7.378 qm großen Tagelöhnerstelle und halten sich 1 Schaf. Um 1880 wurde das Haus abgebrochen.

Nr. 14 - abgebrochen

1852 Nicolaus Tiedemann
1862 Claus Hinrich Junge
1872 Peter Tiedemann, Tagelöhner
1917 August Kranz

1863 war das Haus 36 Fuß (10,51 m) lang und 19/22 Fuß (5,55/6,42 m) breit. Es wurde zu 125 Rthlr. versichert. 2 Erwachsene und 1 Kind lebten 1872 auf der 4.256 qm großen Tagelöhnerstelle und hielten sich 1 Schaf. Im Januar 1916 musste Peter Tiedemann das Haus wegen Wasser verlassen und wurde bei Claus Schlichting untergebracht. Da Tiedemann mittellos war, wurde das Haus durch die Gemeinde verkauft. Es wurde wahrscheinlich um 1917 abgebrochen.

Nr. 16 - abgebrochen

1831 Barthold Gröning
1853 Carl Schulenburg
1867 Peter Küver
1868 Johann Hinrich von Thaden
1872 Christian Adami, Arbeitsmann u. Häusling
1877 Johann Hinrich Gerdts
1937 August Reyelt und Frau Rebecka

1831 war das Haus 28 Fuß (8,20 m) lang und 19 Fuß (5,55 m) breit. Es wurde zu 75 Rthlr. versichert. 1872 lebten 2 Erwachsene auf dem 4.111 qm großen Grundstück zur Miete. Das Haus wurde 1940 abgebrochen.

Nr. 17 - abgebrannt

1826 Hinrich Peike

1831 Friedrich Leicke

1834 Andreas Thumanns Witwe

1841 Claus Schult, Tagelöhner

1871 Margarete Elisabeth Schult

1907 Hinrich Schult

1908 Johann Siemsen, Schuhmacher

1826 war das Haus 25 Fuß (7,30 m) lang und 23 ½ Fuß (6,86 m) breit. Es wurde zu 100 Rthlr. versichert. 1872 lebte 1 Erwachsene auf der 8.553 qm großen Tagelöhnerstelle. Sie hielt sich 1 Schwein und 2 Schafe. Das Haus und der Schuppen brannten am 17. Oktober 1909 ab.

Nr. 20 - abgebrochen

Westsüdansicht um 1955 (Archiv Helmuth Rüger).

1791 Claus Junge
1802 Claus Junges Witwe
1806 Tönjes Kröncke, Kleygräber
1826 Tönjes Krönkes Witwe
1831 Hinrich Ehlers
1867 Johann Hinrich Thiems
1867 Claus Ehlers
1899 Hinrich Ehlers
1939 Elfers, Schmied in Bülkau

1826 war das Haus 39 Fuß (11,39 m) lang und 29 Fuß (8,47 m) breit. Es wurde zu 150 Rthlr. versichert. 1872 lebten auf der 2,03 ha großen Tagelöhnerstelle 2 Erwachsene und 2 Kinder, die sich 1 Schwein, 1 Kuh und 1 Schaf hielten. 1945 wohnte in diesem Haus die Flüchtlingsfamilie Grambow. Das Haus wurde vor 1965 abgebrochen.

Nr. 24 - abgebrochen

1852 C. Hinrich Ibsen
1854 Christian Meden
1856 Dietrich Schult
1870 dessen Witwe
1875 Hinrich Brüning

1852 war das Haus 31 Fuß (9,05 m) lang und 20 Fuß (5,84 m) breit. Es wurde zu 75 Rthlr. versichert. 1872 lebte 1 Erwachsene auf der 7.506 qm großen Tagelöhnerstelle. Sie hielt sich 1 Schaf. Um 1880 wurde das Haus abgebrochen.

Nr. 27 - abgebrannt

1850 Claus Reyelt
1872 Claus Reyelts Witwe, Tagelöhnerin
1885 August Reyelt
1888 Hinrich Wilhelm Dodenhoff

1872 lebte 1 Erwachsene auf der 2.029 qm großen Tagelöhnerstelle. 1876 war das Wohnhaus 8,76 m lang und 5,84 m breit. Hinrich Wilhelm Dodenhoff war Sensenstreichholzmacher (Sensenschleifermacher). Das Haus brannte 1905 ab.

Nr. 29 - abgebrochen

1828 Peter Jacob Hensch
1864 Peter Küver
1865 Adolf Friedrich Bartels
1867 Gooss, Witwe
1868 Jürgen Friedrich Georg Koch
1872 Fritz Kochs Witwe, Tagelöhnerin
1879 Claus Heinrich Lorenz
1889 Adolf Bartels
1907 Wilhelm Meyers Witwe

1828 war das Haus 22 Fuß (6,42 m) lang und 21 ½ Fuß (6,28 m) breit. Es wurde zu 50 Rthlr. versichert. Am 29.12.1845 wurde Peter Jacob Henschs Frau in Odisheim beim Betteln ertappt. 1872 lebte 1 Erwachsene auf der 5.479 qm großen Tagelöhnerstelle. Sie hielt 2 Schafe. Das Haus wurde vor 1915 abgebrochen.

Nr. 32 - abgebrochen

1826 Adelheid Bredenkamp
1834 Johann Gerdts
1865 Johann Peter Gerdts, Maurer
1912 dessen Witwe
1919 Heinrich Steffen aus Bülkau

Am 3.8.1819 brannte das Haus vollständig ab. 1826 war das Haus 42 Fuß (12,26 m) lang und 27 Fuß (7,88 m) lang. Es wurde zu 200 Rthlr. versichert. 1872 lebten 2 Erwachsene und 4 Kinder auf der 2,81 ha großen Stelle. Sie hielten sich 1 Schwein, 1 Kuh und 1 Schaf. Das Haus wurde 1929 abgebrochen.

Nr. 55 - abgebrochen

1851 Diedrich Junge

1872 Diedrich Junge, Tagelöhner

1894 dessen Erben

1851 war das Haus 24 Fuß (7,00 m) lang und 23 Fuß (6,71 m) breit. Es wurde zu 100 Rthlr. versichert. 1872 lebten 2 Erwachsene auf der 4.232 qm großen Tagelöhnerstelle. Sie hielten sich 1 Schwein und 2 Schafe. Das Haus wurde vor 1914 abgebrochen.

Nr. 59 - Oppeln 59, abgebrochen

1834 Tönjes Kröncke

1867 Johann Heinrich Kröncke, Drechsler

1891 dessen Erben

1897 Claus Meyn

1907 Gustav Meyn

1909 Wilhelm Meyn

1940 Wilhelm Adami u. Else geb. Meyn

1834 war das Wohnhaus 46 ½ Fuß (13,58 m) lang und 34/37 Fuß (9,93/10,80 m) breit. Es wurde zu 400 Rthlr. versichert. 1872 lebten 4 Erwachsene und 1 Kind auf dem 4,40 ha großen Grundstück. Sie hielten 1 Schwein, 1 Kuh und 1 Schaf. Willi Adami starb am 5.12.1945 in Leningrad in russischer Gefangenschaft. Das Haus wurde um 1985 abgebrochen.

Nr. 60 alt - abgebrochen

1826 Wöhlke Oest
1835 Tönjes Kröncke
1855 Wolderich Cordes
1860 Maria Cordes
1870 Gemeinde Oppeln, Armenhaus
1874 Johann von der Fecht

1826 war das Haus 46 Fuß (13,43 m) lang und 37 Fuß (10,80 m) breit. Die Versicherungssumme betrug 300 Rthlr. Am 2. Februar 1870 kaufte die Gemeinde das Haus für 80 Mark und verwendete es als Armenhaus. 1874 wurde das Haus abgebrochen. Die Hausnummer 60 erhielt danach das Haus Nr. 82.

Nr. 62 - abgebrochen

1847 Tönjes Albers sen.

1847 war das Altenteilerhaus zu Haus Nr. 61 32 Fuß (9,34 m) lang und 20 Fuß (5,84 m) breit. Es wurde zu 150 Rthlr. versichert. Das Haus wurde 1867 abgebrochen. Es könnte auf dem Platz des heutigen Hauses Oppeln 63 gestanden haben.

Nr. 70 - abgebrochen

1786 Carsten Strunck
1803 Johann Strunck
1826 Peter Küver
1833 Hinrich Strunck
1866 Hinrich Strunck, Stellbesitzer
1892 August Griemsmann
1907 Johann Dittmer

Der Hof war mit der Mettwurstpflicht Nr. 8 belastet. Johann Strunck lebte vom Ackerbau, hatte ein Dienstmädchen und hielt 2 Pferde. 1826 war das Wohnhaus 61 Fuß (17,52 m) lang und 40 Fuß (11,68 m) breit. Es wurde zu 300 Taler versichert. 1872 bewirtschafteten 3 Erwachsene den Hof, der 12,28 ha groß war. 2 Pferde, 2 Schweine, 2 Kühe, 2 Stück Jungvieh und 2 Schafe gehörten zum Viehbestand. 1908 wurde das Haus abgebrochen.

Nr. 73 - abgebrannt

1826 Hinrich Nintzels Witwe
1860 Hinrich Hinsch
1862 Hermann Schlichting
1872 dessen Witwe

1826 war das Haus 48 Fuß (14,02 m) lang und 25 ½ Fuß (7,45 m) breit. Es wurde zu 200 Taler versichert. 1872 lebte auf der 2,95 ha großen Tagelöhnerstelle eine Witwe, die 1 Schaf hielt. Das Haus brannte im April 1891 ab.

Nr. 74 - abgebrochen

1826 Andreas Meyer
1837 David Kröncke
1868 Hinrich Kröncke

1826 war das Haus 48 Fuß (14,01 m) lang und 32 Fuß (9,34 m) breit. Die Versicherungssumme betrug 200 Rthlr. Das Haus wurde 1869 abgebrochen.

Nr. 76 - abgebrannt

1828 Jacob Emshoff
1854 Diedrich Osterholz Witwe
1860 Johann Hinrich Glashoff, Zimmermann
1890 Claus Ehlers und Frau Catharina Friederike geb. Glashoff

1826 war das Haus 26 ½ Fuß (7,74 m) lang und 21 Fuß (6,13 m) breit. Es wurde zu 75 Rthlr. versichert. Witwe Osterholz heiratet 1860 Johann Hinrich Glashoff. 1872 lebten 2 Erwachsene und 5 Kinder auf der 1,45 ha großen Stelle. Sie hielten 1 Schwein und 2 Schafe. Das Haus brannte 1909 ab.

Nr. 78 - abgebrochen

1827 Claus Küver Peters Sohn
1841 Johann Diedrich Goldmann
1842 Peter Nicolaus Bartels
1850 Diedrich Griemsmann
1857 Johann Hinrich Junge
1864 Diedrich Adami
1865 Barthold Hermann Jesper aus Bülkau
1866 Diedrich Hagenah, Tagelöhner
1899 dessen Witwe
1901 Lehrer Quast aus Bülkau

1827 war das Haus 47 ½ Fuß (13,87 m) lang und 30 Fuß (8,76 m) breit. Es wurde zu 200 Rthlr versichert. Nachdem das Haus abgebrochen war, wurde es 1860 neu aufgebaut. 1872 lebten 2 Erwachsene und 3 Kinder auf der 4,74 ha großen Tagelöhnerstelle. Sie hielten 1 Schwein, 1 Kuh und 1 Schaf. Das Haus wurde 1901 zwangsversteigert und 1902 abgebrochen.

Nr. 79 - abgebrochen

1826 Hinrich Wulff
1859 Peter Wulff
1872 Johann Junge

1826 war das Haus 45 Fuß (13,14 m) lang und 29 Fuß (8,47 m) breit. Es wurde zu 250 Rthlr. versichert. 1873 wurde das Wohnhaus abgebrochen und der Koven nach Haus Nr. 80 übertragen

Nr. 82 - abgebrochen

1830 Johann Mangels
1860 dessen Erben
1869 Gemeinde Oppeln
1903 Franz Hinrich Junge

1869 kaufte die Gemeinde Oppeln das Haus von der Witwe Adelheid Mangels. Für den Kaufbetrag von 400 Mark sorgte die Gemeinde für den Lebensunterhalt der Witwe und ihrer *blodsinnigen* Tochter. Dadurch wurde es zum Armenhaus. 1873 bekam das Armenhaus die Hausnummer des abgebrochenen Hauses Nr. 60. Das Grundstück war 4.552 qm groß. Am 20.3.1903 kaufte Franz Hinrich Junge das Haus für 500 Mark. Im gleichen Jahr wurde es abgebrochen.

Nr. 86 - abgebrannt

1851 Claus Stüven
1865 Johann Stüven, Zimmermann
1909 Hermann von der Lieth

1829 war das Haus 53 Fuß (15,47 m) lang, 35 Fuß (10,22 m). Es wurde zu 200 Rthlr. versichert. 1872 lebten 2 Erwachsene und 1 Kind auf dem 5,42 ha großen Grundstück. Sie hielten 1 Schwein, 2 Kühe und 1 Schaf. 1926 brannten Wohnhaus und Scheune ab.

Nr. 87 - abgebrochen

1829 Daniel Dodenhof
1862 Dorothea Schade, Witwe
1863 Diedrich Pape, Tagelöhner
1891 Heinrich Schade
1898 Joh. von Thaden
1902 Hermann Seebörger
1940 dessen Witwe
1942 Johann Junge

1829 war das Haus 39 Fuß (11,38 m) lang und 25 Fuß (7,30 m) breit. Die Versicherungssumme betrug 100 Rthlr. 1862 wurde das Haus abgebrochen und neu aufgebaut. Dorothea Schade heiratet 1863 Diedrich Pape. 1872 lebten 2 Erwachsene und 1 Kind auf der 1,73 ha großen Tagelöhnerstelle. Sie hielten 1 Schaf und 1 Schwein. Das Haus wurde wahrscheinlich um 1942 abgebrochen.

Nr. 90 - abgebrochen

1826 Peter Meyer
1828 Peter Hinrich Brandt
1831 Johann Hinrich Henning
1872 Claus Diedrich Henning, Grundbesitzer
1917 August Henning
1940 dessen Erben
1944 Marie Nissen, verw. Henning und Irmgard Bieber geb. Henning
1965 Diedrich Griemsmann

1826 war das Haus 53 Fuß (15,48 m) lang und 34 Fuß (9,93 m) breit. Es wurde zu 150 Rthlr. versichert. 1872 lebten 3 Erwachsene und 1 Kind auf der 7,25 ha großen Stelle. Sie hielten 1 Schwein, 2 Kühe und 2 Schafe. Das Haus wurde um 1947 abgebrochen.

Nr. 91 - abgebrochen

1852 Barthold Andreas Griemsmann

1866 Carl Beckmann

1871 Andreas Beckmann

1852 war das Haus 41 Fuß (11,97 m) lang und 20 ½ F/33 Fuß (5,99 m/9,64 m) breit. Es wurde zu 400 Rthlr. versichert. 1872 lebte 1 Erwachsener und 2 Kinder auf der Tagelöhnerstelle. Sie hielten 1 Schaf. Das Haus wurde 1874 abgebrochen.

Nr. 92 alt - abgebrochen

1828 Peter Küver

1851 Peter Küver, Tagelöhner

Das Haus wurde um 1858 abgebrochen. Die Hausnummer 92 wurde dann an Johann Pape vergeben.

Nr. 93 - abgebrochen

Ostansicht 1999. Scheune auf dem Hof Oppelner Geest 9.

Ostansicht um 1913. Scheune auf dem Hof Nr. 103 (Archiv Ingrid Rohfeld)

1791 Matthias Böhmcke
1893 Hinrich Böhmcke
1803 Becke Böhmcke,
geb. Pape, Witwe
1826 Matthias Böhmcke
1860 Hinrich Böhmcke, Landbewirter

1826 war das Wohnhaus 56 Fuß (16,35 m) lang und 30 Fuß (8,76 m) breit. Die Versicherungssumme betrug 400 Rthlr. Matthias Böhmcke war 1852 zusammen mit Pastor Cooper für die Oppeler im Neuhaus-Bülkauer Schleusenverband in der Baukommission des Neuhaus-Bülkauer Kanals vertreten. 1872 leben 3 Erwachsene und 3 Kinder auf dem Hof, der 16,11 ha groß war. Dienstjunge Friedrich Hagenah half in der Landwirtschaft. 2 Pferde, 2 Schweine, 2 Kühe und 2 Stück Jungvieh gehörten zum Viehbestand. 1880 wurde das Haus abgebrochen und als Scheune auf dem Hof Haus Nr. 103 von Hinrich Böhmcke (heute Oppelner Geest 9) aufgebaut und steht noch heute dort.

Nr. 94 - abgebrochen

1857 Die Interessenten der Schule Süderende zu Oppeln

1837 wird die Nebenschule, auch Süderschule genannt, von den Schulinteressenten (Eltern der Kinder) gebaut. Sie war 6,71 m lang und 4,67 m breit und wurde zu 100 Rthlr. versichert. Die Grundstücksfläche betrug 1.996 qm. 1877 wurde die Schule aufgelöst. 1882 wurde sie von Hinrich Brüning gekauft und abgebrochen.

Nr. 97 - abgebrochen

1841 Johann Christian Bösch, Tagelöhner

1875 Witwe Anna Bösch geb. Hensch

1877 Claus Christian Bösch

1885 Jürgen Friedrich Hagenah und Frau Rebecka geb. Bösch

1841 war das Haus 32 Fuß (9,34 m) lang und 20 Fuß (5,84 m) breit. Versichert wurde es zu 100 Rthlr. 1872 lebten 2 Erwachsene und 2 Kinder auf der 1,00 ha großen Tagelöhnerstelle. Sie hielten 1 Schwein und 1 Schaf. Das Haus wurde zwischen 1900 und 1905 abgebrochen und in Steinau wieder aufgebaut. Die Nachfahren von Jürgen Friedrich Hagenah führen heute die Sägerei Erich Hagenah (Inhaber Reinhard Hagenah) in Bülkau.

Nr. 113 - abgebrochen

1844 Johann Hinsch
1867 Heinrich Heinssen, Holzpantoffelmacher
1884 Claus Heinrich Vagts
1894 Hinrich Pape aus Grift
Hinrich Gerdts
1920 Peter Gerdts

1846 war das Haus 32 Fuß (9,34 m) lang und 20 Fuß (5,84 m) breit und wurde zu 250 Rthlr. versichert. 1872 lebten 2 Erwachsene und 1 Kind auf der 6.734 qm großen Stelle und hielten sich 1 Schaf und 1 Schwein. Das Haus wurde 1920 abgebrochen.

Nr. 114 - abgebrochen

1840 David Nintzel
1872 David Nintzel, Tagelöhner
1878 Nicolaus Brüning
1922 Johann Nikolaus Sohl
1923 Adolf Schütte
1924 Heinrich Pekrull

1840 war das Haus 29 Fuß (8,47 m) lang und 25 Fuß (7,30 m) breit und wurde zu 100 Rthlr. versichert. 1872 lebten 2 Erwachsene und 2 Kinder auf der 1,70 ha großen Tagelöhnerstelle und hielten 1 Schaf. 1929 wurde das Haus abgebrochen.

Nr. 115 - abgebrochen

1840 Claus Johann Kruse
1854 Wilhelm Albers
1861 Gerd Heinrich zur Linde
1867 Hinrich Thiems
1898 Johann Brandt
1870 Barthold Jacob Jesper aus Bülkau
1875 Andreas Beckmann, Krämer
1876 Claus Schriever
1878 Heinrich Wilhelm Dodenhoff
1880 Claus Schriever aus Wingst

1840 war das Haus 26 Fuß (7,59 m) lang und 20/23 Fuß (5,84 m/6,72 m) breit. Die Vers-Summe betrug 100 Rthlr. 1876 Die betrug Größe des Grundstücks 7.116 qm. 1893 wurde das Haus abgebrochen, nachdem es schon 20 Jahre nicht mehr bewohnt war.

Nr. 118 - abgebrochen

1844 Jacob Riefling, Dienstknecht

1872 lebten 2 Erwachsene auf der 2.871 qm großen Tagelöhnerstelle und hielten sich 1 Schaf. 1880 wurde das Haus als Koven nach Haus Nr. 106 übertragen.

Nr. 129 alt - abgebrochen

1861 Claus Hinrich Dodenhoff
1867 Lafrenz Meyer
1872 Johann Hinrich Ritter, Tagelöhner
1885 Johann Friedrich Meyn

1861 wurde das Haus neu errichtet. Es war 37 Fuß (10,80 m) lang und 22/24 Fuß (6,42/7,00 m) breit. Die Versicherungssumme betrug 300 Rthlr. 1872 lebten 2 Erwachsene auf der 5.786 qm großen Tagelöhnerstelle als Mieter. 1888 wurde das Haus, nachdem es mehrere Jahre leergestanden hatte, abgebrochen. 1908 wurde unter dieser Hausnummer ein neues Haus (vergl. Nr. 129) gebaut.

Nr. 130 alt - abgebrochen

1863 Hinrich Raaps Erben
(vergl. Nr. 20),
Pächter Hinrich Ehlers

Das Haus war 30 Fuß (8,76 m) lang und 20 Fuß (5,84 m) breit. Es wurde zu 100 Rthlr. versichert. 1872 lebten auf der Tagelöhnerstelle 2 Erwachsene. 1875 wurde das Haus abgebrochen.

Ab 1950 wurde die Nummer 130 an eines der 3 kleinen Häuser vergeben.

Nr. 131 alt - abgebrochen

1870 Adolph Bartels
1881 Gemeinde Oppeln
1885 Adolph Bartels
1895 Hinrich Bartels
1897 Hinrich Lafrenz genannt von Thaden

1870 wurde das Haus neu errichtet. Es war 30 ½ Fuß (8,91 m) lang und 20 ½ Fuß (5,99 m) breit und wurde zu 150 Rthlr. versichert. Es lebten 2 Erwachsene und 2 Kinder auf der 4.862 qm großen Tagelöhnerstelle. 1881 kaufte die Gemeinde das Haus, da sie für die Schulden Bartels gebürgt hatte. 1885 kauft Adolph Bartels das Haus für 600 Mark zurück. 1901 wurde das Haus abgebrochen. Ab 1950 wurde die Nummer 131 an eines der 3 kleinen Häuser vergeben.

Für die Erstellung der Häusergeschichten sind folgende Quellen verwendet worden:

Häuserliste von 1748/1754, die Abgabenlisten von 1786 aus dem Kirchenlagerbuch von 1791, Tabaksteuerlisten von 1791-1810, Brandkassenkataster 1826, Dienst- und Bindelgeldregister 1828, Stuhlregister-Karte 1851, Häuserliste von 1857, Mutter-Steuerrolle 1857, Klassensteuer-Rolle 1872, Flurbuch 1872, Liegenschaftskataster 1873, Mutterrolle 1876, Schulchronik von Oppeln 1915, Verzeichnis der angezogenen und abgezogenen Personen 1911-1935, Einwohnerbuch 1926, Häuseraufstellung um 1940, Summarische Mutterrolle bis 1965, Häuserliste 1967, Neuhaus-Ostener Zeitung, Volkszählungen, Befragungen.

Literatur und Quellennachweise

Gedruckte Quellen

Baerius, Nicolai: Ornotophonia, Hrsg. Johann Wesseln, Bremen 1705

Becker, Ernst: Siedlungsnamen auf =heim der Kreise Wesermünde und Land Hadeln in: Jb. M.v.M. 45/1964 S. 187

Beichert, Karl-Wilhelm: Er schrieb über Amsel und Zeisig in: Zwischen Elbe und Weser, Jg. 15, Nr. 3, Juli 1996

Brockhaus 1993

Chronik der Gemeinde Nordleda

Duden Nr. 7

Flurnamensammlung Hadeln und Ritzebüttel, Hrsg. M. v. M., Bremerhaven 1998

Haberkern/Wallach: Hilfswörterbuch für Historiker 1, 8. Aufl.

Haccius, G.: Hannoversche Missionsgeschichte, Hermannsburg 1920

Hoffmann, Hans-Christoph: Die Kunstlandschaft zwischen Elbe und Weser vom frühen Mittelalter bis zur Neuzeit in: Geschichte des Landes zwischen Elbe und Weser, Bd. II, Hrsg. i. A. des Landschaftsverbandes der ehem. Herzogtümer Bremen und Verden, Stade 1995

Hofmeister, Adolf E.: Besiedlung und Verfassung der Stader Elbmarschen im MA, Teil II, Hildesheim 1981

Jansen, Joh. Friedr.: Historisch Theologisch Denkmahl der wundervollen Wegen Gottes in dem grossen Wassern, welche sich Ao. 1717, den 25. Decemb. ergossen, Bremen und Jever 1722

Juchter, Friedrich: „...das herrliche Institut...", Die Geschichte der Kreissparkasse Wesermünde-Hadeln und ihrer Vorgänger-Institute, Hrsg. Kreissparkasse Wesermünde-Hadeln, Bremerhaven 1987

Kahle, Hans-Jürgen: Verschleppt nach Cuxhaven, Wilhelm-Heidsiek-Verlag Cuxhaven

Kieker, Lenz, Rüther: Die Kunstdenkmale des Kreises Land Hadeln und der Stadt Cuxhaven, bearb. von Oskar Kieker, Wilhelm Lenz, Heinrich Rüther, 1956

Klenck, W.: Heimatkunde des ehemaligen Kreises Neuhaus an der Oste, Hrsg. Kranichhausgesellschaft Otterndorf e. V. 1986

Kreis Land Hadeln, Hrsg. Rudolf Lembcke i. A. des Kreises, Otterndorf 1976

Kühnel, Paul: Die slawischen Orts- und Flurnamen der Oberlausitz

Lenz/Lembcke: Dat Nygehus, 1981

Mahler, Adolf: Chronik Wasser- und Bodenverband Neuhaus-Bülkau, 1999

Meyer, Philipp: Die Pastoren der Landeskirchen Hannovers und Schaumburg-Lippes seit der Reformation, 1941

Müller, Herbert: Chronik Zement aus Hemmoor, Hrsg. Stadt Hemmoor 1992

Nehring, Eberhard: Hausbuch des „Heinecke von Luneberg" zu Freschluneberg 1605, 1984, Heinz Reise Verlag Göttingen, Sonderdruck aus Quellen zur Genealogie, Bd. 7

Nds. Gesetz- und Verordnungsblatt, 26. Jg. Nr. 29

Plate, Johann Justus: Antiquitaeten und Merckwürdigkeiten zu Wanna, bearbeitet von Wilhelm Zimmermann, Hrsg. Archiv des Landkreises Cuxhaven in Otterndorf und Heimatbund Männer vom Morgenstern in Bremerhaven, 1998

Pratje, Johann Hinrich: Altes und Neues, Hrsg. Heimatbund Männer vom Morgenstern, Bremerhaven 1993

Roth, Georgius v. : Geographische Beschreibung der beyden Herzogthümer Bremen und Verden, 1718

Ruperti, Georg Ernst: Kirchen- und Schulgesetzgebung der Herzogthümer Bremen und Verden, II. Theil, 1844

Sudendorf, Hans: Urkundenbuch zur Geschichte der Herzöge von Braunschweig und Lüneburg und ihrer Lande, Bd. 3

Stüben, G.: Die Ostemarsch im Wandel der Zeiten

Teut, Heinrich: Hadeler Wörterbuch

Umland, Walter: Wingster Chronik, Hrsg. Gemeinde Wingst, 1995

850 Jahre Cadenberge, Hrsg. Gemeinde Cadenberge, 1998

Zwischen Elbe und Weser, Neuhaus-Ostener Zeitung, Niederelbe-Zeitung

Ungedruckte Quellen

Kirchenarchiv Bülkau: Kirchenbücher, Kirchenprotokollbücher und Akten der Kirchengemeinde Oppeln und Bülkau

Superintendentur Cadenberge: Akten der Kirchengemeinde Oppeln

Landeskirchliches Archiv Hannover: Akten der Kirchengemeinde Oppeln

Archiv des Landkreises Cuxhaven in Otterndorf: Gemeindeakten Oppeln, Gemeindeprotokollbücher Oppeln, Schulchronik Oppeln, Gemeindeakten Bülkau und andere

Niedersächsisches Staatsarchiv Stade: Akten des Kreises Neuhaus, des Amtes Neuhaus, des Schwedischen Regierungsarchivs Stade, des Erzbischöfl. bremischen Regierungsarchivs, der Landdrostei Stade, des Konsistoriums Stade, der braunschweig-lüneburgischen Besetzung und andere

Niedersächsisches Hauptstaatsarchiv Hannover, Zweigstelle Pattensen: Nachlässe Hannover 91

Ritterschaftsarchiv Stade: Brankassenkataster 1826, Landschaft und andere

Gemeinde Wingst: Gemeindeakten ab etwa 1950, sollen später in das Kreisarchiv überführt werden.

Haupt- und Realschule mit Orientierungsstufe Cadenberge: Akten der Schule Oppeln

Vereinsprotokollbücher des Vereins „Krieger- und Soldatenkameradschaft mit Damenabteilung Oppeln und Umgebung", des Gesangvereins „Victoria Oppeln", des Gesangvereins „Frohsinn“ Oppeln

Schriftverkehr, mündliche Aussagen, Befragungen.

Maße und Münzen

Hohlmaße

1 Himpten	=	4 Metzen o. Spint	=	31,152 Liter
1 Spint	=		=	7,788 Liter
1 Himpten	=		=	31,15 Liter
1 hann. Malter	=	6 Himpten	=	186,91 Liter
1 Malter	=		=	1,87 Hektoliter
1 Scheffel	=	12 Himpten	=	373,824 Liter
1 Wispel	=	48 Himpten	=	1.495,296 Liter

Landmaße

1 Wende	=	240 Quadratruten	=	0,85 ha
1 Quadratrute			=	21,842 qm
1 neuhäuser Morgen	=		=	1,04 ha

Längenmaße

1 Fuß	=		=	29,2 cm
1 Fuß	=	12 Zoll	=	
1 Zoll	=		=	ca. 2,4 cm
1 Elle	=	2 Fuß	=	58,4 cm

Raummaß

1 Faden	=	1,7442 Kubikmeter Bremer Maß

Geld

1 Reichstaler	=	3 lübsche Mark	=	2 Gulden	=	48 Schillinge
1 lübsche Mark	=	16 Schillinge				
1 Schilling	=	12 Pfennig				
1 guter Groschen	=	12 Pfennig				
1 Deutsche Mark	=	10 Groschen	=	100 Pfennig		
1 Groschen	=	10 Pfennig				
1 Euro	=	100 Cent	=	1,95583 Deutsche Mark		

Abkürzungen

cm	-	Zentimeter
DM	-	Deutsche Mark
dm	-	Dezimeter
F.	-	Fuß
Gr.	-	Groschen
ggr.	-	guter Groschen
km	-	Kilometer
m	-	Meter
M.	-	Mark
mdl.	-	mündlich
NE	-	Norderende
NN	-	Normalnull
Pf.	-	Pfenning
RM	-	Reichsmark
Rthlr.	-	Reichstaler
Sch.	-	Schilling
SE	-	Süderende

Beim Torfringeln im Moor 1944, v. l. Hermann jr., Hedwig, Lilo und Erna Engelhard (Archiv Hermann Engelhard).

Pause im Moor 1946, v.l. Hermann und Karl Engelhard, Hans-Günter Plettrichs, Siegfried Engelhard (Archiv Hermann Engelhard).

Pause beim Kartoffeln roden, um 1945 (Archiv Engelhard).

Ernst Bartels beim Graben saubermachen 1963 (Archiv Lina Bartels).

Beim Melken (Foto: Lina Bartels).

Ein Mutterschwein mit Ferkel beim Säugen (Foto: Lina Bartels).

Beim Heufahren (Foto: Lina Bartels).

Heuernte in Oppeln 1996.

Getreideernte mit dem Mähdrescher um 1980 (Foto: Gerhard Oltmann).

Oppelner Frauen beim Abwasch nach dem Familiengottesdienstkaffee, 1996.

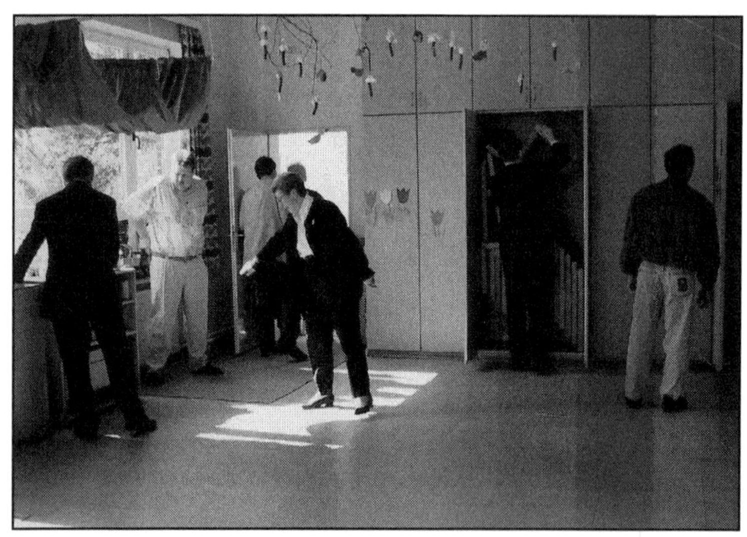

Oppelner Männer räumen unter Anleitung von Spielkreisleiterin Waltraud Griemsmann den Spielkreisraum nach dem Kaffeetrinken auf, 1996.

Friedhofsaktion 1996. Mit freiwilliger Beteiligung wird der Friedhof in Ordnung gehalten.

Freiwillige Helfer bei der Aufräumaktion auf dem Fußballplatz, 1996.

Weihnachtsaufführung 1998 (Foto: Anne Junge)

Weihnachtsaufführung 1951 (Archiv Elli Reyelt)

Silogras wird in Folie verpackt auf der Weide gelagert, 1996.

Der Balksee im Winter 1995.

Der Westerweg im Winter 1997.

Ein frostiger Tag in Oppeln, 1996.

Brücken über die Wettern am Osterweg.

Der Osterweg 1955. Blick in Richtung Norden von der Kirchentrift aus (Foto: Heini Küver).

Einweihung des Wirtschaftsweges am 2.11.1963 (Archiv Hermann Engelhard).

Schulkinder singen zur Goldenen Hochzeit von Heinrich und Trinchen Meyer, 1960 (Archiv Elli Reyelt).

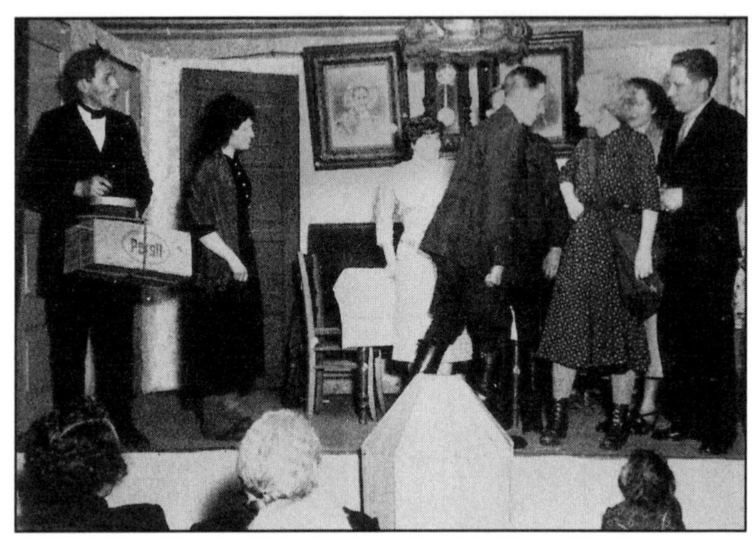

Theaterabend 1956 (Archiv Elli Reyelt, Foto: Hellmut Gerdts).

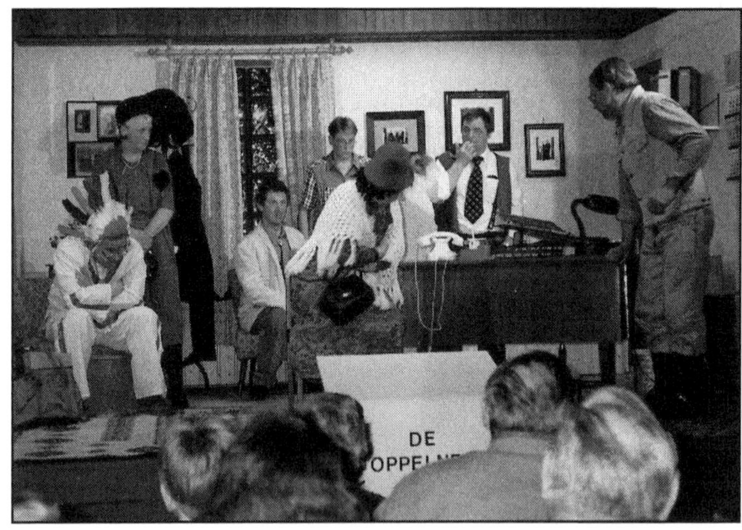

De Oppelner Laienspeeler 1998 (Foto: Heinz Kabrodt).

Kirchdorf Oppeln.

Blick von der Sandhöcht in Richtung Grift.

Namensregister, Ortsnamensregister

Ortsnamen sind fett gedruckt

Auf die Registrierung der Ortsnamen Oppeln und Bülkau im Hauptteil des Buches wurde verzichtet, da diese Ortsnamen auf fast jeder Seite vorkommen. Der Ortsname Bülkau ist nur für den Anhang „Häusergeschichten" im Register zu finden.

A

B

C

D

E

F

G

I

J

K

L

M

N

O

P

Q

R

S

T

U

V

W

Z